法学教室 LIBRARY Introductory Lectures in Criminal Law: Specific Offences
Ida Makoto

入門刑法学
各論

第2版

井田 良

有斐閣

本書のコピー，スキャン，デジタル化等の無断複製は著作権法上での例外を除き禁じられています。本書を代行業者等の第三者に依頼してスキャンやデジタル化することは，たとえ個人や家庭内での利用でも著作権法違反です。

Introductory Lectures in Criminal Law : Specific Offences

第2版　はしがき

　本書は，『入門刑法学・総論』の姉妹編です。講義を聴いているような感覚で，これまでの刑法各論の教科書より効率的に，しかもより深く刑法各論のコアの部分を理解することができる入門書とすることを目ざしました。刑法総論の理解がまだまだ十分でない読者を想定して，『入門刑法学・総論』の関連部分をくり返しリファーしていますが，刑法総論についてはすでに入門段階を終えた読者が，この本から「入門講義の受講」を開始することももちろん可能です。私もそういう読者を歓迎したいと思います。

　刑法各論を学ぶとき，何がいちばん大事なことでしょうか。刑法は，法益侵害に向けられた行為のすべてを犯罪としているのではありません。保護される法益の種類および禁止される侵害の態様は，限定されています。そして，そのような「限定」は何らかの理由をもっています。刑法各論を学ぶときにもっとも重要なこととは，いかなる法益がどの限度で刑法的に保護され，また保護されていないのか，そしてその理由はどこにあるかを（暗記するのではなく）理解することなのです。本書は，入門書とはいえ，刑法各論の中味を相当に密度濃く凝縮した本になっており（したがって，刑法がどのような法律かを手軽にのぞいてみたい，刑法学の概要をざっと知りたい，という読者には向かないかもしれません），これをきちんと学べば，読者が本質的な点についてのかなり高度な理解にまで到達することを可能にしてくれると私は確信しています。

　さらに，この本は，これまでの刑法各論を超える内容ももっています。すなわち，第3講「被害者の同意をめぐる諸問題」および第7講「危険犯」は，もともとは総論のテーマであるものを扱いつつ，これを各論の犯罪類型と関連づけて詳しく展開したものです。従来の教科書では，総論と各論をクロスオーバーさせた，これほど詳細な説明を加えることはできなかったのではないかと思います。また，最後の第12講「事例解決の方法を学ぶ」では，刑法学学習のひとまずの総仕上げとして，私なりに，具体的な事例（ケース）の解決方法

i

入門刑法学
　各論

を手ほどきすることを試みました。これにより，読者が本書で得たものを，「使える」知識と思考力に変換させることをねらいとしています。これらのことが，刑法各論の入門書としての本書の特色といいうるでしょう。

　本書『入門刑法学・各論』の初版が出版されたのは，2013年12月のことでした。実は，その直前に「自動車の運転により人を死傷させる行為等の処罰に関する法律」（自動車運転死傷行為処罰法）が制定・公布されました。当時まで刑法典の中にあった危険運転致死傷罪および過失運転致死傷罪（旧・自動車運転過失致死傷罪）の規定は，改正によりこの特別法に移されたのです。しかし，初版の記述はこれに十分に対応できるものとなってはいませんでした。そして，2017年6月には，組織的犯罪の処罰及び犯罪収益の規制等に関する法律（組織的犯罪処罰法）等の一部改正法が成立し，テロ等準備罪や証人等買収罪の規定が新設されました。さらに，同年同月に，（本書との関係では，これが最も重要なのですが）刑法典の性犯罪処罰規定（176条以下）がかなり大幅に改正されるに至ったのです（なお，最高裁判所は，2017〔平成29〕年11月29日の大法廷判決により，強制わいせつ罪〔176条〕の主観的要件である性的意図についての以前の判例を変更しましたが，これも性犯罪の被害者の刑法的保護を充実させようとする大きな流れの中に位置づけて理解することができるでしょう）。第2版は，これらの法改正とこの間の判例（および学説）の動きに（入門書として可能な範囲内で）対応して記述の内容を修正・補充したものです。また，この改訂の機会に，初版の説明が必ずしも十分でなかった箇所について，加筆したり例示を増やしたりしてより理解しやすくなるように改めました。この第2版が，読者の皆さんが刑法学をマスターするにあたり，ほんの少しでも役立つことを心から願っています。

ii　Preface

今回の改訂にあたっては，思うように作業を進められない私を，有斐閣書籍
編集部の藤本依子さんと五島圭司さんが忍耐強く見守り，かつ温かく励まして
下さいました。この場を借りて，お2人には厚く・熱くお礼を申し上げます。

2018（平成30）年1月

井田　良

Introductory Lectures in Criminal Law : Specific Offences

初版　はしがき

　本書は,『入門刑法学・総論』の姉妹編です。講義を聴いているような感覚で, これまでの刑法各論の教科書より効率的に, しかもより深く刑法各論のコアの部分を理解することができる入門書とすることを目ざしました。刑法総論の理解がまだまだ十分でない読者を想定して,『入門刑法学・総論』の関連部分をくり返しリファーしていますが, 刑法総論についてはすでに入門段階を終えた読者が, この本から「入門講義の受講」を開始することももちろん可能です。私もそういう読者を歓迎したいと思います。

　刑法各論を学ぶとき, 何がいちばん大事なことでしょうか。刑法は, 法益侵害に向けられた行為のすべてを犯罪としているのではありません。保護される法益の種類および禁止される侵害の態様は, 限定されています。そして, そのような「限定」は何らかの理由をもっています。刑法各論を学ぶときにもっとも重要なこととは, いかなる法益がどの限度で刑法的に保護され, また保護されていないのか, そしてその理由はどこにあるかを（暗記するのではなく）理解することなのです。本書は, 入門書とはいえ, 刑法各論の中味を相当に密度濃く凝縮した本になっており（したがって, 刑法がどのような法律かを手軽にのぞいてみたい, 刑法学の概要をざっと知りたい, という読者には向かないかもしれません）, これをきちんと学べば, 読者が本質的な点についてのかなり高度な理解にまで到達することを可能にしてくれると私は確信しています。

　さらに, この本は, これまでの刑法各論を超える内容ももっています。すなわち, 第3講「被害者の同意をめぐる諸問題」および第7講「危険犯」は, もともとは総論のテーマであるものを扱いつつ, これを各論の犯罪類型と関連づけて詳しく展開したものです。従来の教科書では, 総論と各論をクロスオーバーさせた, これほど詳細な説明を加えることはできなかったのではないかと思います。また, 最後の第12講「事例解決の方法を学ぶ」では, 刑法学学習のひとまずの総仕上げとして, 私なりに, 具体的な事例（ケース）の解決方法を手ほどきすることを試みました。こ

れにより，読者が本書で得たものを，「使える」知識と思考力に変換させることをねらいとしています。これらのことが，刑法各論の入門書としての本書の特色といいうるでしょう。

　もうすでに『入門刑法学・総論』のはしがきに書いたことですが，もともと本書のベースになったのは，2008（平成20）年4月号（331号）からスタートした法学教室の連載（そのタイトルは，「ゼロからスタート☆刑法"超"入門講義」）でした。総論は実に順調に書き進めたのですが，各論に入って第3講を終えたところで，2009（平成21）年5月のことですが，所属学校法人の役員に就任することとなり，連載の中断を余儀なくされたのです。当時の読者の皆さんには，本当に申し訳なく，この場をお借りして，心からお詫び申し上げます。

　その後，2010（平成22）年の秋のことであったかと思いますが，渡辺真紀さん（当時の法学教室編集長）と五島圭司さん（現在の法学教室編集長）が，三田キャンパスの常任理事室を訪ねられ，連載の再開を慫慂して下さいました。大変なご迷惑をおかけしたにもかかわらず，温かい励ましとお申し出を受けて，本当に感涙ものでした。連載再開後は，五島さんが，毎回校正刷りを私の自宅まで運んで下さいました。有斐閣雑誌編集部の皆さんのサポートのおかげで，何とか連載を完結できたのです。そして，単行本としての刊行にあたっては，阿部華絵さんが細やかな配慮をもってお世話下さいました。見やすく・読みやすく・わかりやすい本になっているとすれば，それは阿部さんのおかげです。この『入門刑法学・各論』を世に送るにあたり，とりわけ，渡辺さん，五島さん，阿部さんの3人には，心からお礼を申し上げます。

2013（平成25）年10月

井田　良

Introductory Lectures in Criminal Law : Specific Offences

目 次

第1講 刑法による生命の保護 001

I はじめに 001
II 生命保護のための 006
　処罰規定の概観
III 人の始期と終期 009
IV 終了のチャイムが鳴る前に 017

第2講 刑法による身体の保護 021

I はじめに 021
II 傷害の概念 024
III 暴行罪・傷害罪・ 032
　傷害致死罪
IV 過失傷害の罪と 036
　危険運転致死傷罪
V 終了のチャイムが鳴る前に 041

第3講 被害者の同意をめぐる諸問題 043

I はじめに 043
II 被害者の同意により 045
　行為が適法となる理由
III 同意傷害の違法性 048
IV 推定的同意 051
V 同意の有効性の限界 052
VI 終了のチャイムが鳴る前に 058

第4講 自由とその保護 061

I はじめに 061
II 脅迫罪と逮捕・監禁罪 064
III 強制わいせつ罪, 070
　強制性交等罪
IV 住居侵入罪 074
V 終了のチャイムが鳴る前に 082

第5講 財産犯総論 085

I はじめに 085
II 現行刑法による財産の保護 086
III 財産犯の保護法益 095
IV 不法領得の意思 103
V 終了のチャイムが鳴る前に 106

第6講 財産犯各論 107

I はじめに 107
II 器物損壊罪と強盗罪 109
III 詐欺罪と恐喝罪 115
IV 横領罪と背任罪 121
V 終了のチャイムが鳴る前に 126

vi　Contents

入門刑法学
各論

第7講　危険犯　129

| Ⅰ　はじめに | 129 | Ⅱ　抽象的危険犯について | 130 |
| Ⅲ　具体的危険犯について | 139 | Ⅳ　終了のチャイムが鳴る前に | 143 |

第8講　放火罪　147

Ⅰ　はじめに	147	Ⅱ　放火罪の客体	149
Ⅲ　放火罪の行為と結果	158	Ⅳ　放火罪の故意	163
Ⅴ　終了のチャイムが鳴る前に	164		

第9講　文書偽造罪　167

Ⅰ　はじめに	167	Ⅱ　保護法益をめぐって	170
Ⅲ　偽造，変造，行使	178	Ⅳ　各犯罪類型の概観	182
Ⅴ　終了のチャイムが鳴る前に	185		

第10講　風俗犯　189

Ⅰ　はじめに	189	Ⅱ　わいせつの罪	192
Ⅲ　賭博罪と富くじ罪	200	Ⅳ　礼拝所および墳墓に関する罪	204
Ⅴ　終了のチャイムが鳴る前に	208		

第11講　国家的法益の保護　211

Ⅰ　はじめに	211	Ⅱ　公務の執行を妨害する罪	213
Ⅲ　司法作用に対する罪	219	Ⅳ　汚職の罪	226
Ⅴ　終了のチャイムが鳴る前に	231		

第12講　事例の解決の方法論を学ぶ　233

| Ⅰ　はじめに | 233 | Ⅱ　事例へのアプローチ | 235 |
| Ⅲ　事例解決のための方法論 | 243 | Ⅳ　終了のチャイムが鳴る前に | 248 |

vii

凡　例

(1) 法　令

　刑法については，原則として条番号のみを引用します。括弧内でその他の法律，省令等を引用する場合は，原則として有斐閣『六法全書』巻末の「法令略語」によりました。

(2) 判例集

刑録	大審院刑事判決録
刑集	最高裁判所刑事判例集・大審院刑事判例集
集刑	最高裁判所裁判集刑事
高刑集	高等裁判所刑事判例集
高裁判特	高等裁判所刑事判決特報
東高刑時報	東京高等裁判所刑事判決時報
下刑集	下級裁判所刑事裁判例集
刑月	刑事裁判月報

(3) 雑誌等

判時	判例時報
判タ	判例タイムズ
法教	法学教室
ジュリ	ジュリスト
法時	法律時報
曹時	法曹時報

主要な引用文献

　　＊　著者名のみで引用します。

浅田和茂『刑法総論〔補正版〕』成文堂，2007年

井田　良『講義刑法学・総論』有斐閣，2008年（井田・総論）

井田　良『講義刑法学・各論』有斐閣，2016年（井田・各論）

伊東研祐『現代社会と刑法各論〔第2版〕』成文堂，2002年（伊東・現代社会）

伊東研祐『刑法講義各論』日本評論社，2011年（伊東・刑法講義）

内田文昭『刑法概要（中巻）』青林書院，1999年

大塚　仁『刑法概説（総論）〔第4版〕』有斐閣，2008年（大塚・総論）

大塚　仁『刑法概説（各論）〔第3版増補版〕』有斐閣，2005年（大塚・各論）

大谷　實『刑法講義総論〔新版第4版〕』成文堂，2012年（大谷・総論）

大谷　實『刑法講義各論〔新版第4版補訂版〕』成文堂，2015年（大谷・各論）

川端　博『刑法各論講義〔第2版〕』成文堂，2010年

斎藤信治『刑法各論〔第4版〕』有斐閣，2014年

佐伯千仭『四訂刑法講義（総論）』有斐閣，1981年

曽根威彦『刑法総論〔第5版〕』弘文堂，2012年（曽根・総論）

曽根威彦『刑法の重要問題〔各論〕〔第2版〕』成文堂，2006年（曽根・重要問題）

高橋則夫『刑法総論〔第3版〕』成文堂，2016年（高橋・総論）

高橋則夫『刑法各論〔第2版〕』成文堂，2014年（高橋・各論）

田口守一『刑事訴訟法〔第7版〕』弘文堂，2017年

団藤重光『刑法綱要総論〔第3版〕』創文社，1990年（団藤・総論）

団藤重光『刑法綱要各論〔第3版〕』創文社，1990年（団藤・各論）

内藤　謙『刑法講義総論(上)』有斐閣，1983年

中森喜彦『刑法各論〔第4版〕』有斐閣，2015年

中山研一『新版概説刑法Ⅰ』成文堂，2011年

中　義勝『講述犯罪総論』有斐閣，1980年

西田典之『刑法総論〔第2版〕』弘文堂，2010年（西田・総論）

西田典之『刑法各論〔第6版〕』弘文堂，2012年（西田・各論）

西原春夫『刑法総論（上巻）〔改訂版〕』成文堂，1998年（西原(上)）

西原春夫『刑法総論（下巻）〔改訂準備版〕』成文堂，1993年（西原(下)）

ix

野村　稔『刑法総論〔補訂版〕』成文堂，1998 年

林　幹人『刑法総論〔第 2 版〕』東京大学出版会，2008 年（林・総論）

林　幹人『刑法各論〔第 2 版〕』東京大学出版会，2007 年（林・各論）

原田國男『量刑判断の実際〔第 3 版〕』立花書房，2008 年

平野龍一『刑法総論Ⅰ』有斐閣，1972 年（平野Ⅰ）

平野龍一『刑法総論Ⅱ』有斐閣，1975 年（平野Ⅱ）

平野龍一『刑法概説』東京大学出版会，1977 年（平野・概説）

福田　平『全訂刑法総論〔第 5 版〕』有斐閣，2011 年

堀内捷三『刑法総論〔第 2 版〕』有斐閣，2004 年

前田雅英『刑法総論講義〔第 6 版〕』東京大学出版会，2015 年（前田・総論）

前田雅英『刑法各論講義〔第 6 版〕』東京大学出版会，2015 年（前田・各論）

松原芳博『刑法総論〔第 2 版〕』日本評論社，2017 年（松原・総論）

松原芳博『刑法各論』日本評論社，2016 年（松原・各論）

山口　厚『刑法総論〔第 3 版〕』有斐閣，2016 年（山口・総論）

山口　厚『刑法各論〔第 2 版〕』有斐閣，2010 年（山口・各論）

山中敬一『刑法総論〔第 3 版〕』成文堂，2015 年（山中・総論）

山中敬一『刑法各論〔第 3 版〕』成文堂，2015 年（山中・各論）

第 **1** 講

Introductory Lectures
in Criminal Law
Specific Offences

刑法による生命の保護

Ⅰ はじめに

　今日から，**刑法各論**の入門講義をはじめます（「刑法総論」と「刑法各論」という用語のそれぞれの意味については，すでに『入門刑法学・総論』〔以下「総論」〕75頁以下において説明しました）。刑法総論が難しかったので，もし各論に入って内容がさらに抽象的で複雑なものになるのでは大変だと心配している読者もいるかもしれません。でも，ご安心下さい。刑法各論は，総論の内容を踏まえて展開されるという意味では応用編ですが，個別の犯罪（たとえば，殺人罪，傷害罪，窃盗罪，詐欺罪など）のそれぞれの成立要件と相互関係を検討するものですから，総論とはある程度独立しています。しかも，総論の議論よりもずっと具体的・現実的であり，よりわかりやすいと感じる学生諸君が多いのです[1]。ひょっとすると，この各論講義から読みはじめる初学者の人もいるでしょう。そういう読者でも，必要に応じて総論講義に目を通して下されば，これからのお話も何とかフォローできるはずです。

　刑法各論の対象として重要なのは，**刑法典**（すなわち，六法に載っている「刑

　1）　また，総論の勉強はまるで「棒高とび」のようなもので，犯罪論に特有の体系的な思考を身につけない限り，総論を「ものにする」ことはできないのですが，各論の勉強は「障害物競走」のようなものであり，それぞれの具体的論点をじっくり学んでいけばいつかマスターできるのです。

001

法」という名前の付いた法典）の第2編「罪」（条文としては，77条以下です）に置かれた刑罰法規です（ただし，刑法典の外にも，数多くの刑罰法規が存在し，これを**特別刑法**[2]と呼びます。刑法各論を広い意味で理解すれば，数多く存在する特別刑法の諸規定もその対象に含まれます）。これらの刑罰法規（ないし処罰規定）を見るとき，**いちばん大事なこと，真っ先に考えるべきこと**は何でしょうか。それは，その犯罪がいかなる**法益**[3]に向けられた行為であるのか，そして，その犯罪を処罰する刑罰法規がいかなる**法益の保護**のために存在するのかということです。たとえば，殺人罪を処罰する規定（199条）の保護法益は個人の生命であり，窃盗罪を処罰する規定（235条）の保護法益は個人の財産（正確には，財物の所有権および占有）であることをきちんと押さえることがまずは大事だということです。

　なぜ法益（保護法益）を明らかにすることが刑罰法規の理解への鍵になるかといえば，刑法の問題を考えるにあたっては，「刑法は何のためにあるのか」という問いが何より重要であり，そして，この問いに対する答えは「刑法は法益の保護のために存在する」というものであるからです（この点については，総論17頁以下，28頁以下を参照して下さい）。それぞれの刑罰法規は，法益の保護のために存在しているのです。そのことは，具体的には，次のことを意味します。すなわち，それぞれの刑罰法規は一定の法益を**保護の客体**として予定しており，その法益に向けられた行為のみに適用することが可能だということです。いくら反社会的な行為であるとしても，当該の刑罰法規の保護法益に向けられていない行為を，その規定により処罰することはできないのです。たとえば，法益Aを保護するために制定された刑罰法規を，法益Aは侵害せず，法益Bしか侵害しない行為に適用してこれを処罰することはできません。

　このように，各刑罰法規には，**それぞれ一定の守備範囲**があり，それは保護

　2）　詳しくは，総論55頁以下を参照。特別刑法の規定の中には，現代社会における犯罪対策を考える上で重要なものが多く含まれます。たとえば，商法に規定された特別背任罪とか，覚せい剤取締法違反や大麻取締法違反の罪など，新聞やテレビでお目にかかる犯罪の多くは，特別刑法上の犯罪なのです。ただ，大学で法律学を修める過程では，刑法典にある処罰規定の解釈を学ぶことでひとまず十分です。

　3）　**法益**を定義しますと，個人や社会や国にとりそれがそのまま保持されることが必要であり，また法により保護することが適切であると認められる一定の利益（価値のある状態）のことです。法益については，すでに総論28頁において説明しました。

法益によって決まります。ただ，それぞれの刑罰法規の保護法益が何であるのかははっきりしないことも多く（それは条文に明記されているわけではありません），それは**刑罰法規の解釈**により明らかにされなければなりません。そして，保護法益の内容を明確にすることは，刑罰法規の解釈を介して，ある行為に当該刑罰法規を適用してよいかどうかの結論を得るにあたり，しばしば決定的な意味をもつのです（刑罰法規の解釈と法益概念の機能については，総論59頁以下を参照）。ここで1つ簡単なケースを検討することにいたしましょう。

〈ケース 1〉
　甲は，散歩中に，通りがかりのAの家の庭に，数か月前から行方不明となっていた自分の自転車が置かれているのを発見したため，この自転車をそのまま持ち帰った。

　〈ケース 1〉の甲の行為が窃盗罪にあたるかどうかは，それが窃盗罪（235条）の保護法益を侵害したかどうかによって決まります。窃盗罪の保護法益は所有権その他の本権である（本権とは，占有を正当化する民法上の実質的権利のことです〔→ 99頁注15〕）と考えるならば，甲にその自転車の所有権があり，かつAに賃借権等の民法上の権利がない限り，窃盗罪は成立しないことになります（こういう考え方を「本権説」といいます）。これに対し，ただ物を現に占有（所持）しているにすぎない状態も法益に含まれると解し，このケースにも**242条という例外規定**を適用できると考えるときは，甲の行為は現在の占有者であるAさんの法益を侵害するものであり，窃盗罪を構成することになるのです（これを「占有説」といいます）[4]（→ Coffee break「犯罪の成立と犯人の訴追・処罰」5頁）。

　このように，刑罰法規の解釈にあたっては，すでに保護法益の内容の理解をめぐり議論が生じることがあります。また，法益について見解が一致しているとしても，その適切な保護のための規定の解釈のあり方をめぐって考え方に相違が生じることもあるのです。読者の皆さんが刑法各論を学ぶにあたっては，

　4）　ここでは，**〈ケース 1〉**について，これ以上詳しく説明することはできません。第5講「財産犯総論」（→特に，95頁以下）を読めば，どのように考えればよいかが明らかになるでしょう。

この種の**解釈論上の見解の対立**について，①なぜ解釈が分かれるのか，②それぞれの解釈の根拠は何か，③それぞれの解釈から導かれる結論はどのように違うか，④どの解釈がいちばん強い説得力をもつかなどについて考えをめぐらすことが求められます。

　ところで，刑法の規定をよく見てみると，刑法を制定した立法者もまた，法益の重要性をはっきりと意識していたことがわかります。たとえば，37条や222条・223条には，**生命・身体・自由・名誉・財産**という異なった種類の法益（個人的法益）が列挙されており，しかも，そこでは価値の高い順番に並べられていることが明らかです。また，犯罪に対して科される刑罰それ自体も，その内容は**法益の剥奪**なのですが（→総論28頁），9条に列挙された現行法上の刑罰は，生命・自由・財産という法益の剥奪を内容としていることがわかります（すなわち，このうちの死刑は**生命刑**であり，懲役・禁錮・拘留は**自由刑**であり，罰金・科料・没収は**財産刑**なのです）。これらの刑罰の軽重も，奪う法益の価値により決められています（10条1項本文を参照）。さらに，199条以下の処罰規定を見ると，**生命**に対する罪（199条以下）・**身体**に対する罪（204条以下）・**自由**に対する罪（220条以下）・**名誉**に対する罪（230条以下）・**財産**に対する罪（235条以下）の順番に配列されているのです（また，それぞれの犯罪に規定された法定刑〔→総論238頁〕の重さには，保護されるべき法益の価値の高低が反映しています）。

　これらの生命・身体・自由・名誉・財産という法益は，その法益の持ち主（利益の主体）が個人であるところから，**個人的法益**と呼ばれます。ただ，それ以外にも，**社会的法益**と**国家的法益**があります。いずれも公益（公共的利益）という点で共通しますが，国および地方公共団体という統治機構を度外視して，市民の集合体としての社会の利益として観念できるものが社会的法益であり，たとえば，公共の安全（すなわち，不特定または多数の人の生命・身体・重要財産）がこれにあたります。国家的法益の例としては，贈収賄罪（197条以下）の保護法益である「公務員の職務の適正とそれに対する社会一般の信頼」があげられます。

　このように，**法益は3つに分類され**，それに応じて犯罪も3つのグループに分けられることになります[5]。現行刑法も，法益の性質の違いとその価値のランクを意識して，条文を配列していると見られます。つまり，第2編「罪」に

犯罪の成立と犯人の訴追・処罰

Coffee break

〈ケース1〉における甲の行為について，読者の皆さんの中には，「こんなことのために裁判所に引き出されたり刑務所に入れられたりするはずがない。だから犯罪にならない」と考えた人がいるかもしれません。しかし，注意すべきことは，現在の法体系の下では，「犯罪の成立」と「犯人の訴追と処罰」とは別の問題だということです。犯罪の成立につき疑いがない場合でも，せいぜい行為者が誰かに厳しくとがめられるだけで，警察に届けられる以前に解決されることもまた多いのです。それだからといって，それが犯罪でないということにはなりません。裁判所に起訴され有罪判決を言い渡される行為のみが犯罪というのではなく，逆に，それは犯罪のごく一部にすぎないのです（→ 203 頁）。

刑罰法規に規定されていることは，「かりに，ある人について裁判所で○○という事実が確認されたとすれば，その人は××という刑を受ける可能性がある」ということにすぎません。ある人が罪を犯したとき，または罪を犯したと疑われたとき，刑事司法機関により，どのような取扱いを受けることになるのかについては，刑法には何も定められておらず，むしろ刑事訴訟法に規定されています。**刑法と刑事訴訟法とは車の両輪**ともいわれますが（→総論 71 頁以下），その両方を知らなければ，現行法の理解として決定的に不十分だということは，以上のことからもわかります。

おいて，国家的法益に対する罪（2章から7章まで），社会的法益に対する罪（8章から24章まで。25章の罪は，国家的法益に対する罪です），個人的法益に対する罪（26章以下）の順序で，各犯罪を配列しているのです（ただ，規定の位置づけが，現在の一般的理解とは一致しない箇所もあります）[6]（→ Column **「刑法典各則における規定の配列」**9 頁）。

---

[5] なお，法益を基準とする犯罪の分類と体系化は，**解釈の指針を明らかにする**という点では重要なのですが，**実際的な法適用の場面における，処罰規定相互の関連を意識させる**という点では必ずしも適切ではありません。たとえば，財産犯（個人的法益に対する罪）と文書偽造罪等（社会的法益に対する罪）とは，実際のケースではしばしば同時に問題となるのですが，法益の性質の違いに気を取られると，そのような密接な関わりが理解されないというおそれもあるのです。そこで，法益の種類ごとに3つにグループ分けする伝統的体系に従って刑法各論を学ぶときでも，実際のケースの解決の場面における各刑罰法規の間の相互的な関連性を認識・理解することを忘れてはなりません。

[6] ちなみに，1つの刑罰法規が複数の法益の保護を目的とすることもあります。たとえば，建造物等損壊致死傷罪（260条後段）や往来妨害致死傷罪（124条2項）には，それぞれ個人的法益に対する罪としての側面と社会的法益に対する罪としての側面の両方が含まれているといえましょう。

Ⅱ 生命保護のための処罰規定の概観

1 生命という法益の刑法的保護

　刑法による法益の保護の特色については，すでに説明したところです（→総論 26 頁以下）。それは謙抑的（控え目）なものでなければならず，とりわけ，刑法以外のさまざまな法益保護の手段では十分でない場合に，これを補う形で行われるものでなければなりません。刑法は，法益保護のためのレギュラーメンバーなのではなく，「補欠」的存在にすぎないのです。しかし，そうはいっても，それが価値の高い法益であればあるほど，刑法はより手厚く，また，より包括的に保護しようとします。個人の生命は，すべての法益のうちで，**最も価値の高い法益**です。そこで，刑法は，生命の侵害に向けられた行為を，その態様のいかんを問わず，また，かなり早い時点から禁止し，処罰の対象としているのです。

　ここで，刑法の条文を見て下さい。まず注目すべきなのは，（普通）**殺人罪**の規定（199 条），**傷害致死罪の規定**（205 条），**過失致死罪の規定**（210 条・211条）です。**第 1** に気づくべきことは，これらの犯罪は，被害者を死亡させるための手段・方法を限定していないということです。ここでは，行為の態様により処罰範囲を限定したり，行為の手段・方法により異なった刑を予定するということをしていません[7]。そして**第 2** に理解すべきことは，これら 3 つの犯罪類型は，いずれも他人の死亡の結果を発生させる犯罪として客観面においては共通しているのですが，**犯罪の主観面**において相互に区別され，予定された法定刑の重さもかなり違っているということです。殺人罪は，故意（殺意）をもって他人の生命を侵害する犯罪であり，過失致死罪は，過失（不注意）により他人の生命を侵害する犯罪です。それぞれの法定刑を比較すれば，故意犯と過失犯との間に大きな違いがあることが明らかになります[8]。2 つの犯罪の間の中間的存在として**結果的加重犯**である傷害致死罪が重要な意味をもっていま

　7）　なお，殺人罪の規定についていえば，199 条だけであり，その構成要件は包括的であって，種々の類型に分けて刑を区別することをしていません。それは，諸外国の刑法と比較したとき，構成要件の包括性および法定刑の幅の広さという点で特異なのです。

　8）　読者の皆さんは，過失致死罪（210 条）の刑がきわめて軽いことに驚くことでしょう。しかし，そのことは，刑法の存在理由が，被害者およびその遺族の報復感情を満足させるところにはないことをはっきりと示しているのです。この点につき，井田・総論 8 頁以下を参照。

す。傷害致死罪は，暴行
や傷害を行う過程で，意
図せずに死亡結果を引き
起こした場合について特
に重い刑を予定している
のです。これも，殺人

犯罪の客観面 犯罪の主観面	生命侵害行為 （行為＋結果＋因果関係）
犯罪的意思なし（過失）	**過失致死罪**（210条・211条）
暴行または傷害の故意	**傷害致死罪**（205条）
殺人の故意	**殺人罪**（199条）

罪・過失致死罪と並んで，被害者の生命保護を目ざした犯罪類型です[9]（なお，結果的加重犯についてはすでに，総論53頁，116頁において簡単に説明しました）。

　以上のことから，刑法は，**生命侵害の客観的態様・主観的態様のいかんを問わず，まさに包括的に**生命という法益を保護していることがわかります。しかも，刑法は，故意の生命侵害に向けられた行為については，**時間的にかなり早い段階**からこれを処罰の対象としています。つまり，殺人については，既遂のみならず，その**未遂**も犯罪となりますし（203条を参照。未遂犯について詳しくは，総論120頁，130頁以下を参照），さらに，実行の着手以前の段階で，殺害を準備する行為，たとえば，毒薬を入手することとか，凶器として用いるためのナイフを購入することなども，**殺人予備罪**として処罰の対象となります（201条）。同様に，早い段階からの生命保護の役割を果たそうとする犯罪類型として**遺棄罪**があります（217条以下）。それは，生命（および身体）を危険にさらす行為のうちの一定のものを犯罪として処罰するものです[10]。

2　自殺関与罪・同意殺人罪

　生命保護のための処罰規定の中で特に注目に値するのは，自殺関与罪および同意殺人罪を処罰する**202条**です。この規定は，被害者が死ぬことに同意していても，その被害者を殺害する行為を違法とし，そればかりか，被害者が自ら命を絶つ行為，すなわち**自殺**に協力する行為（自殺関与，つまり自殺の教唆と幇

　9）　生命保護のための結果的加重犯には，傷害致死罪以外にも，遺棄等致死罪（219条），逮捕等致死罪（221条），強制わいせつ等致死罪（181条），建造物等損壊致死罪（260条後段），汽車転覆等致死罪（126条3項）などがあります。また，危険運転致死罪（自動車運転致死傷2条）も，故意の危険運転行為と意図せざる死傷結果の惹起とから構成されていますので，これを結果的加重犯として理解することができます。

　10）　ちなみに，「人」となる以前の**胎児の生命**については，堕胎罪の規定（212条以下）がこれを保護しようとしています。いつ胎児が人になるのかの問題については，Ⅲ-1のところで説明します（→9頁以下）。

助）をも処罰しています。より厳密に説明すると，同条には，**4つの構成要件**が含まれます。すなわち，①自殺教唆，②自殺幇助，③嘱託殺人，④承諾殺人の各構成要件です。このうち，①と②をあわせて自殺関与罪（202 条前段），③と④をあわせて同意殺人罪（同条後段）と呼びます[11]。自殺教唆罪・自殺幇助罪は，202 条の規定により処罰される独立の犯罪であり，総則規定（61 条以下）により処罰の拡張が認められて犯罪となる一般の教唆犯・幇助犯とは（性質上，類似しているところはありますが）区別されなければなりません[12]。

自殺教唆とは，他人をそそのかして自殺させることです。いまだ自殺を決意していない他人をそそのかしてその実行を決意させ，その結果，被教唆者が現実に自殺を実行するに至ることが必要です。**自殺幇助**とは，自殺者が自殺を行うにあたりその実行を容易にする行為をすることをいいます。すでに自殺を決意している他人が自殺するにあたってその実行を容易にする行為を行い，かつ自殺者が現実に自殺を実行するに至ることが必要です[13]。**嘱託殺人**とは，死ぬことを望む者の依頼を受け，手を下してその者を殺害することをいいます。**承諾殺人**とは，殺害されることに同意するよう積極的にもちかけ，同意を得た上で殺害することをいいます。

前段の自殺関与行為と後段の同意殺人行為とはどのように区別されるでしょうか。前者では**手を下すのは自殺者本人**であり，後者では**手を下して生命を断つのが行為者**であるところで区別される，とひとまずいえるでしょう。ただ，行為者が毒物を被害者の口に入れて飲ませてやった場合や，ガス自殺を希望する被害者のためにガスの元栓を開いてやった場合などを考えますと，区別は必ずしも容易ではありません（→ Column **「自殺関与罪の処罰根拠」**11 頁）。

---

11) 本条の罪については，**未遂も処罰**されます（203 条を参照）。前段の自殺関与罪の実行の着手時期が問題となりますが，教唆行為・幇助行為の時点ではなく，自殺者による自殺行為の開始の時点をもって着手があるとするのが多数説です。

12) 一般の教唆犯・幇助犯は，正犯者の犯罪行為（少なくとも構成要件に該当する違法な行為）に従属して成立するものなのですが（共犯の従属性〔→総論 228 頁〕），本条前段の罪について見ますと，自殺は犯罪ではないことから，それは従属的共犯ではありえないのです。むしろ自殺教唆罪・自殺幇助罪における自殺者は，被害者として理解されるべきものです。

13) 幇助には，物理的（有形的）幇助と心理的（無形的）幇助とがあります。自殺に用いるための毒薬等を与えることなどが前者の例であり，「お前なんか死ぬほかないだろう」などと言って心理的に自殺意思を強めることが後者の例です。

刑法典各則における規定の配列

Column

　現行刑法が，国家的法益に対する罪→社会的法益に対する罪→個人的法益に対する罪の順序で，各犯罪を配列していることに対しては，強い異論も出されています。つまり，個人に最高の価値を認める日本国憲法の下では，刑法典も，個人的法益に対する罪からはじめて，社会的法益に対する罪，そして国家的法益に対する罪の順で規定を置くべきだとするのです。たとえば，平野龍一先生は，「現行刑法典では，国家に対する罪，すなわち内乱罪，外患罪などは，各則の巻頭におかれている。これはやはりこれらの罪が，個人の生命，財産に対する罪より重要なものであるという考えを示すものであるといわなければならない」「現在の憲法のもとにおける価値観からすれば，個人の生命，身体，自由，財産こそ，最も優先的に刑法によって保護すべきものであろう。そして国家はむしろ，個人の生命，身体，自由，財産を保護する機構としてのみその価値が認められるべきであろう。たしかに，民主主義的な憲法は，刑法による丁重な保護に値するかもしれない。しかし，それとても結局は手段なのであって，自己目的ではないのである」と批判されたのです（平野龍一『刑法の基礎』〔東京大学出版会，1966 年〕98 頁・100 頁）。

　このような考え方は説得力があるといえましょう。そこで，刑法各論の教科書を見ると，そのほとんどが，刑法典の順序とは逆さまに，個人的法益に対する罪→社会的法益に対する罪→国家的法益に対する罪の順序で，処罰規定を説明しているのです。ただ，そのことは，個人的法益に対する罪の多くが，より身近であり，また，構造が比較的単純なため，はじめて刑法各論を学ぶ人にもイメージしやすいものであること，したがって，その理解が容易であることとも関係しています。この入門講義でも，その順序で，各論の諸問題を取り上げることにします。

Ⅲ　人の始期と終期

1　人はいつから「人」か

　刑法による生命の保護には，時間的な限界があります。すなわち，それは，「すでに人」といえる時点から，「まだ人」といえる時点まで継続する（逆にいえば，両端を区切られた，その間でしか行われない）のです。**人の始期**ないし**出生時期**の問題は，**どの時点から人が人として刑法により**（すなわち，殺人罪や傷害罪などの処罰規定によって）保護されるべきかの問題です。出生以前の「胎

児」を殺しても堕胎罪にしかなりませんが[14]，出生以後の「人」に対する加害行為は，殺人罪や傷害罪などの規定により重く，かつかなり包括的に処罰されます。したがって，出生の時点を（幅をもたない一点として）定めることは法的に重要な意味をもつのです（→ Coffee break「**社会の医師としての法律家**」13頁）。

〈ケース 2〉

　妊娠していた A は，出産予定日より早く強い陣痛がはじまったので，タクシーに乗り，病院に向かった。運転手の甲は，一秒でも早く病院に運ぼうと思い，制限速度をはるかに超えるスピードで車を走らせていたが，ハンドル操作を誤って急なカーブを曲がりきれず，電柱に追突する事故を起こした。この事故で，A が腹部を強く打ったために，生まれる直前であった赤ちゃんは A のお腹の中で死亡するに至った。

　判例・通説は，胎児が母体から一部露出した段階で人が出生したとする**一部露出説**をとります。民法では，出産の過程の「完了」を要求する**全部露出説**が通説なのですが，刑法においては，この見解は少数説にとどまっています。一部露出説の論拠は，一部露出の段階に至れば，外部からの攻撃が可能となるので，すでに人として攻撃から保護する必要が生じるところに求められています。たしかに，出産の過程で赤ちゃんが頑張って上半身まで外に出てきたときに，その首を絞めて殺した犯人は堕胎罪ではなく，殺人罪で処罰されるべきでしょう[15]。全部露出説と比べて，一部露出説の方がより妥当であることは明白であるといわなければなりません[16]。

　ここで，〈ケース 2〉の事案について見ますと（ちなみに，このケースは，すでに総論 11 頁で取り上げたケースを簡略化したものです），その赤ちゃんは，まだ

　14）　堕胎罪（212 条以下）は，胎児を殺害しなくても，胎児を母体外に排出するだけで成立します。ただ，胎児を死亡させたときは，それを含めて堕胎罪として評価されるのです。しかし，堕胎罪は，傷害罪と比べても刑が軽く，また故意犯のみが可罰的とされ，過失行為は処罰されません。

　15）　しかも，全部露出説によるとき，攻撃の時点ですでに全部露出の段階に至っていたかどうか（赤ちゃんがその大部分，さらには足の先まで表に出ていたかどうか）を事後的に（裁判の時点で）証拠により確定する必要が出てきます。しかし，それは困難なことが多いでしょう。

010　Introductory Lectures in Criminal Law : **Specific Offences**

自殺関与罪の処罰根拠

　自殺そのものが犯罪ではないのに，これに他人が関与する行為がなぜ犯罪となりうるのでしょうか。この問題をめぐっては，**自殺の法的評価**とも関連して見解が対立しています。自殺そのものは犯罪ではありませんが，それは少なくとも法規範の禁止する一般的違法行為ではないかとも考えられます。しかし，個人の意思決定に高い価値が認められる個人主義の法体系の下では，**個人の自己決定権**は最大限に尊重されなければなりません。そこで，現行法は，自殺者に対してその生命の放棄を禁止する規範を向けておらず（いいかえれば，その限りで，われわれは「生命についての自己決定権」をもつということになります），したがって，**自殺は違法行為ではない**と解されるのです＊。

　ただ，法にとり，個人の生命が失われることが望ましくないことに変わりはありません。そこで，**生命に関する自己決定権を制限し**，自殺するにあたり他人に協力してもらうことまでは法的に保障しない（死ぬ気ならひとりで死ななければならない）とすることは可能です。他方で，自殺者じしんに生命放棄禁止の規範を向けることはできないとしても，他人の自殺に協力したりこれを手助けする行為は「他者の生命を否定する行為」ですから，これを禁止することには理由があるといえましょう。そのような禁止の目的は，他人の自殺に関与させないことによって，自殺者を「孤立」させ，これにより自殺がなるべく行われないようにすることであり，そのような禁止は合理的なものというべきなのです。自殺したいと思う人でも，自分ひとりではきっかけがつかめないという人も多いはずですから，自殺者を「孤立」させることは間接的な生命保護に役立つと考えられるのです。

　以上のように考えるとすれば，自殺関与行為を犯罪とすることには十分の理由があります。まして手を下して他人を殺害する同意殺人行為を処罰すべきことは当然でしょう。なお，202条の罪の法定刑が（199条のそれと比べて）軽いことは，死を望む本人意思があるから**法益保護の必要性が減少する**ところに求めることができます。また，前段の自殺関与は，後段の同意殺人と比べて，結果への影響力・支配力が弱いことから，一般的にはより違法性の程度が低いといえましょう。

　＊　自殺は，保護に値する生命の侵害であることは否定できませんから，そこには結果不法（結果無価値）が認められます（したがって，他人がこれを物理的に阻止する行為は違法ではありません）。しかし，自殺行為は，刑法規範に反する行為ではないという意味で，行為不法（行為無価値）が認められないのです。

一部露出の段階に達していないので，「人」ではなく「胎児」にすぎません。過失による堕胎行為は処罰されていませんから（過失堕胎罪という犯罪は存在し

ないのです），一部露出説によれば，甲には赤ちゃんの死亡との関係での刑事責任は生じないということになります。

　もし一部露出説に問題があるとすれば，人の出生を早目に認めすぎるというところにではなく，逆に，それでは刑法が出ていくのが遅すぎるのではないかというところにあります。そこで，最近では，**出産開始説（陣痛開始説）**も有力に主張されています。出産の開始（具体的には，分娩の開始時点である開口陣痛の始まり）の時点に至れば，母体が子を外部に排出しようとする動きが生じたことになりますから，それは母体内における発育の完了を示す自然な徴候として理解することが可能です。出産開始説は，**人としての発育の完了が医学的に明白なものとなったこの時点**で人としての刑法的保護は行われなければならないと考えるのです。ちなみに，出産開始説は，ドイツなどのヨーロッパ諸国において支配的な見解です[17]。

　この出産開始説によるとき，〈ケース２〉については，すでに出産（すなわち，開口陣痛）が開始している限りで，甲は赤ちゃんとの関係で過失運転致死罪（自動車運転致死傷５条）の罪責を問われうることになります。

　人の出生との関係では，１つ難しい問題があります。何がどう問題であるのか，理解することが容易でないかもしれませんが，ちょっと考えてみて下さい。ある人が堕胎を行おうとして，その胎児を（自然に生まれてくるずっと以前の段階で）母体外に出したとします。しばらくの間，その子は母体外で生きています。この子に対して，加害行為を行うことが殺人罪や傷害罪や遺棄罪など（以下では，これを「殺傷罪」といいます）にあたるかどうかが問題となるのです。

　16）　なお，一部露出説によるとき，頭部から出生したかどうかは重要ではありませんし，かりに，ひとたび身体の一部が露出した後に，再び体内に戻ったというような事情があったとしても，人が人でなくなると考えるべきではないでしょう。

　17）　なお，帝王切開の場合については，自然分娩のケースとパラレルに考えて，手術により子宮が開かれた時点をもって出生時期と考えるべきものとされています。

社会の医師としての法律家

Coffee break

　法律家は医者に似たところがあるといえましょう。人々が法律家を必要とするのは，**普通の人の常識や市民感覚では解決できない，病的な事態**が発生したときだからです。素人の日常的な思考では歯が立たない限界的な場面に遭遇してはじめて，法律学の専門的能力が必要とされるのです。人の出生時期をめぐり解釈論上の議論があるのは，どの時点で人が人になるのかを厳密に決めておかないと，赤ちゃんが頭を出したところで誰かに首を絞められて殺されてしまうといったケースで「人を殺した」ことになるのかどうかが判断できないことになってしまうからです。この種の議論に何か不健康なものを感じ，情熱を駆り立てられない人もきっといるでしょう。しかし，病的な事態においてこそ法律専門家が必要となり，その能力が試される，ということを忘れてはなりません。

　そもそも犯罪というものが社会の病理現象でしょう。人が病気に悩むように，社会も病理現象たる犯罪に悩みます。病気に対し憎んでも憤っても無意味です。病気に対してと同じく，犯罪に対しても，科学的知識に基づく合理的な対応が要求されます。刑法と刑法学の存在理由は，国による刑罰権の行使が行きすぎないよう歯止めをかけ，犯罪に対する科学的・合理的な対応を可能にするところにあります。それは簡単なことではありません。犯罪の多くは憎むべき反社会的行為であり，普通の人々は犯人を厳罰に処すべきだという強い感情に動かされるからです。法律家は，そういう処罰感情にストップをかけようとするのですが，それは「犯罪者の味方をする」ことであり，社会の大勢を敵に回すことでもあります。そのためには「力」がいりますし，「武器」が必要です。この意味における力と武器を身につけることが刑法を学ぶということなのです。

〈ケース３・堕胎後の遺棄〉
　甲は，産婦人科医師として妊婦の依頼を受け，自己の開業する医院で妊娠26週に入った胎児を母体外に排出した。甲は，排出した子Ａをそのまま放置し，すぐに保育器のある近くの病院に運べば救命できるのに，そうしなかった。Ａはそのまま死亡した。

　この問題については，２つの異なった見解が主張されています。**第１説**は，排出された子に**生命保続可能性**ないし**生育可能性**がある場合と，それがない場合（すなわち，母体外では生きられないくらいの早期に堕胎する場合。この生命保続可能性は，**妊娠満22週未満の場合に否定されると解されています**）とを区別します[18]。そして，生命保続可能性がある子が生まれてきたときには，堕胎

罪と並んで殺傷罪の成立が認められるとします[19]。これに対して，生命保続可能性がない子が排出されたケースでは，堕胎を行った者との関係では堕胎罪のみで処罰されると考えることになります。要するに，第1説は，胎児は，一般的に母体外においてすでに生命保続可能とされる段階から（すなわち，妊娠満22週経過後において），母体外に排出されたことを条件として，これを「人」として保護しうると考える見解です（これは，現行法〔現在の「母体保護法」〕が，母体外で生命を保続できない時期においてのみ人工妊娠中絶を認めていることとの関連を重視するものといえましょう）。

　しかし，この第1説によれば，母体外に排出された子は，生命保続可能性がない限りおよそ人ではない，ということになります。かりに，早産のため，妊娠満22週未満の時点で，胎児が外部に出てきてしまったとしましょう。医師が，両親に懇請され必死に救命の努力を続けているという状況で，突然に第三者がその子を刺殺したというとき，その子が人でないとすると，犯人はまったくの不可罰になってしまいます（その行為はもちろん堕胎にもあたりません）。それが妥当な結論であるとは到底いえないでしょう。

　第2説は，一般に，生命という法益は，その時点・その時点が保護に値する，絶対的な法益であり，人はその生命保続可能性・生育可能性を問わずに，人として保護されなければならないとし，そこから，自然の分娩期より以前に何らかの事情で母体外に排出された子も，一般的に人であると考えます。この見解によれば，すぐ上に見たような不当な結論は生じないことになります。しかし，別の難点が出てきます。すなわち，第2説をとり，**生命保続可能性があるかどうかにより区別しない**ことにすれば，違法な堕胎手術を行った者，さらには母体保護法による適法な中絶手術を行った者でも，母体外に出てなおしばらくは生命を継続している子との関係で，無限定な形で（作為・不作為による）殺傷罪の刑事責任を問われることになりかねないのです[20]。

　ここで，〈ケース3〉について見ますと，最高裁判所は，この事案について，

　18）　なお，ここにいう生命保続可能性は，一般的基準として問題とされているもので，個々の事例における具体的な生育可能性を基準とすべきものではないとされています。

　19）　ただし，堕胎行為そのものの作用で排出後に死亡したというのではなく，排出後に，独立の意味をもった（作為または不作為による）加害行為が行われることが当然の前提です。

014　Introductory Lectures in Criminal Law : Specific Offences

業務上堕胎罪（214条）に加えて，保護責任者遺棄致死罪（219条・218条）の成立を認めました[21]。このケースにおける A は，人として殺傷罪の客体となるとしたのです。ただ，A は妊娠26週に入っており，**生命保続可能性が肯定**されますので，その限りでは，第1説でも第2説でも，結論は変わらないことになります。

2　人はいつまで「人」か

　死亡する以前の「人」に対する加害行為は，殺人罪，傷害罪，過失致死罪，遺棄罪などの罪を構成します。これに対し，死亡後の「死体」に対する加害行為は，死体遺棄罪または死体損壊罪（190条）として処罰されるだけです。このように，死亡の前後で，刑法的保護のあり方が大幅に異なるので，**人の終期**ないし**死亡時期**を確定することが重要な課題となるのです。

　人の死亡時期の確定にあたり，従来の実務と判例，そして学説は，**三徴候説**をとってきました。これは，臨床の場における死の判定基準として以前から用いられてきたものであり，①心拍停止，②呼吸停止，③瞳孔反応消失を**総合的に考慮**して人の死を認めるものです。このうち，①は心臓の機能停止，②と③は脳幹の機能停止の徴候ですから，三徴候説による死の判定は，**心臓死（心臓の不可逆的機能停止）と脳死（脳の不可逆的機能停止）の2つを確認したときに，**個体としての死亡を判定するものといえましょう。

　三徴候説については，その論拠が必ずしも明らかでないという問題があります。何を人の死にとっての本質的に重要な要素と考えるのかが積極的に明示されていないのです。そこでは，血液の循環による酸素の供給が本質的に重要なものと把握されていると理解することもできますが，それは機械と薬剤によっ

---

　20)　処罰範囲をうまく制限するための理論構成として考慮に値するのは，事後の殺傷行為を，堕胎罪の**不可罰的事後行為**（→総論113頁）として捉えるものです。この見解によると，母体から排出された子は「人」ではあるのですが，堕胎罪につき特に軽い刑を規定した刑法の趣旨を没却しないようにするため，**堕胎行為者自身による，堕胎行為と一連の過程で行われる加害行為**については，殺傷罪による処罰は排除される（あるいは不問に付される）と考えるのです。同様に，母体保護法による適法な人工妊娠中絶が先行する場合にも，中絶を許容している趣旨が没却されないようにするために，殺傷罪による処罰が否定されるとするのです。詳しくは，山口・各論27頁以下を参照。

　21)　最決昭和63・1・19刑集42巻1号1頁。

て代替可能でありますから，それを本質的なものと見ることはできないでしょう。脳血流が停止し，脳細胞が死滅して脳が自己融解を起こしても，人工呼吸器により呼吸機能が維持され，心臓は動き続けているという状態であれば，身体の血液循環は継続し，三徴候説によると死の判定はできないのですが，それでも人としての保護を継続させるべきかどうかは疑問です[22]。

　脳死説は，一般には全脳死説として主張され，**脳幹を含めた全脳機能が不可逆的に停止**することをもって人の死が到来したものと考えます。その**解釈論上の根拠**は，次の点に求められています。人間は「精神」と「身体」という2つの要素からなるのですが，いずれとの関係でも**脳は本質的な臓器**です。精神作用は，**大脳**において営まれ，意識とか思考とか感情とかはそこに本拠をもちます（大脳が機能停止すれば，人は意識・思考・感情をもつことはありえないという意味で精神作用は失われます）。しかし，生命体にとっては，精神作用ばかりでなく，身体的機能の統合も重要です[23]。**脳幹**は，呼吸とか消化とか血液の循環とかの身体的機能を統合する役割を担う器官であり，この部分が機能停止すれば，人の生命体としての重要機能を全体として統合する作用が失われると考えられます。意識等の精神作用が不可逆的に消失するばかりでなく，かつ全体としての身体的機能の統合が不可逆的に失われなければ個体死とはいえないとすることが，全脳死説をとることの決定的な理由とされるのが一般です。脳死説においては，脳が人の精神作用を担う，代替不可能な器官であることと並んで，脳（とりわけ脳幹）が，全体としての有機体の各器官の機能を代替不可能な形で統括する中枢器官であることに，生命保護の限界を決めるにあたって決定的な意味が与えられているのです。

　脳死説に対しては，より実際的な理由づけを与えることも可能です。すなわち，脳死の状態は，脳において血液（酸素）の循環が行われていない状態であり，脳細胞はすでに死んでしまっているか，少なくとも死に始めている状態な

22）　将来，人工心肺が実用化されるようになったとき，ひとたび人工心肺が装着された以上，脳死の時点をはるかに過ぎてもそのまま死を確定できない状態が続く可能性が生じることにもなってしまうでしょう。

23）　大脳の機能が失われ，意識が不可逆的に消失しても，脳幹の呼吸中枢等の生命維持機能（植物機能）が継続している場合には，いわゆる植物状態であり，脳死ではありません。

第1講 刑法による生命の保護

のです。酸素が行かず脳細胞が死んでしまえば，もはや元に戻すことは不可能です。そこで，脳死の段階のことを一般に**蘇生不可能点**（point of no return）という言い方をするのです。

以上のように見てくると，刑法が人としての保護をあきらめるべき区切りの時点は，脳死の時点であると考えられることになります[24]（→ Column「**臓器移植法と脳死説**」19 頁）。

Ⅳ 終了のチャイムが鳴る前に

本講では，「刑法による生命の保護」をテーマとして取り上げました。以上の説明から，生命という法益は刑法上特別な保護を与えられていることがおわかりになったと思います。生命保護の役割を担う規定の中でも，とりわけ**202条**が注目に値するといえましょう。個人的法益は，原則として法益の主体（法益の持ち主）が「いらない」といって捨ててしまえる利益，すなわち法的保護を放棄・処分できる法益なのですが（代表的には，自由や財産といった法益がそうです），202 条が明らかにしていることは，生命については，たとえ本人がこれを放棄しようとしても，それでもなお刑法はその保護をあきらめないということです。この規定は，生命に関する法益主体の自己決定権（法益放棄の自由）を制限しており，**生命保護は本人の反対意思にもかかわらず貫徹される**ことになるのです。

ただ，**刑法による法益の保護と法益主体の自己決定権の対立・相克**は，刑法の根本問題の1つであり[25]，少し立ち入った検討が必要です。そこで，この

---

24) なお，脳死説をとるときでも，三徴候説による死の判定基準はやはり必要です。全死亡者のうち，人工呼吸器による呼吸管理が行われ，**脳死を経由して死亡する者は1％未満**といわれます。通常のケースにおける人の死は，三徴候の出現を前提とする総合判断とならざるをえないのです。そこで，死の概念と判定基準が2つに分裂してしまうのではないかという疑問も生じます。この点に関しては，三徴候説による死の判定も，一種の（間接的な）**脳死の判定**であると理解すべきでしょう。本文で述べたように，3つの徴候のうちの2つは，脳幹の機能死の徴候なのです。しかも，三徴候説によるとき，3つの徴候が現れれば直ちに最終的な死の宣告が行われるというのではなく，一定の時間的経過が必要とされています。それは，心臓や肺が止まっても，まだ脳に酸素が残っており，その限りでは蘇生の可能性があるからです。三徴候説による判定は，蘇生がもはや不可能であるという判断を伴わなければならず，それは脳死の間接的確認として理解できるといえましょう。

問題については，傷害罪規定の説明を終えてから，生命保護と身体保護の両方を視野に入れつつお話ししたいと思っています（第3講で「被害者の同意をめぐる諸問題」というテーマの下で検討します〔→ 43 頁以下〕）。そこでは，あらためて 202 条の罪（特に，後段の同意殺人罪）をめぐる解釈論上の問題を取り上げることになるでしょう。

さて，生命の次に重要な個人的法益といえば，それは身体であり健康ですね。その保護が刑法の重要な任務であることはいうまでもありません。第2講では，「刑法による身体の保護」をテーマとすることにいたします。刑法上，身体・健康がどのような形で保護されているかにつき理解してもらえるような講義にしたいと思っています。

---

25) たとえば，**安楽死**の場面のように，法益主体により一定の合理的な理由に基づく法益保護の拒絶の意思が表明されたときには，厳格な生命保護の要請もゆるめられてよいのではないかが問題となります（→ 49 頁）。

第1講　刑法による生命の保護

臓器移植法と脳死説

Column

　脳死をもって人の死であるとする脳死説の結論は，部分的にはすでに現行法により承認されているところです。1997（平成9）年に制定・施行された**臓器の移植に関する法律（臓器移植法）**（平成9年法律第104号）により，脳死した人の身体からの移植用臓器の摘出が「死体からの臓器摘出」として合法化されているからです。ただ，死の概念と判定基準の問題に関し，制定当初の臓器移植法がとった立場は，きわめて妥協的なものでした。すなわち，本人の書面による同意等の要件が充足される場合に限っては，脳死をもって人の死とするが，それ以外のふつうの場合は，心停止が訪れてはじめて人は死亡したことになるとしたのです。それは，個人に臓器提供との関係において脳死を選択することを可能とし，個人の脳死の選択を前提としてその限りで脳死移植を合法化したものといえましょう（脳死選択説）。

　ところが，2009（平成21）年には，臓器移植法の一部改正法が公布され，2010（平成22）年より施行されました。これにより，**臓器提供に関する本人の現実的意思が不明の場合**でも，家族・遺族が提供に同意すれば，**脳死下においても臓器摘出が可能**となったのです。それにともない，**年少者・小児**についても，家族・遺族の同意のみで脳死下での臓器の摘出を行いうるようになりました（この法改正は，日本の臓器移植法が移植医療のために設けていた高いハードルを，世界水準のものに引き下げたものということができます）。

　今回の法改正による臓器摘出要件の変更は，**脳死の法的性格の根本的変更**を踏まえなければ，これを理解することはできないでしょう。もし臓器提供が通常よりも早められた死期の選択を前提とするものであるとすれば（またそうでなくても，脳死下の身体にメスを入れることが，その本人に何らかの現実的不利益をもたらすことなのであれば），本人自身の明確な同意なしにこれを行うことはできませんし，同意能力のない年少者・小児についてはそれを行うことはおよそ禁止されるはずです。脳死移植の場合に，家族・遺族の同意のみで臓器摘出行為を法的に許容することの前提は，それが本人の権利・利益を侵害するものではないことです。改正法による臓器摘出要件の修正は，**脳死が**（本人の同意・不同意のいかんにかかわらず，いわば客観的に）**人の死であることの承認**をともなうものでなければならないでしょう。

　この臓器移植法の一部改正は，刑法上，人の死期をどう考えるかの問題と無関係ではありえません。臓器移植という特殊な場面において脳死が人の死として扱われている以上は，他の場面において脳死者に対し生きている人としての保護を与えるとすれば，それは法として矛盾であるとする考え方も可能だからです。学説上，今なお脳死説をめぐり賛否は相なかばしているのですが，「脳死患者を死亡させた」という理由で警察や検察による捜査・立件等が行われるとすれば，臓器移植法の考え方との矛盾がはっきりと表面化することになると思われます。

019

Introductory Lectures
in Criminal Law
Specific Offences

第2講

刑法による身体の保護

I　はじめに

　人の身体（そして健康）は，生命に次いで価値の高い，重要な個人的法益です。しかし，身体は，財産とならんで，最も攻撃にさらされやすい法益といえましょう。ちょっとしたケンカは日常茶飯事のことですし，通勤・通学時の満員電車，スポーツ（代表的には格闘技）や，医師による治療行為（代表的には外科手術）も，それぞれ身体的法益への侵害をともなっています。このように，身体的法益が害されることそれ自体は日常的に起こることだとしても，他人から何の理由もなく身体や健康を害されることが頻繁に生じるような環境の中では，やはりわれわれは安心して社会生活を送ることはできません。個人の身体の保護のために刑法が果たすことを期待される役割には大きなものがあります。

　ここで，個人の身体を保護するための刑法典の諸規定[1]を概観することにします。まず，最も基本的なものは**傷害罪**の処罰規定（204条）です。傷害の概念については，すぐ次に詳しく説明します（→ 24頁）。ここでは，身体傷害（健康侵害を含む）の手段と行為態様が限定されていない（この点では，生命侵害

　1）　特別刑法の規定としては，特に，**暴力行為等処罰ニ関スル法律**（大正15年法律第60号）が重要です。刑法の暴行罪や傷害罪にあたる行為が，暴力行為等処罰法の規定にもあたるときには，特別法である後者の規定が優先的に適用されます（法条競合の**特別関係**〔→総論245頁〕）。

021

を規定する殺人罪〔199条〕におけるのと同様です）ということに注目して下さい。それに対応して，法定刑の幅も広くなっています（1万円の罰金から15年の懲役まで）。

傷害の未遂は処罰されていませんが，暴行という手段を用いて他人の身体に攻撃を加える行為は，傷害の結果が生じなくても，**暴行罪**（208条）として処罰されます（その限りで，暴行罪の規定は，傷害未遂を処罰する補充的処罰規定としての機能をもっています）。暴行によらない身体への攻撃は，傷害に至らない限りは原則として罪にならないということになります[2]。

傷害罪にあたる行為が行われたとき，そこから進んで，死亡の結果が発生するに至れば，その結果について故意が認められるなら殺人罪が成立しますが，暴行や傷害の故意しかなかったときには，結果的加重犯[3]の典型である**傷害致死罪**（205条）を構成することになります。ここには，暴行を行えば暴行罪，そこから傷害の結果が生じれば傷害罪，さらに死亡の結果に至れば傷害致死罪という，「積み上げ」の関係が存在するのです。本講の最重要のポイントは，実は，**暴行罪，傷害罪，傷害致死罪という3つの犯罪の相互関係**の理解にあります（→ 32頁以下）。これを正確に理解できれば，それで本日の講義を聴いた（読んだ）意味があったことになります。それは，法律家としての仕事にあたり，ずっと役に立つ基本的学識に属する事柄といって過言ではないでしょう。

また，人の身体とその健康（そして，生命）は，**過失による攻撃**からも刑法上保護されています。刑法典第2編第28章「過失傷害の罪」（209条以下）に規定された一連の犯罪は，過失犯の典型です。故意のない，しかし不注意な行為によって，傷害の結果や死亡の結果を生じさせると，**過失傷害罪**（209条）および**過失致死罪**（210条）が成立します（これらをあわせて**過失致死傷罪**と呼びます）。これらは過失致死傷罪の基本類型（原則類型）ですが，211条に規定された2つの犯罪，**業務上過失致死傷罪と重過失致死傷罪**は，過失致死傷罪にあ

2）　より厳密にいえば，**暴行によらない身体への攻撃**は，それが傷害の結果を生じさせなければ，遺棄罪（217条以下），監禁罪（220条），脅迫罪・強要罪（222条・223条）の規定にあたらない限り，処罰の対象となりません。ただし，後に述べますように（Ⅱ-**2**），「暴行」の概念は広く解釈されていますので，身体への直接的攻撃の多くは暴行にあたることに注意しなければなりません（→ 26頁以下）。

3）　結果的加重犯については，総論53頁を参照。

たる行為がさらに特定の要件を備えるときに刑を重くする，その加重類型です（→ 36 頁以下）。

　刑法典の過失致死傷罪の規定を学ぶときには，**道路交通事故により死傷結果を発生させる行為**に対し適用される処罰規定のことについても知る必要があります。この関係で重要なのは，2013（平成 25）年に制定・公布された単行法である「自動車の運転により人を死傷させる行為等の処罰に関する法律」（平成 25 年法律第 86 号）です。これをあわせて参照して下さい（略称は「自動車運転致死傷」で，小型六法にも必ず収録されています）。この法律に含まれている**危険運転致死傷罪**（自動車運転致死傷 2 条）と**過失運転致死傷罪**（同 5 条）は，もともと刑法典の中に規定されていたものなのです（これらの犯罪については，38 頁以下において詳しく説明したいと思います）。

　ここで注目していただきたいことは，この危険運転致死傷罪は，単なる過失犯なのではないということです。この犯罪においては，危険な運転行為そのものは故意により行われますが，傷害または死亡の結果については故意のない場合（暴行の故意もない場合）が予定されています。このように，危険運転致死傷罪は，故意の危険運転行為が行われ，そこから意図しない死傷結果が発生したときに成立する犯罪ですから，**一種の結果的加重犯**なのです。それは，暴行の故意の認められない危険運転行為から死傷の結果が発生したときに，暴行行為から死傷の結果が発生した場合（→ 22 頁）と同じように扱おうとしたものです。

　それ以外の犯罪類型として，**傷害現場助勢罪**（206 条）と**凶器準備集合罪・同結集罪**[4]（208 条の 2）がありますが，この入門講義では説明を省略せざるをえません。いつか刑法各論を本格的に勉強するときに，教科書で学んで下さい。なお，特殊な規定である 207 条については，37 頁を参照して下さい（なお，207 条は独立の犯罪を規定したものではありません。テストの答案などで，「……同

　4）　本文で説明したように，傷害罪については未遂は処罰されていませんが，暴行を手段とするとき，暴行罪としては犯罪になりますから，暴行罪はその限度で傷害未遂を処罰するものです（→ 22 頁）。さらに，傷害未遂以前の，**傷害罪の予備行為**を一定限度で処罰する意味をもつのが凶器準備集合罪なのです。本罪には，個人の生命，身体，財産の安全という個人的法益の保護の側面（すなわち，人身犯罪等の予備罪としての側面）と，公共の平穏という社会的法益の保護の側面がありますので，どちらを重視するか（その両方か），したがって，**保護法益をどのように理解するか**が根本的な問題となります。

時傷害罪（刑法207条）が成立する」という記述を読むことがありますが，これは明白な誤りなのでご注意下さい）。

Ⅱ 傷害の概念

1 判例・通説と反対説

　傷害の概念は，故意犯たる傷害罪のほか，過失傷害罪や結果的加重犯（たとえば，181条・205条・219条・221条・240条前段など多数）の構成要件要素として用いられています。判例・通説によると，傷害とは，人の生理的機能（生活機能）に障害を与えることであり，広く健康状態を不良に変更することを含みます。この考え方を**生理的機能障害説**と呼びます。日常用語を用いれば，ケガをさせることと，病気にかからせることの双方を含むということでしょう。ただ，判例によると，被害者に疼痛（強い痛み）を生じさせれば，たとえ何ら傷が残らなくても，傷害にあたるとされていることに注意しなければなりません[5]。同様に，何ら外傷を与えることなく，めまい，意識喪失（失神），嘔吐等を生じさせることも傷害にあたるとされています[6]。

　これに対し，学説においては，生理的機能に障害を与えることだけでなく，**身体の外貌に重要な変化**を生じさせることもそれだけで傷害にあたるとする見解も有力です。生理的機能障害説との違いは，人の生理的機能にまったく障害を生じさせることなく，たとえば，毛髪やひげを切除して身体の外見に重要な変化を与えることも，傷害にあたると解するところにあります[7]。生理的機能障害説によれば，意思に反して毛髪・ひげを切除することは，毛髪やひげを引き抜いて毛皮や毛根を傷つける場合を除いては，暴行罪を構成するにすぎないこととなります[8]（→ Column「**傷害と同意**」25頁）。

　5）　最決昭和32・4・23刑集11巻4号1393頁。
　6）　ただし，それがおよそ傷害の概念にはあたりうるとしても，単に一時的なものにすぎないなど，その程度が軽微なものについては，傷害ではなく暴行として扱うにとどめるべきものと考えられています。その限りで，傷害罪（204条）や強盗致傷罪（240条前段）等における傷害としては評価されないこととなるのです（→31頁以下）。

024　Introductory Lectures in Criminal Law : Specific Offences

第2講　刑法による身体の保護

傷害と同意

Column

　傷害について**被害者の同意**があったとき，それでも傷害罪の構成要件に該当するかどうかが問題とされています。最近の学説においては，被害者の同意があるときには，そもそも傷害罪の構成要件該当性が認められない（傷害罪規定が保護しようとする法益の侵害が存在しない）とする見解が有力です。これに対し，私は，従来の通説と同様に，保護法益としての「身体」については，かりに同意があったとしても，法益侵害そのものは存在し（したがって，構成要件該当性は肯定される），ただ具体的事情の下でその法益の要保護性が否定されることにより違法性が阻却される場合があるにすぎないと考えています（なお，被害者の同意をめぐる諸問題については，次回の第3講「被害者の同意をめぐる諸問題」〔43頁以下〕において取り上げたいと思います）。

　かりに同意があったとしても，それ自体として存在する身体傷害の法益侵害性は明白です。たとえば，ある人が，近親者に腎臓の片方を移植するための摘出に同意し，腎臓の片方を失うというケースについて考えてみましょう。その人（ドナー）が受けるダメージは，たとえ同意に基づくものであるとしても，やはり法益侵害であることを否定できません。法益侵害が肯定されるときには構成要件該当性が認められるのですから（→総論84頁），この場合でも，傷害罪の構成要件該当性はあるというべきなのです＊。

　　＊　なお，この議論は，患者の同意に基づく，医師の治療行為（たとえば，外科手術）も傷害の概念にあたるかどうかという問題と密接に関連しています。同意に基づく治療行為であってもそれ自体は傷害にあたる（ただし，違法性が阻却される）とする見解を**治療行為傷害説**といい，傷害罪の構成要件該当性を否定する見解を**治療行為非傷害説**といいます。

2　傷害と暴行の関係

　傷害罪が成立する場合の中には，①暴行により傷害結果を生じさせる場合と，②暴行以外の手段により傷害結果を生じさせる場合とがあります。この区別は

　7）　ちなみに，ドイツでは，毛髪やひげの切除も「傷害罪」にあたるとされているのですが，それは，ドイツ刑法典の傷害罪の規定が，他人の「健康を害すること」とならんで，「身体に虐待を加えること」を要件としており（ドイツ刑法223条1項），そこにはわが国における暴行も含まれるからです。ドイツでは，暴行それ自体は独立の処罰の対象とはされていませんから，そのように解さないと毛髪やひげの切除がまったくの不可罰となる可能性もあります。暴行罪の処罰規定をもつ日本の刑法の解釈としては，限界が（比較的）はっきりした生理的機能障害説より広い解釈を行う必要性は必ずしもないといえましょう（また，「身体の外貌に重要な変化を生じさせる」というときの「重要な」という限定も実にあいまいです）。

とても重要です。なぜならば，判例・通説によるとき，204条の傷害罪は，傷害に関する故意犯のほか，208条の**暴行罪の結果的加重犯**をも含むからです。そのことは，**暴行を手段とする場合に限っては**，暴行の故意さえあれば，傷害結果につき故意がなくても傷害罪が成立するということを意味します。ここは，ちょっと難しいですね。次のⅢ「暴行罪・傷害罪・傷害致死罪」のところで，詳しく説明することにします（→32頁以下）。ここではひとまず，他人の身体・健康に対する攻撃の中には，暴行によるものとそうでないものがあり，相互の区別が重要な意味をもつということだけを押さえて下さい。

　暴行罪にいう暴行とは「人の身体に向けられた不法な有形力[9]の行使」のことをいいます（刑法典で用いられている「暴行」については，その4つの意義を区別できますが〔→32頁以下〕，暴行罪にいう暴行はそのうちの**狭義の暴行**です）。殴るとか，突き飛ばすといった行為がその典型例です。これに対し，**無形的方法による身体・健康への攻撃**が暴行にあたらないことは明らかです。たとえば，言葉を用いて相手に精神的ショックを与えるとか，無言電話を頻繁にかける[10]とか，一連の嫌がらせ行為をくり返す[11]とか，隣家の被害者に向けて自宅からラジオの音声および目覚まし時計のアラーム音を大音量で鳴らし続ける[12]といった方法により，精神的ストレスを与えた結果，生理的機能の障害（そこには精神障害も含まれると解されます）（→ Column **「精神障害と傷害概念」**27頁）を生じさせれば，それは暴行によらない傷害ということになります（した

　8）　古い大審院判例は，女性被害者の頭髪をカミソリを用いて根元から切断したというケースについて，健康状態の不良変更を生じさせたものでないことから傷害罪にはあたらず，暴行罪を構成するにとどまるとしています。大判明治45・6・20刑録18輯896頁を参照。ちなみに，それをかりに被害者の睡眠中に気づかれずに静かに行ったような場合でも，「人の身体に対する不法な有形力の行使」にほかなりませんから，暴行罪は当然に成立することに注意しなければなりません。

　9）　これに対し，「物理力」の行使という定義も流布しています。ただ，この定義によるときには，最初から暴行は物理的作用を生じさせる行為に限定されることになりますが，次に述べるように（→29頁以下），そのこと自体をめぐり見解の対立が生じているのです。

　10）　東京地判昭和54・8・10判時943号122頁は，ほぼ連日にわたり深夜から早朝にかけて無言電話をかけ，被害者を加療約3週間を要する精神衰弱症にかからせたケースにつき傷害罪を構成するとしました。

　11）　名古屋地判平成6・1・18判タ858号272頁は，ほぼ連日にわたり被害者宅付近を徘徊して自己の存在を顕示した上，同人方に向かって怒号したり，騒音を発するなどの一連の嫌がらせ行為によって，被害者に著しい精神的不安感を与え，入院加療約3か月間を要する不安および抑うつ状態を引き起こしたケースについて傷害罪の成立を認めています。

第 2 講　刑法による身体の保護

精神障害と傷害概念
Column

　判例と学説が，生理的機能（生活機能）の障害・健康状態の不良変更という
とき，そこには身体的機能のみならず，精神的機能に障害を与えることも含め
て考えられています。たしかに，刑法の傷害概念は「人の身体」を傷害するこ
ととして規定されており（204条），「身体」は「精神」と区別されるものであ
るとすれば，人の精神的機能に障害を与えることを刑法上の傷害に含めること
はできない，とする解釈論も説得力をもちそうです。しかし，「精神」も結局
は「身体」に還元されるとする考え方も可能です。すなわち，精神的機能の障
害は，脳（大脳）の機能の障害に基づくものであり，人の器官の機能障害とい
う点で，通常の身体的機能の障害と区別できないともいえるのです。

　他方において，他人に精神的な変調を生じさせることのすべてを刑法上の傷
害にあたるとするわけにはいきません。精神的変調というものが多分に主観的
なものであって客観性を欠くという側面があるからであり，また，精神障害に
は種々の原因ないし条件が存在しており，行為との間にはっきりとした原因結
果の関係を肯定することが困難な場合も多いからです。

　精神的変調が一定の**身体的症状**（たとえば，睡眠障害，食欲減退や嘔吐，下痢，
頭痛，耳鳴り，動悸や発汗等）として客観化される程度のものとなったときに
は，これを傷害概念に含めることについては異論は生じないでしょう。薬物等
を用いて嘔吐させたり，頭痛を起こさせ，睡眠障害を生じさせるなどすること
は傷害概念にあたるとしつつ，精神的なストレスを加えて同じような身体的症
状を生じさせ，被害者の日常生活に支障を生じさせながら，傷害概念を充足し
ないとすることはおかしいといわなければなりません。むしろ問題となるの
は，それほどの身体的症状は認められないものの，気力の大幅な減退や引きこ
もり，対人恐怖等の顕著な所見が見られ，日常生活に大きな支障が生じている
というときに，それが傷害の概念にあたるかどうかです。精神の障害を特別扱
いして，これを傷害概念から排除してしまうことには疑問を感じます。肯定説
をとった上で，傷害の成否に関わる判断に客観性・明確性を与えるため，精神
医学の領域における診断基準として使用されている DSM-5（米国精神医学会に
よる診断基準）＊や ICD-10（WHO による診断基準）等の承認された基準に依拠
し，そこに示された要件を充足することをもって傷害と認めるということも考
えられます（ただ，その要件を完全に充足することがつねに必ず必要だとする固い
考え方には問題があるでしょう）。

　判例実務が，精神的変調を傷害と認定する際にどういうスタンスをとってい
るかが注目されるところですが，これまでの判例・裁判例を見ますと，被害者
において精神科の医師により精神障害として診断されていることを重視し，
種々の身体的症状を示していることや，入院等を行っていることを考慮してい
るものが多いといえるでしょう＊＊。近年，この問題は，とりわけ PTSD（心

027

的外傷後ストレス障害）を生じさせることが傷害罪や致傷罪にあたるかどうか
という形で議論されてきました。ただ，PTSD と傷害の成否に関する裁判例
のほとんどはこれを肯定しています。最高裁判所も，不法に監禁した被害者に
おいて PTSD を生じさせたというケースについて（監禁致傷罪〔221条〕の成
否が問題となりました），再体験症状，回避・精神麻痺症状および過覚醒症状と
いった，医学的な診断基準において求められている特徴的な精神症状が継続
して発現していることから PTSD の発症が認められたという事実認定を前提と
して，このような精神的機能の障害を惹起した場合も刑法にいう傷害にあたる
としました（最決平成24・7・24刑集66巻8号709頁）。この判例が，医学的
に承認された診断基準に該当することを絶対視するものであるかどうかは明ら
かでありません。

 ＊ 岡田幸之＝山上皓「PTSD（外傷後ストレス障害）」法教240号（2000年）2頁以
下を参照。
 ＊＊ たとえば，前掲注11）名古屋地判平成6・1・18は，傷害罪の成立を認めるにあた
り，被害者に対し「不安及び抑うつ状態」という医学上承認された病名にあたる精神的・身体
的症状を生じさせることが生理的機能障害の結果にあたることは明らかであるとし，被害
者においてその治療のために入院加療約3か月間を要したことを認定しています。

がって，これらの場合については，**傷害の故意がなければ傷害罪を構成しませんが，**
傷害の故意がなくても過失傷害罪にはなりえます）。

 ただ，言葉を用いる場合でも，被害者を言葉で誘導して落し穴に転落させて
ケガをさせるような場合はどうでしょうか。このような場合は，単に無形的方
法による傷害ということはできず，被害者（の行為）を利用した**間接正犯**（→総論
213頁，223頁以下）であり，しかも，落し穴に落ちたときに被害者が受けるのは
物理的な打撃ですから，暴行の間接正犯にほかなりません。そこから傷害結果が

---

12) 最決平成17・3・29刑集59巻2号54頁は，被告人が，自宅の中で隣家に最も近い位置にあ
る台所の隣家に面した窓の一部を開け，窓際およびその付近にラジオおよび複数の目覚まし時計を置
き，約1年半の間にわたり，隣家の被害者らに向けて，精神的ストレスによる障害を生じさせるかも
しれないことを認識しながら，連日朝から深夜ないし翌未明まで，ラジオの音声および目覚まし時計
のアラーム音を大音量で鳴らし続けるなどして，同人に全治不詳の慢性頭痛症，睡眠障害，耳鳴り症
の傷害を負わせたケースにつき，その行為は傷害罪の実行行為にあたるとしました。
 なお，これとは異なり，狭い部屋で大太鼓や鉦を連打するというように，被害者に向けられた音響
そのものが強度で，鼓膜に障害を与えたり，意識をもうろうとさせたり，貧血を生じさせうるもので
あるときには，それ自体が暴行罪を構成し，それにより失神等に至らせたときには**暴行による傷害**と
なるとされていることに注意しなければなりません。そうした音響による身体への攻撃が暴行となる
とした判例として，最判昭和29・8・20刑集8巻8号1277頁があります。

028 Introductory Lectures in Criminal Law : Specific Offences

生じたときには，**暴行を手段とする傷害**にあたることになります[13]。そこで，かりに傷害の故意がなかったときでも，結果的加重犯としての傷害罪が成立しうると解すべきなのです（→ Column「**脅迫による傷害か，暴行による傷害か**」31 頁）。

〈ケース 1〉
　甲は，多額の借金を抱え金策に困ったあげく，債権者 A に毒入りのジュースを飲ませて殺害し，事実上借金の返済を免れるに至った。

　困難な問題となるのは，それが有形的手段とはいえても，「**暴力的**」**方法ではない場合**の取扱いです。暴行にいう「有形力」の中には，狭い意味での物理的な力（力学的作用）に加え，音や光によるもの，熱・冷気・電気等のエネルギー作用によるものも含まれるでしょう。**判例**も，強い音を用いる場合については，暴行罪の成立を認めています[14]。これに対し，**化学的・病理学的・薬理学的作用**により生理的機能の障害を発生させる場合，たとえば，感染症に罹患させる場合，有毒ガスを吸引させる場合，有毒な薬物をジュースに混ぜて飲ませるような場合に，これを（注射のように手段として行われる有形力の行使とは切り離して，それ自体として）「暴行による傷害」といえるかどうかが問われるのです。この点をめぐっては，積極説と消極説とが対立しています。

　この議論の実益は，被害者に対しこれらの行為を行ったが，傷害の結果が生じなかったというとき，積極説によれば暴行罪が成立しますが，消極説によれば不可罰になるというところにあります。また，**〈ケース 1〉**では，借金の返済を免れる（という財産上の利益を得る）ため，債務者が債権者を毒殺したのですが，積極説によれば，暴行を手段として財産上の利益を取得したといえるので，236 条 2 項の強盗罪（二項強盗罪）の要件を充たし，結局，**二項強盗による強盗殺人罪**（240 条後段）の成立を認めることが可能となります。これに対

　13）　この点に関連して，行為者が被害者をして腐った丸木橋を渡らせるとか，落とし穴の上を歩かせるなどしたとき，それだけで暴行罪が成立するのか，それとも，被害者が落ちて何らかの身体的打撃を受けてはじめて暴行となるのかという問題があります。おそらく後者のように理解すべきものであろうと考えます。

　14）　前掲注 12）を参照。そこに引用した最判昭和 29・8・20 は，被害者の身辺近くにおいてブラスバンド用の大太鼓，鉦等を連打し，被害者をして頭脳の感覚が鈍り，意識朦朧たる気分を与え，または脳貧血を起こさしめ息詰るごとき程度に達せしめたときは暴行にあたる，としました。

029

し，消極説によると，殺人罪の成立のみが認められることになるのです。

　これまで学説の多くは積極説をとってきたといえましょう。化学的・病理学的・薬理学的作用による場合も，無形的手段ではなく（すなわち，発せられた言葉の意味内容を通じて被害者を心理的に追いつめるという手段によるものではありません），**有形力を用いるものであることに変わりない**ことがその根拠とされてきました[15]。積極説が説くように，外部から与えられる有形的手段の中で，化学的・病理学的・薬理学的作用を別扱いする理由は見出しがたいと思われます。たしかに，「暴行」という言葉の通常の使い方から外れる（たとえば，毒薬を飲ませて苦しませることを「暴行」とはふつうはいわない）という点は，積極説の1つの難点です。しかし，光線を用いて傷害を与えた場合や，焼け火箸に触れさせて火傷を与えた場合には，異論なく暴行による傷害にあたるとされています。この場合にも「暴行」とはいいにくいのに，暴行概念に含められているのです。その場合と比較すれば，被害者に有毒ガスを嗅がせて殺したり，猛毒入り液体を飲ませて苦しませて殺害することを「暴行」による殺害に含めることもまた，なお可能な解釈の枠内にとどまるといえましょう。このように考えると，〈ケース1〉については，暴行による傷害・殺人が認められることになり，二項強盗による強盗殺人罪の成立が肯定されるのです。

　他方，消極説によりますと，毒を盛ることは被害者の意識作用に影響を与える限りで昏酔強盗（239条）にあたることになり，その限りで強盗殺人罪の適用を認めうるとする結論になるでしょう。しかし，〈ケース1〉のように，財物（有体物）ではなく，借金の返済を免れるという**財産上の利益**（→90頁）を得ようとする場合は，昏酔強盗罪の成立を認めることはできず，したがって，ただの殺人罪しか認められないことになってしまいます。殺人罪と強盗殺人罪の法定刑の差にかんがみると，そのような解釈はあまりにアンバランスな結論を生じさせるものでしょう。

　15）　積極説をとるのは，たとえば，大塚・各論27頁注（三），35頁，大谷・各論26頁，39頁，西田・各論43頁以下などです。学説上，消極説をとるのは，斎藤20頁以下，高橋・各論43頁，中森14頁，山口・各論43頁以下，45頁以下などです。判例は，必ずしも明らかではありませんが，消極説をとるものといえましょう。最判昭和27・6・6刑集6巻6号795頁は，被告人が病気の治療方法であるとして被害者の同意を得てその陰部に陰茎を押し当てて性病に感染させたというケースにつき，暴行によらない傷害の場合と捉えているようです。

第 2 講　刑法による身体の保護

脅迫による傷害か，暴行による傷害か

Column

　大阪高判昭和 60・2・6 高刑集 38 巻 1 号 50 頁の事案は，次のようなもの
でした。被告人は，被害者から金員を強取しようと企て，被害者の運転するミ
ニバイクの後部荷台にまたがって乗車し，登山ナイフを脇腹に突き付けて**脅迫**
し，付近のアスファルト舗装の路上まで運転させて連行し，「倒れろ」と命じ
てミニバイクもろともその場に転倒するのやむなきに至らしめて現金を奪い，
被害者に傷害を負わせたというのです。このケースについて，大阪高裁は，強
盗致傷罪（240 条前段）の成立を認めるにあたり，「強盗の手段たる脅迫に
よって傷害の結果を生じたものとして強盗致傷罪の成立を認めるのが相当で
ある」るとしました。つまり，この場合の傷害は，**脅迫を手段とする傷害**だとい
うのです。しかし，このケースでは，行為者は，転倒により被害者が路上に身
体をぶつけることを認識してこれを転倒させているのです。脅迫による傷害と
いうのではなく，意思を制圧された被害者（の行為）を利用した**間接正犯**（→
総論 223 頁以下）**としての暴行に基づく傷害**と捉えるべきでしょう＊。

　　＊　大塚・各論 231 頁注㈥も，これを脅迫による傷害ではなく，暴行による傷害であ
るとしています。

3　傷害概念の限界

　傷害概念の限界をめぐっては，いくつかのことが議論の対象とされています。
ここでは，**軽微な傷害**はこれを傷害ではなく，暴行として扱うべきではないか
という問題についてのみ触れておきましょう。この問題は，まず傷害罪と暴行
罪の限界づけに関わることですが，そればかりでなく，**結果的加重犯**たる致傷
罪（強盗致傷罪や強制性交等致傷罪など）の成立範囲に大きく影響します。致傷
罪が否定されれば，基本犯（たとえば，強盗罪や強制性交等罪）の成立のみが認
められることになります。致傷罪についてはかなりの刑の加重が見られるのが
通常ですから，傷害に含めるか，暴行として扱うかは大きな実益をともなう問
題となるのです[16]。

　この点で注目されるのは，名古屋高金沢支判昭和 40・10・14 高刑集 18 巻 6
号 691 頁が示した見解です。この判決は，傷害は「あくまでも法的概念である
から医学上の創傷の概念と必ずしも合致するものではない。殊に他人の身体に
暴行を加えた場合には，厳密に言えば常に何らかの生理的機能障害を惹起して

031

いるはずであって，この意味で傷害と未だそれに至らない暴行との区別は，それによって生じた生理的機能障害の程度の差に過ぎないと言える」とした上で，①日常生活に支障を来さないこと，②傷害として意識されないか，日常生活上看過される程度であること，③医療行為を特別に必要としないこと等を一応の標準として，生理的機能障害がその程度に軽微なものかどうかを判断すべきだとしたのです。たしかに，これらのいずれもが肯定されるような場合であれば，暴行の範囲内で評価することが合理的でしょう[17]。診断・治療を受けるために医師のところに行くことが大げさであると受け止められるようなケースかどうかを目安とすることもできるように思われます。

Ⅲ 暴行罪・傷害罪・傷害致死罪

1 暴行の意義

先に述べた通り，暴行罪にいう暴行は，**人の身体に向けられた有形力（物理力）の行使**のことです。その具体例としては，平手打ちを食わせるとか，相手の胸ぐらをつかむとか，身体を突き飛ばすなどがあります。判例・通説によれば，被害者をおどかすため，足元に石を投げつけるとか，狭い部屋の中で日本刀を振り回すことも暴行にあたり，人の身体に当てたり触れたりすることを必ずしも必要としないとされています（接触不要説）。

実は，暴行の概念は，暴行罪だけではなく，他の多くの犯罪との関係でも重

---

16) とりわけ，**強盗致傷罪**（240 条前段）については，2004（平成 16）年の刑法一部改正以前には，その法定刑の下限が 7 年の懲役であったため，酌量減軽（66 条）を施しても（→総論 249 頁）執行猶予の要件（25 条 1 項を参照）が充足されず，**実刑を回避することができなかった**のです。とりわけ事後強盗（238 条）のケースで偶発的に暴行を行い，軽微な傷害を加えるに至ったというような場合には，刑の重さが顕著に意識されることになりました。検察官があえて窃盗と傷害とに分離して起訴するというようなこともしばしば行われたといわれます。2004 年の刑法一部改正により，強盗致傷罪の法定刑の下限が懲役 6 年に引き下げられたことで，酌量減軽の上，刑の執行を猶予することができるようになり，問題はその鋭さを失うに至ったのです。

17) 川端博ほか編『裁判例コンメンタール刑法(2)』（立花書房，2006 年）500 頁［小坂敏幸執筆］は，「下級審は概ねその基準に基づいて判断している」としています。ただ，最高裁は，「軽微な傷でも，人の健康状態に不良の変更を加えたものである以上，刑法にいわゆる傷害と認めるべきである」とする判示をくり返していることに注意しなければなりません（たとえば，最判昭和 41・9・14 集刑 160 号 733 頁）。

032　Introductory Lectures in Criminal Law : Specific Offences

要な意味をもっています。それは、刑法が犯罪遂行の手段を特定するためにかなり頻繁に暴行の概念を用いているからです。刑法典で用いられている暴行は、一般に、4種類に分けることが可能とされています。

①有形力（物理力）の対象が人であると物であるとを問わない**最広義の暴行**（77条1項・106条・107条）

②有形力（物理力）が人に向けて加えられれば足り、人の身体に対するものであることを要しない**広義の暴行**（95条・98条・100条2項・195条・223条1項など）

③人の身体に向けられた有形力の行使を意味する**狭義の暴行**（208条）

④被害者の反抗を抑圧する程度、または被害者の反抗を著しく困難ならしめる程度の暴行を意味する**最狭義の暴行**（236条・176条・177条など）

ここで、読者の皆さんにいいたいことは、これらをいきなり覚え込もうと努力する必要はないということです。刑法各論の勉強を進めて、それぞれの犯罪類型について学ぶうちに、これらは自然に頭に入ってしまうはずです。それでも、何か覚えたいというのであれば、ここでは暴行罪の暴行（狭義の暴行）をまずは頭に入れて下さい。それができれば、狭義の暴行を「物差し」のように用いて、それぞれの犯罪にいう暴行の概念の共通点と相違点を明らかにすることが可能となるのです。

2　暴行罪と傷害罪

ここで、もう一度、208条の規定を読んで下さい。そこには、「暴行を加えた者が人を傷害するに至らなかったときは、……」とあります。ちょっと変わった条文の書き方だとは思いませんか。この条文だけでは完結していない雰囲気があります。すぐに出てくる疑問は、「では、もし『傷害するに至ったとき』にはどうなるのだろう」というものです。たとえば、ケガをさせるつもり（傷害の故意）はなく相手を突き飛ばしたところ、意外にも被害者が転倒してケガをしたという場合にどうなるか、ということです。判例・通説によれば、そのときには傷害罪（204条）が成立することになります。

このことは、次のように説明されています。すなわち、204条の規定と208条の規定は、**基本法規と補充法規の関係**にあります。刑法は、第27章「傷害

の罪」の冒頭に傷害罪の規定を置き，最後の方に暴行罪の規定を置いています。基本法規である204条の規定は，①傷害の故意をもって行為して，現に傷害の結果を生じさせた場合と，②暴行の故意はあったが，傷害の故意はなく行為したところ，傷害の結果が発生した場合の両方について適用があることを前提として，①と②の場合で，もし暴行を行い「人を傷害するに至らなかったとき」には，補充法規である208条の規定により処罰を補充するという条文の構造になっているのです（①の場合の補充は，傷害未遂の処罰の意味をもっています）。

　208条から出発して考えると，傷害の故意なく，暴行の故意のみをもって行為して，意外にも傷害の結果を発生させてしまったという，**暴行の結果的加重犯の場合にも傷害罪の規定が適用**されるということになります[18]。

　ただし，判例・通説によるときも，傷害罪は暴行罪の結果的加重犯を含むというだけのことにすぎません。傷害罪の規定は，原則的には故意犯の規定であって，**暴行以外の手段の場合にはやはり傷害の故意が必要**となることに注意しなければなりません。そこで，先に述べたように，暴行か暴行でないかの区別が重要な問題となるのです。

〈ケース2〉
　甲は，夜間帰宅中のＡの前に立ちはだかり，「偉そうな顔して歩いてんじゃないよ，ぶん殴るぞ」と脅迫した。Ａは，脅迫から逃れるため，その場を走り去ろうとしたが転倒してケガをした。Ａが甲の暴行から逃れようとして転倒し負傷した場合と結論は異なるか。

　〈ケース2〉で，脅迫から傷害の結果が発生した場合については，傷害結果の発生につき甲に故意がないことを前提とすると，甲は，脅迫罪（222条1項）とせいぜい過失傷害罪（209条）の罪責を負うにとどまります（両罪の関係は観念的競合〔54条1項前段〕です。観念的競合については，総論246頁以下を参照）。これに対し，事案を少し変えて，Ａが甲の加えた暴行から逃げようとして転倒し負傷したのだとすれば，甲に傷害結果について故意が認められないときでも，傷害罪が成立します。傷害罪の規定は，**暴行を手段とする場合に限っては**，暴行の結果的加重犯を含むからです。

　このような結論に対しては，同じ結果が発生しているのに，**出発点の行為が**

034　Introductory Lectures in Criminal Law : Specific Offences

第2講　刑法による身体の保護

暴行か脅迫かで区別することはアンバランスな扱いであるという疑問を持つ人もいるでしょう。なぜ，刑法は，暴行の結果的加重犯は（傷害罪として）処罰しつつ，脅迫の結果的加重犯は規定していないのでしょうか。

　刑法が結果的加重犯を規定しているのは，一定の基本行為が**重い結果を生じさせる類型的な危険性**をもち（いいかえれば，**ふつうその種の行為はその種の結果を生じさせることが多い**といえる場合であって），しかも，その行為のもつ具体的危険性が重い結果の発生として現実化したという事情がある場合だということできるでしょう。そのような場合には，一般予防の見地から，特に危険な基本行為を，より重い刑罰を用いてより強く抑制する必要があるといえましょう[19]。脅迫行為について見れば，それが傷害の結果を生じさせることがないわけではないとしても，脅迫をすれば一般的に傷害の結果が生じることが多い，とまではいえないのです。これに対し，被害者に暴行を加えれば，それが傷害を引き起こすことはよくあることであり，現実に危険な暴行が行われて結果として傷害に至ったときは，これをより重く処罰する理由があるといえましょう。このように考えると，刑法が暴行の結果的加重犯を傷害罪として処罰しつつ，脅迫の結果的加重犯については規定を設けていないことにも理由があることが理解できるのです。

3　傷害致死罪

　傷害致死罪（205条）は，結果的加重犯の典型です。ここで特に指摘してお

---

18)　問題となるのは，**38条1項**との関係です。それは，「法律に特別の規定」がない限り，故意がなければ罰しないとしていますから，204条の傷害罪の規定についても，これを傷害の故意がない行為（暴行の故意しかない行為）に適用できるのかどうかという疑問が生じるのです。しかし，204条の解釈にあたっては，204条だけを孤立させて読むのではなく，これと208条とをあわせて読むべきであり，そうすれば，暴行の故意で暴行を加えた結果，人が現に傷害を受けるに至ったときは204条を適用する趣旨がそこからうかがわれるのです（解釈上，結果的加重犯を処罰する趣旨が読み取れるのであれば，「法律に特別の規定」があるものとして，故意犯処罰の原則の例外にあたると考えることができます）。しかも，もし204条が純然たる故意犯の規定であり，傷害の故意のない場合には適用できないとすると，暴行の故意で暴行の事実が実現するにとどまったときには暴行罪となるのに，暴行の故意で傷害の結果を発生させたときには，より軽い過失傷害罪（209条）しか成立しないことになってしまいます。これは明らかに不都合な結論であり，刑法の予定する法適用であるとは到底考えられません。

19)　結果的加重犯における加重処罰の根拠については，井田・総論224頁以下を参照。

035

きたいことは，傷害罪が暴行の結果的加重犯で（も）あることから，傷害致死罪は**二重の結果的加重犯を含む**ということです。

> **〈ケース3〉**
> 　甲は，Ａを驚かすつもりでその足もとにこぶし大の石を投げた。甲には，Ａの身体に石をぶつけるつもりはなかった。しかし，石が意外にも跳ね上がってＡの頭部に命中し，Ａは死亡するに至った。

　〈ケース3〉の事例では，傷害致死罪が成立します。Ａを驚かせるつもりでその足もとに石を投げつける行為も，Ａの身体に対する不法な有形力の行使ですから暴行罪にあたり，傷害結果を介して死亡に至ったとき，傷害罪を通じて死亡に至らせたことになることから，傷害致死罪となるのです（→ Column「同時傷害の特例」37 頁）。

Ⅳ　過失傷害の罪と危険運転致死傷罪

　身体および生命保護のための過失犯規定としては，基本類型としての過失致死傷罪（209 条・210 条）のほか，業務上過失致死傷罪（211 条前段），重過失致死傷罪（同条後段），過失運転致死傷罪（自動車運転致死傷 5 条本文）などの規定が存在します。このうち，過失運転致死傷罪は，2007（平成 19）年に新設されたもので，新しい犯罪類型です。過失致死傷罪に対する刑は軽く，業務上過失致死傷罪および重過失致死傷罪に対する刑は重く，過失運転致死傷罪に対する刑はさらに重くなっています。過失致死傷罪は基本類型であり，業務上過失致死傷罪・重過失致死傷罪・過失運転致死傷罪の 3 つは，その加重類型です。業務上の過失と自動車運転上の過失は，それぞれ重大な過失（重過失）の一場合を類型化したものです。

　過失致死傷罪（209 条・210 条）は，過失行為により人の死傷の結果を生じさせた場合を処罰する過失結果犯です[20]。この場合の過失は，業務上過失でも重過失でもない，いわゆる通常過失のことです。**業務上過失致死傷罪**は，その

---

　20)　過失犯についてここでは詳しく説明することはできません。たとえば，井田・総論 196 頁以下を参照。

同時傷害の特例

Column

　刑法207条は，同時傷害の特例を規定しています。甲と乙が被害者Aに対し暴行を行ったというケースで，2人の間に意思の連絡（合意）が存在しない場合（または，その存在を証明できない場合），2人は**共同正犯**（60条）にはならず，単なる同時犯にすぎません。**同時犯**の場合には，それぞれの行為と傷害結果との間の因果関係を個別的に証明できないとき，どちらの行為者にも（甲にも乙にも）傷害結果について責任を問えないはずです（→総論125頁，230頁注20））。しかし，刑法は，このような結論を不当と見て，傷害の同時犯の場合につき共同正犯としての処罰を認めるのです。

　被告人としては，自己の行為と結果との間に因果関係がないことを証明しない限り，責任を免れることはできません。ここでは因果関係が推定され，挙証責任（→総論125頁）が被告人側に転換されているのです。また，もし被告人が意思の連絡（合意）の不存在を証明しても，本条の適用を免れないとされています。したがって，本条の特例は，単に因果関係を推定し挙証責任を転換するばかりでなく，意思の連絡につき反証を許さない形で共同正犯とするのですから，共同正犯を擬制するものです。なお，判例は，傷害罪ばかりでなく傷害致死罪の場合についても本条の適用を認めています。

　本条の特例を適用するためには，検察官が「各暴行が当該傷害を生じさせ得る危険性を有するものであること及び各暴行が外形的には共同実行に等しいと評価できるような状況において行われたこと，すなわち，同一の機会に行われたものであること」の証明を行うことが必要です（最決平成28・3・24刑集70巻3号1頁）。ただ，暴行が「同一の機会に行われた」というためには，それが同じ現場で同時に行われる必要はありません。本条は，2人以上の者の暴行の間に，**同一の機会の暴行といえる程度の時間的・場所的接着性**があれば適用が可能であり（第三者の暴行による傷害の可能性がある場合には適用は否定されます），多少の時間的・場所的離隔があったとしてもその適用はさまたげられません。高裁判例のなかには，態様の異なる2つの暴行が30分の時間的間隔をおいて行われた事例（東京高判昭和47・12・22判タ298号442頁），2つの暴行の間に時間にして20分，場所にして2キロメートルから3キロメートルの離隔がある事例（福岡高判昭和49・5・20刑月6巻5号561頁）について本条を適用したものがあります。

加重類型であり，結果発生との関係で，行為者が業務者として「業務上必要な注意」を怠った場合の重い過失の認められるときに成立します。重大な過失（重過失）の一場合を類型化したものです。**刑の加重の根拠**につき，判例・通

説は，業務者には一般通常人と異なった高度な注意義務が課せられていることに注目します。これに対し，業務者であると非業務者であるとにかかわらず，同じ行為に対して要求される注意義務は同一でなければならないとして，業務者は一般に非業務者よりも高度の注意能力を有することから，注意義務違反の程度がより著しいことが加重処罰の根拠だとする見解もあります。

　ここにいう**業務**は，きわめて広く（拡張）解釈されてきました。判例・通説によれば，それは「人が社会生活上の地位にもとづき反復継続して（または反復継続する意思をもって）行う行為で，適法・違法を問わないが，他人の生命・身体等に危害を加えるおそれのあるもの」のことをいいます。職業としての仕事である必要はありませんし，営利性も要件とはなりません。実際には，その定義は，特に**自動車の運転**を予想するものであり，業務上過失致死傷罪の規定が適用されるケースのほとんどは，交通事故の事例（いわゆる交通業過）でした。しかし，2007 年に過失運転致死傷罪の規定が新設されたので，自動車運転による死傷事故についてはもっぱらこの新規定が適用されることになりました[21]（→ Column 「**過失運転致死傷罪**」39 頁）。

　重過失致死傷罪は，業務上の過失にあたらなくても，具体的な状況の下において注意義務に違反する程度が著しい場合に成立します。裁判例に現れた事例としては，自転車の走行中の事故，犬の飼育にあたり落ち度があった場合（たとえば，闘犬の放し飼い），泥酔した内妻の放置，住宅街の道路上でのゴルフクラブの素振りに関するもの，夫婦げんかの際に憤激の赴くまま日本刀でふすまを突き刺しその背後にいた長男を死亡させた行為に関するものがあります。

　危険運転致死傷罪の処罰規定（自動車運転致死傷 2 条）は，悪質な交通事犯（いわゆる悪質業過）に対する刑が軽すぎて，とりわけ被害者とその遺族の納得が得られないとする世論の批判を背景に，2001（平成 13）年に新設されました。それ以前は，たとえば，酩酊運転の途中で事故を起こして人を死亡させると，道路交通法（道交法）上の酒酔い運転の罪（その刑は，当時，最高 2 年の懲役でした）[22]と，刑法の業務上過失致死罪（最高 5 年の懲役）の併合罪（→総論 246

　21）　たとえば，従来，無免許の自動車運転行為による事故については，それまで反復継続して運転していたか，または反復継続して運転する意思をもっていたときには「業務」といえるので，業務上過失致死傷罪とされ，そうでないときは重過失致死傷罪とされてきたのでした。しかし，現在では，業務性の有無にかかわらず，過失運転致死傷罪の規定が適用されています。

038　Introductory Lectures in Criminal Law : Specific Offences

第2講 刑法による身体の保護

過失運転致死傷罪

Column

　過失運転致死傷罪の処罰規定は，業務上過失致死傷罪にあたる行為の中から，その大多数を占める交通業過の場合を括り出し，法定刑の上限を従来の5年から7年にしたものです。1つのねらいは，一般市民にとってわかりやすい規定にするところにあったといえます。自動車運転中の落ち度により事故を起こすと，それが休日のマイカーの運転であったときでも「業務上過失致死傷罪」となるというのは，法律専門家でない人にとっては理解が難しいものがあったからです。

　もちろん，規定新設の大きな理由は，自動車による死傷事故のケースに対する**刑の上限を従来の5年から7年に引き上げる**ところにありました。その背景として，特に被害者が複数にわたる事案についての裁判所の量刑の水準が上昇する傾向にあったことを指摘することができます。落ち度ある自動車運転行為は，類型的に，**複数の人に重大な結果を発生させやすい危険**をともなうものであり，従来の業務上過失行為の中から，これを切り出して重い刑を規定することには理由があったというべきでしょう。

　たしかに，自動車事故以外にも，電車や航空機の事故など，同じように複数の人に結果が生じる可能性の大きいものを想定することはできますが，やはり自動車事故が代表的であり，そういう代表的なものを特に取り上げて類型化することは，立法としてインパクトを高めることにもなり，警告機能ないし一般予防効果という観点から合理的なものでありうるのです。

　付言しますと，過失運転致死傷罪の処罰規定は，もともと2007年の刑法一部改正により，「自動車運転過失致死傷罪」として刑法典の犯罪として新設されたものでした（旧211条2項）。2013（平成25）年に，新たな特別法（単行法）として「自動車の運転により人を死傷させる行為等の処罰に関する法律」が制定されたのですが（→23頁），そのときに，刑法典からこの法律に移されたのでした。

頁）となり，したがって，処断刑の上限は7年の懲役でした（47条ただし書を参照）。そこで，かなり悪質な事案であっても，実際の量刑においては，刑は懲役5年前後となるのがふつうだったのです。

---

　22)　現在では，酒に酔い，アルコールの影響により正常な運転ができないおそれがある状態で自動車等を運転すると，5年以下の懲役または100万円以下の罰金に処せられます（道交117条の2第1号・65条1項）。

しかし，ひどい酩酊運転や無謀運転に基づき死傷の結果を引き起こす悪質な交通事犯においては，死傷結果との関係では故意がないとはいえ，危険な運転をあえて行っている（しかも，その危険が直接に結果として実現している）のですから，**故意の危険運転罪（一種の交通危険罪）**としての実質をもっています。それを純然たる過失犯としての業務上過失致死傷罪と，故意犯ではあるが行政犯としての道交法違反の罪のみによって評価するのでは，十分ではないともいえるのです[23]。刑を従来より格段に重くすることを通じてどれほどの実際的な犯罪防止の効果をあげうるかについては疑問がありうるとしても，犯罪のもつ違法と責任の程度に対応した適正な刑を科すという見地からは，危険運転致死傷罪の新設もそれ自体として正当化できるものであったと考えられるのです。

危険運転致死傷罪は，次のように理解すべきでしょう。判例・通説によると，204条の傷害罪は暴行罪の結果的加重犯を含みますから，暴行行為から傷害の結果が生じたとき，傷害結果について故意がなくても傷害罪となり（刑の上限は15年の懲役），さらに死亡結果が生じたときには傷害致死罪となります（刑は3年以上20年以下の懲役）。危険運転致死傷罪が予定しているような危険運転行為は，たとえ人に対する暴行の故意なく行われるとしても，**死傷の結果を生じさせる危険性をもつ点**において，通常の暴行行為と変わらない（あるいはそれ以上であることもある）と考えられます。そこで，**故意の危険運転行為を暴行行為に準じて取り扱う**こととし，傷害結果が生じれば15年までの懲役を，死亡結果が生じれば20年までの懲役を科しうるようにしたのです[24]。

そこで，本罪は，故意の危険運転行為が行われ，そこから意図しない死傷結果が発生したときに成立する犯罪ですので，**一種の結果的加重犯**です。たしかに，基本犯は独立の犯罪として規定されていませんが，それはすでに道交法違反の種々の罪（酒酔い運転罪や無免許運転罪など）が存在するからでしょう。い

---

23) なお，刑法には，往来妨害罪（124条）という犯罪があり，道路を閉塞する（ふせぎとめる）等の行為を行い，それにより，死傷結果を発生させれば，結果的加重犯である往来妨害致死傷罪（124条2項）が成立します（法定刑の上限は懲役20年）。悪質業過も，交通を危険にする行為という点では，これと変わりがないともいえましょう。

24) ただし，致死罪の場合の下限については，3年でなく1年とされています。なお，上限の懲役20年はいささか重すぎるとも感じられますが，本罪の場合，多数人が被害を受ける可能性があることを考慮すれば，必ずしもただちに不当だとはいえません。

いかえれば，**道交法違反の罪の重いものを基本犯とする結果的加重犯**がこの危険運転致死傷罪であると理解することができるのです。

いずれにしても，危険運転致死傷罪にあたる行為は，刑法上は，過失運転致死傷罪として処罰される，**純然たる過失行為とは質的に異なったもの**として理解されなければなりません。

なお，すでにお話ししたように，2013（平成25）年に，刑法一部改正を含む大きな法改正が行われました。これにより，当時は刑法典に規定されていた危険運転致死傷罪および過失運転致死傷罪の処罰規定が刑法典から削除され，新たに特別法として成立した「自動車の運転により人を死傷させる行為等の処罰に関する法律」に移されました（それぞれ同法2条および5条）。しかし，いずれの処罰規定の内容にも基本的な変更はありません（ただ，危険運転致死傷罪については，新しい危険運転行為の類型が1つ付け加えられました〔自動車運転致死傷2条6号〕）。

Ⅴ 終了のチャイムが鳴る前に

犯罪は，その主観的要件に従って分類すると，故意犯，過失犯，結果的加重犯に区別することができます。この3つの犯罪の相互関係について学ぶためには，本講で取り上げた，身体保護のための犯罪類型（204条以下に規定されたもの）は最も適切なものというべきでしょう。とりわけ，（**過失致死傷罪→**）**暴行罪→傷害罪→傷害致死罪**（**→殺人罪**）という，軽い犯罪から重い犯罪への（客観的・主観的要件の）積み上げの関係を正確に理解することが重要です。

また，それ以外に，押さえるべきポイントとしては，①暴行の概念が，刑法典のさまざまな犯罪の要件として用いられており（たとえば，それは強盗罪や強制性交等罪の要件としても重要であり），そこでは，4つの異なった意義を区別できること，②傷害罪は原則的に故意犯であるが，暴行罪との関係ではその結果的加重犯でもあること，③傷害致死罪は，暴行の故意しかない場合についても成立しうること（いわゆる二重の結果的加重犯）などをあげることができるでしょう。ピンとこない人は，条文を参照しながら，今日の講義で説明したことを何度か読み返していただければ幸いです。

さて，次の第3講では「被害者の同意をめぐる諸問題」をテーマとして取り

上げたいと思います。被害者の同意は，もともと刑法総論の論点なのですが，刑法各論のそれぞれの犯罪の説明において頻繁に顔を出すのです（たとえば，自殺関与罪・同意殺人罪，傷害罪，監禁罪，住居侵入罪，詐欺罪など）。これらをいわば縦断的に取り上げて論じることといたします。

第**3**講

Introductory Lectures
in Criminal Law
Specific Offences

被害者の同意をめぐる諸問題

I はじめに

　他人の所有物を（故意で）壊すと犯罪になりますが（258条以下，特に261条を参照），自分の物を破壊することは，もちろん犯罪にはなりません。所有権という権利の中には，所有者自らがその物を壊したり，捨てたりすることの自由も含まれています。「もったいないことをするな」と，他人が干渉すれば，それは余計なお世話というばかりでなく，個人の権利・自由の侵害となります。自分の法益を自ら害する行為を「自損行為」と呼ぶことにすれば，法による**自損行為の自由の尊重**は，**個人の自己決定権**の思想の現れにほかなりません。

　自己決定権の尊重を徹底するとすれば，単に①自損行為の自由を認めるばかりでなく，進んで，②他人が本人の自損行為に協力すること，さらには，③他人が本人に代わって自損行為をすることについても，法はこれに干渉しない（つまり，その行為を適法とする）ということになります。本人の自損行為に加

	財産	自由	身体・健康	生命
①自損行為	○	○	○	
②他人の自損行為への協力 （教唆行為・幇助行為）	○	○	○	× （202条前段）
③本人の同意に基づく他人 による法益侵害行為	○	○	△ （204条）	× （202条後段）

043

えて，他人が行う②と③の行為も法が許容する（適法とする）ならば，個人は自己の法益を害するにあたり，他人の助けを借りることも認められるわけですから，**それだけ自己決定権（処分権）がより手厚く保障される**といえるのです。

　現行刑法は，個人的法益のうちで**財産**については，まさにそれを認めています。③にあたる具体例をあげることにしましょう。Ａは高名な画家の作品であるスケッチを所有しているのですが，それが不要になったので，知り合いのＢに対し，このスケッチを燃やすことを依頼し，ＢがＡの頼みに従って，このスケッチを燃やしたとします。このときのＢは，器物損壊罪（261条）として処罰されることはないのです（前頁の表を参照して下さい。財産については，①から③まですべて○となっていますが，これは処罰されない〔違法でない〕ということを示しています）。

　同じことは，個人的法益としての**自由**についてもいえるでしょう（→61頁以下）。自由を保護法益とする犯罪には，脅迫罪・強要罪（222条・223条），逮捕罪・監禁罪（220条），略取誘拐罪・人身売買罪（224条以下），強制わいせつ罪・強制性交等罪（176条以下），住居侵入罪・不退去罪（130条）などがあるのですが[1]，それらの構成要件が予定しているのは，被害者の意思（真意）に反する行為（または，被害者の同意が最初から有効ではありえない行為）なのです。

　他方で，個人的法益の中でも，**生命**のような法益についていえば，①の自損行為は処罰の対象とされていませんが，②にあたる行為，すなわち，他人が自殺を唆したり，自殺に協力・手助けする行為を行えば，自殺関与罪（202条前段）を構成しますし，本人が同意しているとはいえ，これを殺せば（③にあたる行為）同意殺人罪（同条後段）として処罰されます。法は生命という法益に関する自損行為である自殺行為そのものを禁じるものではない（その意味で，自殺は違法でない）のですが，他人の自殺に関与・協力したり，さらには同意を得て殺すことは他人の法益の侵害であり，これを禁止しているのです（→11頁）。法益の放棄にあたり他人の協力を得ることができない（死ぬ気なら，1人で死ななければならない）という限度では，**自己決定権が制限されている**ので

　1）　住居侵入罪については，その保護法益をめぐって見解の対立がありますが，これを一種の自由に対する罪として把握する見解が現在の多数説であるといえましょう。詳しくは，次の第4講「自由とその保護」で説明します（→74頁以下）。

す[2]（→ Column「**自殺関与罪と同意殺人罪**」47 頁）。

　見解の対立があるのは，生命に次いで価値の高い法益である**身体**に関し，ど
こまで個人の自己決定権を認めるかです。①身体に対する自損行為（自分で自
分の身体を傷つける自傷行為）が違法でないことについては異論がありません
し[3]，また，②本人の自損行為（自傷行為）に他人が関与・協力することも犯
罪にならないことについては見解が一致しています。これに対し，③**同意傷害**
（被害者の同意を得て，他人が行う傷害行為）が，いかなる限度で違法とされ，い
かなる限度で適法とされるかをめぐり議論があるのです。いいかえれば，202
条前段の行為（自殺関与行為）に対応する「自傷関与行為」が不可罰であるこ
とに反対はないのですが，202 条後段の行為（同意殺人行為）に対応する同意
傷害行為については，その可罰性の限界をめぐり見解が対立しているのです。

　本日の講義では，まず，被害者の同意が，それぞれの犯罪との関係でもつ法的
意味について説明します（Ⅱ）。次に，特に傷害罪を取り上げて，刑法がどこ
まで身体傷害に関する個人の自己決定権を認めているかの問題について検討す
ることにします（Ⅲ）。さらに，特に医師による治療行為の際に問題とされる
ことがある「推定的同意」についても，ごく簡単に触れておきたいと思います
（Ⅳ）。そして，最後に，同意が有効とされるための要件（逆にいえば，どのよう
な場合に，同意の有効性が否定されるか）について説明したいと思います（Ⅴ）[4]。

Ⅱ　被害者の同意により行為が適法となる理由

　上のところで説明したように，個人的法益に向けられた罪については，被害
者の意思に反しない限り，原則として適法とされます。以下では，特に問題と

　2）　さらに，202 条の法定刑が，199 条のそれと比べて格段に軽いものになっていることに注意す
べきでしょう。そのことは，本人が法による保護を拒絶することにより，法的保護の必要性が大幅に
減弱することを認めるものにほかならず，その意味において，個人による生命の**部分的な処分権**が認
められているともいえるのです。

　3）　ただし，麻薬や覚せい剤などの薬物を自ら自分に対し使用することは，それ自体は身体・健
康に対する自損行為なのですが，特別な犯罪とされています。これは，後述のように（→ 50 頁），法
が「法益の後見的保護」のために干渉する（おせっかいをやく）場合の 1 つであるといえましょう。

　4）　なお，本講では，故意行為のみを取り上げていますが，過失犯との関係でも，個人の自己決定
権を根拠とする行為の適法化を問題とすることは可能です。たとえば，井田・総論 342 頁以下を参照。

なる，**被害者の同意（被害者の承諾）を得て他人が行う行為**（すなわち，上記③の行為）について見てみましょう（ふつう刑法総論の教科書において，被害者の同意とか被害者の承諾というキーワードの下で取り上げられているのがこれです）。

この種の行為が適法とされる根拠については，それを**個人の自己決定権ないし個人の法益処分の自由**に求める見解が一般的です。そして，一口に被害者の同意により行為が適法とされるといっても，**2つの異なった場合**が存在するのです（→総論188頁以下）。それは，①被害者の同意により，最初から法益侵害そのものが存在しなくなる場合と，②被害者の同意があっても，法益侵害の存在そのものは否定されず，ただその法益の刑法的保護の必要性が否定される結果として，違法性がなくなる場合です。この2つの場合の違いについて詳しく説明することにします。

まず，自由に対する罪においては，行為が被害者の意思に合致するとき，そこにはおよそ法益侵害そのものが認められません。たとえば，行動の自由ないし場所的移動の自由を保護法益とする監禁罪（220条）や，性的自由（性的自己決定権）を保護法益とする強制わいせつ罪（176条）についてみると，同意している人に向けてその種の行為がなされたとしても，そこにはおよそ法益侵害が認められないのです。いやそればかりか，その種の行為を他人に行わせること自体が，当該の自由の行使ないし実現にほかならないのです[5]。

同様に，財産に対する罪についても，法益主体が侵害に同意するとき，法益そのものが消滅するといえましょう。持ち主が持って行っていいといっている本を持って行ってしまう行為は，そもそも最初から窃盗罪にあたりませんし，壊してもいいと言っている時計を壊すことはそもそも最初から器物損壊罪にあたりません（民法上は，所有権の放棄または移転が生じます）。

このように，自由に対する罪や財産に対する罪については，「被害者」の同意があるとき，原則としてそもそも法益侵害が認められないのです。構成要件

5）このように，およそ自由という法益の侵害があるかどうかは，その事態がその人の意思に合致しているかどうかにかかっています。I教授に誘われて喫茶店に入ってコーヒーを飲むことは，ゼミ生のA君にとってはこの上なく楽しいひと時であるかもしれませんが，Bさんにとっては拷問に近い苦痛をともなう，自由の束縛でありうるのです。実は，自由の侵害とは，法益の持ち主の意思に反することにほかなりません。生命や身体という法益の侵害は，たとえその被害者が同意していてもやはり存在するのですが，自由に対する罪については，行為が被害者の意思に合致するとき，そこにはそもそも法益侵害自体が認められないのです（したがって，構成要件該当性が否定されることになります）。

046　Introductory Lectures in Criminal Law : Specific Offences

自殺関与罪と同意殺人罪

Column

　諸外国の刑法の中には，同意殺人のみを処罰し，自殺教唆・幇助は犯罪としていないものも少なくありません。たとえば，ドイツ刑法がそうです。日本刑法の 202 条に対応する，ドイツ刑法 216 条は，「①被殺者の明示的かつ真摯な嘱託によって殺害を決意するに至ったとき，6 月以上 5 年以下の自由刑を言い渡す。②本罪の未遂はこれを罰する」とのみ規定しています（216 条の要件を充足しない同意殺人は，通常の故意殺に関する規定である 212 条で処罰されます）。そこでは，自殺教唆・幇助は処罰の対象とされていません。このことは，日本刑法と比較して，その分だけ**生命という法益に関する個人の自己決定権が尊重**されていることを意味します（ただし，ドイツでは，2015 年の刑法一部改正により，業務として自殺を援助する行為を可罰的とする 217 条の規定が新設されています）。

は法益侵害行為（または法益危険行為）を類型化したものですから（この点がピンとこない人は，総論 82 頁以下を参照して下さい），構成要件該当性そのものが認められないということになります。これらの犯罪については，**被害者の同意はすでに構成要件該当性を否定させる**のです。

　これに対し，傷害罪が問題となる場合について考えてみましょう。外科手術の事例などを考えてもわかるように，身体傷害については，被害者の同意にもかかわらず，そこに法益侵害そのものは存在するといわざるをえないでしょう（この点につき詳しくは，25 頁を参照）。同意により身体傷害が適法となるのは，そこに法益侵害は存在するものの，身体的法益の処分に関する個人の自由（自己決定権）が尊重される限りで，法益保護のために傷害行為を具体的に禁止することの必要性が否定されるからです。いいかえれば，個人の自己決定権によりカバーされる限りで，法益の要保護性（法による法益保護の必要性）が否定されることにより，違法性が阻却されると考えることができるのです[6]（→ Column **「安楽死」**49 頁）。なお，法益の要保護性の否定（保護されるべき利益の欠如）が違法性阻却の 1 つの原理であることはすでに述べました（→総論 181 頁）。

　6）　これに対し，同意傷害については，すでに構成要件該当性が否定されるとする見解があります。たとえば，林・総論 160 頁以下，前田・総論 74 頁以下，243 頁以下，山中・総論 205 頁以下などです。

Ⅲ　同意傷害の違法性

　ところで，いま取り上げた同意傷害行為ですが，それがどのような場合に適法となるか（逆に，どのような場合に違法となるか）をめぐっては議論があります。このことについては，すでに本講の最初のところで触れました。

〈ケース 1〉
　甲と乙ら数人は，わざと交通事故を起こして保険会社から保険金を騙し取ることを共謀し，甲が自動車を乙の運転する自動車に追突させ，乙らに身体傷害の結果を生じさせた。乙らはそれに同意を与えていた。

　判例および従来の通説は，同意傷害の違法性に関し，**総合判断説**とでも呼ぶべき見解をとり，同意傷害行為は原則として違法であり，それが適法とされるためには，同意を得た目的，行為の手段・方法・態様，生じた結果の重大さなどを総合的に考慮した上で相当と見られることが必要だとしています。これに対し，学説の中の有力な見解は，個人の自己決定権をより重視する立場から，被害者が自由な判断で法益（の保護）を放棄している以上，**原則的に同意傷害は適法**であるが，重大な傷害，とりわけ生命に危険が及ぶような傷害については例外的に違法だとします。

　前者の総合判断説は，何か積極的なプラスの価値が実現されない限り違法だとする考え方であり，逆に，傷害の程度に注目する後者の見解は，よほどのマイナスの結果が生じない限り適法だとする考え方であるといえましょう。〈ケース 1〉については，総合判断説によれば，保険金詐欺という違法な目的を追求するものであることから，違法性阻却は認められないことになるはずです[7]。これに対し，後者の見解によれば，重大な傷害を生じさせたのでない限り，違法性は阻却されることになるのです。

　総合判断説は，判断の基準が明確性を欠くというばかりでなく，傷害罪の成否が論じられるべき場面において，被害者の身体の保護とは別個の，**傷害罪の処罰根拠と合理的な関連性をもたない考慮**を混入させるおそれをもっています。〈ケース 1〉において傷害罪の成立を認めるとすれば，そこでは，甲が保険金詐欺のための準備行為（現行刑法では処罰されていない詐欺罪の予備行為）を

第3講　被害者の同意をめぐる諸問題

安楽死

Column

　もし安楽死行為が適法とされるべきであるなら，それはやはり**個人の自己決定権に基づく違法性阻却事由**として位置づけられることになります。「安楽死」という用語は多義的ですが，議論の中心になっているのは，**積極的安楽死**です。それは，死に直面して激しい肉体的苦痛にあえぐ病者を，本人の真摯な要求に基づいて殺す（つまり，殺すことによって苦痛から解放する）ことをいうのです。

　積極的安楽死行為を合法化する論理として，「かわいそう」とか「これ以上見ていられない」という気持ちで手を下した行為者の動機の人道性を根拠とすることは，今では説得力をもたないでしょう。積極的安楽死が合法化されるべきだとすれば，その根拠は，患者本人が「残りわずかな（しかも耐え難い苦痛をともなう）生命」と「耐え難い苦痛からの解放」とを比較し，その自己決定権に基づいて後者を選びとったとき，この「究極の選択」を尊重して，法が介入・干渉しないというところに求めるほかはないと思われます。

　たしかに，刑法202条は生命についての自己決定を制約しています。しかし，ある人が不治の病のため死に直面し，しかも耐え難い肉体的苦痛にあえぎ，死を強く望むに至ったという例外的なケースであれば，ふつうの自殺の場合とは異なります。それは，残りわずかな生命を放棄する場合であり，耐え難い苦痛からの解放を求めて死を選びとる場合ですから，法はこの「究極の選択」を尊重して，このような自己決定の制約を外すことを認めてよいのではないか（したがって，協力した他人の行為を合法としてよいのではないか）とも考えられるのです＊。

　なお，安楽死と区別されるべきは**尊厳死**です。それは，治癒不能な病気にかかって死期が迫り，意識を回復する見込みもなくなった患者に対し，治療を中止することにより「自然な死」ないし「尊厳ある死」を迎えさせることをいいます。安楽死が「積極的に殺害することにより苦痛から解放する」場合であるのに対し，尊厳死においては，苦痛からの解放のために行われるのでないかわりに，行為が生命維持治療の中止という，「より消極的・受動的なもの」であるところに特徴があります。しかも，**不自然な形で生かされ続けることを拒否する患者の自己決定権**が問題となっている点で，安楽死の場合と異なっているのです。

　＊　基本的にこのような考え方に基づいて，積極的安楽死行為が許容される場合があるとしたのは，横浜地判平成7・3・28判時1530号28頁でした。

行ったことが真の処罰根拠となっているように思われます[8]。傷害罪により処罰するのであれば，被害者の身体の保護にその理由がなければならないはずで

049

す。しかし，仮装の交通事故を起こし，保険金詐欺のために，納得ずくで自分の身体を傷つけさせた乙らの身体を保護するために刑罰権を行使する（いいかえれば，そのために国民の血税を費やして刑事司法機関に仕事をさせる）のは不当なことであるように思われるのです。

　このようにして，同意傷害が適法化される根拠が，法による法益保護の必要性がなくなるところに求められるとすれば，その身体傷害が本人の意思に合致する限り，その動機・目的がどうであれ，ただちに傷害行為の違法性が否定されるとするのが原則でなければなりません。ただ，個人の自己決定権の尊重にも限界があり，**法益の後見的保護のために法が干渉してよいと考えられる場合**があります。それは，国が個人の保護者としての役割を引き受け，「その人をその人自身から守る」ために自由を制約するという**パターナリズム**の考え方に立脚するものです。とはいえ，自己決定権の思想と矛盾するような制約を認めるべきではありませんから，自己決定権を行う主体そのものを破壊するような重大な結果をもたらす場合に限り，**自己決定権の内在的制約**として，刑法による干渉を認めるべきでしょう。すなわち，傷害の程度に注目し，重大な（取り返しのつかない）傷害を与える場合に限り，同意は法的有効性を否定されると解すべきであると考えるのです[9]（→ Column「**同意傷害不可罰説**」53 頁）。

　7）　最高裁は，〈ケース 1〉の事案につき，「被害者が身体傷害を承諾したばあいに傷害罪が成立するか否かは，単に承諾が存在するという事実だけでなく，右承諾を得た動機，目的，身体傷害の手段，方法，損傷の部位，程度など諸般の事情を照らし合せて決すべきものである」として，傷害行為の違法性阻却を認めませんでした（最決昭和 55・11・13 刑集 34 巻 6 号 396 頁）。そこでは，考慮されるべき事情として，①承諾の動機・目的，②傷害の手段・方法，③損傷の部位・程度があげられています。①では，同意（およびそれに基づく行為）により得られる積極的利益，②では，傷害行為の危険性，③では，生じた結果の重大性が考慮されることになりましょう。上記ケースでは，動機・目的の違法性が強く（埋め合せになるような積極的利益がまったくありませんでした），また行為もそれ自体として危険なものでした。そのため，③の結果の重大性はあまり問題とされなかったと見ることができます。このようにして，最高裁による「総合的考慮」は，実は，利益衡量の考え方とも親和性をもつのです。

　8）　そればかりか，**道徳・倫理に反する行為であるから処罰する**ということにもなりかねないのです。現に，仙台地石巻支判昭和 62・2・18 判時 1249 号 145 頁は，やくざの乙が「指をつめる」ことを決意したが，自分で切るのはこわかったので，仲間の甲にこれを依頼し，引き受けた甲が乙の指を切断したというケースで，甲に傷害罪の成立を認めています。

Ⅳ 推定的同意

　被害者の同意の中にも，**明示的**なものと**黙示的**なものの２つの態様があります。口頭で，あるいは動作により，さらには書面を用いて，意思が表明されている場合が明示的な同意であり，はっきりとした形で表明されてはいないものの，被害者の一連の行動などから同意の存在と内容が認識できる場合が黙示的な同意です。これらいずれの場合でも，被害者の同意が現実に存在するのですが，これに対し，現実には同意が与えられていないのに，同意と類似した効果が認められる場合が推定的同意の場合です（明示的・黙示的な同意が存在する場合とははっきりと区別されなければなりません）。

　推定的同意による違法性阻却が問題となるケースとは，たとえば，留守中の隣家 A 方の水道が壊れ，水があふれて，鎖につながれた A の愛犬ポチが危難にあっているのを見た人が，ポチよりもより高価な A の家屋の一部を損壊する（建造物損壊罪〔260 条〕の構成要件に該当する行為を行う）ことによりポチを救うという場合です。これは，緊急避難（37 条 1 項本文）に類似した状況ではあるのですが，より価値の高い法益を犠牲にしており，法益均衡の要件が充足されないため緊急避難では正当化できないのです（緊急避難における法益均衡の要件については，総論 185 頁以下を参照）。

　このような場合においては，行為者が，行為の時点で被害者による同意の可能性を推測して（すなわち，「もし被害者が今この事情を知ったとしたら同意したに違いない」と考えて）行動し，それが**行為時点の判断として合理的**と認められる限りで違法性の阻却を肯定することができます。いいかえれば，事後的にはそれが本人の真意にそわない一定の可能性（不確実さ）を払拭できないとしても，それでも行為の時点の判断として同意を推定することが合理的と認められる（いいかえれば，真意に合致しないことのリスクを被害者 A の側に負わせることが必ずしも不当ではないと考えられる）事情の下では，刑法規範による禁止が

　9）　ただし，生命に危険が及ぶ傷害でなければ刑法的干渉は許されない，と厳格に考える必要はないでしょう。かりに，生命への危険がないとしても，重要な四肢の部分，眼球，臓器等を特段の理由もなく切除・摘出するような行為も，自己決定権の基礎である個人に対する，取り返しのつかない重大な侵害行為であることには変わりはなく，尊重に値する意思決定に基づくものとは認められません。

解除され，その行為が**禁止された行為とは評価されない**ことにより，違法性が阻却されると考えることができるのです。

推定的同意による違法性阻却が問題となるケースには，2つの類型のものがあります[10]。まず，それは，上にあげた，飼い犬救助行為のように，（他人の法益のために行われる）緊急避難類似の状況で，かつ同一の人の複数法益間の内部的衝突（すなわち，ここでは，同じ A の所有物である建造物と飼い犬とが両立しない事態が存在するのです）が問題となっている場合です。もう1つは，行為者と被害者との従前からの関係に基づき，現実の同意なくして軽微な法益の処分を甘受させうる場合があります。たとえば，留守中の隣家の庭に入った野球のボールを取りに入るとか，電車の時間に間に合わないということで隣人の自転車を無断で借用するといったケースがその例です（→ Column「**治療行為と推定的同意**」55 頁）。

Ⅴ 同意の有効性の限界

1 同意能力

被害者の同意がその法的意味を認められるためには，それが同意能力のある者による，有効な同意でなければなりません。**同意能力**とは，同意の内容とそれがもたらす結果について理解する能力であり，それがない精神障害者や年少者の同意については，法的な有効性が認められません。未成年者について，果たして何歳ぐらいから同意能力が備わるかは困難な問題です。刑法は，性的自由について，13 歳未満の者の同意能力を明文をもって否定しています（176 条後段・177 条後段を参照）。ただ，それは 13 歳以上であれば，性的自由についての完全な同意能力があることを意味しません。13 歳以上でも 18 歳未満の者であれば，その同意を得て行われる性的行為であっても，児童福祉法上の「児童に淫行をさせる」罪（60 条 1 項・34 条 1 項 6 号）や，児童買春・児童ポルノ処罰法（正式名称は「児童買春，児童ポルノに係る行為等の規制及び処罰並びに児童の保護等に関する法律」〔平成 11 年法律第 52 号〕）による児童買春罪や，「淫行」

---

10) 西田・総論 195 頁以下は，これらにそれぞれ「事務管理型」と「権利侵害型」という名称を与えています。

052　Introductory Lectures in Criminal Law : Specific Offences

第 3 講　被害者の同意をめぐる諸問題

同意傷害不可罰説

Column

　学説の中には，個人の自己決定権をより強調し，同意殺人罪（202 条後段）に対応する同意傷害罪の規定が設けられていないこと，同意傷害を傷害罪として処罰すると同意殺人罪よりも刑が重くなってしまうこと＊を根拠にして，有効な同意がある限り，同意傷害行為はすでに傷害罪の構成要件に該当せず，不可罰であると説く見解もあります。

　しかし，同意殺人罪の規定の反対解釈として，同意傷害の不可罰性を導くことはできないでしょう。同意殺人は代表的な犯罪類型であり，また，殺人罪の刑の下限の重さを考慮し，これを下回る量刑を可能にするために減軽類型を設けた（傷害罪については，法定刑の下限が十分軽いので，その必要性はなかった）と考えることは不可能ではありません。他方，刑法が，同意殺人の未遂を処罰している（203 条を参照して下さい）ことは，たとえ同意があるとしても，その人の生命に危険を生じさせることは禁止していることを意味します。そこから，（たとえば，生命に危険の及ぶような）**重大な傷害は自己決定権によりカバーされない**とする考え方を引き出すことができるのです。実際にも，同意傷害を一律に適法とする説から導かれる結論は（被害者を植物状態〔→ 16 頁注 23)〕にするようなケースを想定しても）とても妥当といえないでしょう＊＊。

　＊　たしかに，傷害罪（204 条）の法定刑の上限（懲役 15 年）は，同意殺人罪（202 条後段）のそれ（懲役 7 年）よりもずっと重いのです。
　＊＊　同意傷害を傷害罪として処罰するとき，同意殺人罪よりも刑が重くなりかねないという点に関しては，傷害罪の法定刑はその幅がきわめて広いところから，204 条には，同意傷害行為まで含めて考えることができる，とする反論も可能でしょう。ただ，同意傷害行為の違法性を肯定できる場合でも，その刑は，同意殺人罪の法定刑の上限（懲役 7 年）より重くすることはできないと解することになります。

を規制する都道府県の青少年保護育成条例違反の罪を成立させます。18 歳未満の者との関係では，その同意があったとしても，相手方の行った性的行為は違法となるというのですから，被害者側の同意能力が制限されていることを意味するのです。

053

〈ケース2〉

　19歳の女子大生Aは，大学の帰りに，自宅付近の公園で，ホームレスの甲
と知り合いになった。甲の身の上話に興味をもったAは，「おじさんの話を
もっと聞きたいわ。私の部屋でゆっくり話をしましょうよ」と言って，自宅に
甲を案内した。Aの父親Bは，甲の出現に驚き，甲が家に入ることを拒んだ。
甲は，「俺は，Aの部屋に遊びに来たのであり，あんたに文句を言われる筋合
いではない」と言って，家に上がった。

　〈ケース2〉においては，住居侵入罪の成否が問題となります。その解決は，
19歳のAがその部屋について独立の住居権（ないし居住の利益）を有し，他人
の立入りに対し単独で同意を与える能力を有するかどうかの判断によって決ま
ります。20歳未満で親権の下にある限りは，親の許諾があってはじめて自室
内への立入りを認めうるとする考え方も可能でしょう。しかし，一般に青少年
としての保護を受けるのは18歳未満の男女なのですから，遅くとも満18歳に
達した後は，居住空間に関する独立の同意能力を肯定することもできましょう。
そのように考えれば，甲がBら家族の共同の生活空間に立ち入らない限り，
その行為は住居侵入罪を構成しないということになります。

2　強制に基づく同意

　被害者に同意能力が認められるとしても，行為者が被害者を物理的に強制し
た場合や，脅迫等により心理的圧迫を加えて意思の自由を奪った場合には，かり
に外形的には被害者が抵抗していないとしても，有効な同意とは認められません。

　たとえば，この意味における同意の有効性が認められるかどうかにより，**自
殺関与罪・同意殺人罪と通常の殺人罪（普通殺人罪）とが区別**されます。被害
者において死の結果についてなお有効な同意が認められれば自殺関与罪・同意
殺人罪が成立し（同時に，殺人の実行行為性は否定されます），同意の有効性が否
定されれば，その行為は殺人罪となります（殺人としての実行行為性が肯定され
るのです）。

　被害者が意思決定の自由を完全に奪われていなくても，被害者の精神状態が
心神耗弱（39条2項）を疑わせる程度にまで減弱している場合には，意思制圧
の関係が認められるでしょうし，また，緊急避難の要件が充足される場合はも

054　Introductory Lectures in Criminal Law : Specific Offences

第3講　被害者の同意をめぐる諸問題

治療行為と推定的同意

Column

　推定的同意に基づく違法性阻却が認められる典型例は，実は，医師による治療行為の場合です。事故に遭い意識不明の状態で救命救急センターに担ぎ込まれた負傷者に対し，医師がただちに緊急の手術を実施するという場合，これを緊急避難により正当化することはできません。治療行為は，利益衡量のみで認められるものではなく，同意（患者の自己決定権）が違法性阻却の中心的根拠とされるべきものだからです。ここでも，手術についての本人の同意を推定することが合理的と認められるところから，同意の推定に基づく手術が適法とされるのです。

　なお，病院側は，親族と連絡がとれる限り，親族の同意を得ようとするでしょうが，親族の同意が意味をもつのも，それが本人が同意するであろうことの重要な推定根拠となるからにほかなりません。

ちろん，それが充足されなくても，被害者にとってみれば他に行動の選択肢が存在しないと考えられるところまで心理的に追い詰められたのであれば，意思制圧の関係が認められて同意の有効性は否定され，普通殺人罪が成立します[11]。

3　錯誤に基づく同意

　被害者をだまし，錯誤に陥らせて得た同意の有効性をめぐっては，学説において見解の対立があります。これについても，生命という法益が問題となるケースを取り上げるのがわかりやすいでしょう。相手方を錯誤に陥らせて自殺させるか，または錯誤に基づく同意を得て殺す場合について，自殺関与罪・同意殺人罪になるか，それとも普通殺人罪になるかを検討したいと思います。

　異論の余地がないのは，①被害者が自分が死ぬことを認識していない場合

---

　11)　被害者側にそもそも同意がなかったケースに関する判例ですが，最決平成16・1・20刑集58巻1号1頁は，自動車事故を装った方法により被害者（女性）を自殺させて保険金を取得しようと企てた被告人が，暴行，脅迫を交え，被害者に対し，漁港の岸壁上から乗車した車ごと海中に飛び込むように執拗に命令し，自殺の決意を生じさせるには至らなかったものの，被告人の命令に応じて車ごと海中に飛び込む以外の行為を選択することができない精神状態に陥らせ，そのとおり実行させたが，被害者は水没前に車内から脱出して死亡を免れたという事案について，被害者に命令して車ごと海に転落させた被告人の行為は，殺人罪の実行行為にあたる，としています。

055

（たとえば，事情を知らない被害者をして，高圧電線に触れさせるとか，毒入り
ジュースを飲ませるとか，猛獣の檻を開けさせるとかした場合がこれにあたります）
や，②死の意味を理解する能力のない者（幼児や精神障害者）に死ぬことを承
諾させた場合に，通常の殺人罪が成立することです。見解が対立するのは，被
害者において**死ぬこと自体については任意に意思決定したものの，重大な動機
の錯誤があった場合**です。とりわけ，犯人が一緒に死ぬとウソをついて被害者
に死の決意をさせた場合（いわゆる偽装心中）が議論の対象とされています。

〈ケース3〉
　　甲は，料理屋で働くAと交際し，いったんは夫婦となる約束までできたが，
やがてAとの関係を絶とうと考えるに至り，別れ話を持ちかけた。Aはこれ
に応じず，心中を申し出たため，甲は，本当は追死する意思がないのに，追死
するもののごとく装い，Aをしてそのように誤信させ，あらかじめ携帯してき
た致死量の青酸カリをAに与えてこれを嚥下させ，即時同所において死亡さ
せた。

　〈ケース3〉の事例につき，最高裁は，「被害者は被告人の欺罔の結果被告
人の追死を予期して死を決意したものであり，その決意は真意に添わない重大
な瑕疵ある意思である」から通常の殺人罪に該当するとしました（最判昭和
33・11・21刑集12巻15号3519頁）。従来の通説も，これに賛成してきました。
その考え方を別の言葉でいいかえれば，被害者の意思決定において本質的に重
要な点（すなわち，本当のことを知っていたなら，死ぬことを決意することはおよ
そあり得なかったであろう，と考えられるほど重要な点）に関して被害者をだます
ことは，その意思決定の自由を奪うものであり，したがって法的有効性は認め
られない，ということになるでしょう[12]。
　これに対し，最近の有力な学説は，放棄された法益の内容そのものに関する
法益関係的錯誤と，それ以外の単なる動機の錯誤とを区別します。後者に基づ
く同意にあっては，その法益が（その程度に）失われること自体については完
全に正しく認識した上で同意を与えている以上，これに重要な意味を与えるべ

　12）　ただし，この見解によるときも，被害者の意思決定にとって重要な錯誤のみが考慮されるの
ですから，動機の錯誤のすべてが同意を無効にするわけではありません。

きではないとするのです[13]。この「法益関係的錯誤の理論」によると,〈ケース3〉においては,Aは自分が死ぬこと自体については正しく認識して行為している以上,自殺教唆罪が成立するにとどまるということになるでしょう。

傷害罪についての具体例をあげると,法益関係的錯誤の理論によるとき,甲がAから血液を採取するというケースで,約束した以上の量の血液をとるとすれば,法益関係的錯誤があり同意は無効となり(傷害罪が成立することになります),もし甲がAに対し反対給付として現金を支払うとだましてAから同意を得たとすれば,それは法益内容に関わらない動機の錯誤にすぎず同意を無効としない(傷害罪は成立しない)ということになります。これに対し,判例の見解によると,このいずれのケースでも,傷害罪の成立が認められることになるでしょう[14]。

この点については,判例の考え方をもって妥当とすべきであると思います。通常の殺人罪と比べて,202条の場合において,大幅に刑が軽くなることの根拠は,被害者の同意があることで,生命の保護の必要性が減少するところに求めることができます。脅迫等を加えて被害者の意思を制圧して死ぬことに同意させる場合,たとえ被害者において結果の認識があるとしても,意思決定は自由に行われたものではなく,法益の要保護性の減少は認められないのです。このことからもわかるように,被害者に生命が失われることの認識があるかないかはそれ自体として重要ではありません。行為者により意図的に惹起された錯誤が,被害者の意思決定に大きく影響して,結果的に意思決定が被害者の真意に沿わない不本意なものとなるというとき,そのような同意があることにより被害者の生命の要保護性が減少するとは到底いえないのです。上の傷害罪の場合についても,被害者の法益の要保護性という見地から見るとき,2つのケー

---

13) これを支持するものとして,たとえば,佐伯仁志『刑法総論の考え方・楽しみ方』(有斐閣,2013年)216頁以下,西田・総論192頁以下,堀内183頁以下などを参照。

14) さらに,判例は,**住居侵入罪**についても,たとえ被害者が行為者の立入りそのものについて許諾を与えたとしても,行為者の隠れた意図を知らなかったときはその同意を無効として住居侵入罪を成立させる立場をとります。たとえば,最判昭和23・5・20刑集2巻5号489頁は,強盗殺人の目的をもつ被告人3名が顧客を装い閉店後の店舗内に入ったときは,被害者が犯人の申出を信じ店内に入ることを許容したとしても本罪は成立するとし,最大判昭和24・7・22刑集3巻8号1363頁は,強盗の意図を隠して「今晩は」と挨拶し,家人が「おはいり」と答えたのに応じて住居に入ったというケースにつき,「外見上家人の承諾があったように見えても,真実においてはその承諾を缺く」として本罪の成立を認めています(→78頁以下)。これらのケースでも,法益関係的錯誤の理論によれば,いずれも住居侵入罪は成立しないという結論が導かれることになります。

スでまったく異なった結論を導くことに理由があるようには思われません。

　法益関係的錯誤の理論から引き出される結論は，次のような意味においても妥当ではありません。もし意思決定に強い影響をもつ動機の錯誤を生じさせて死に至らせようとする場合でも同意は有効とするのであれば，そのような巧妙な方法による法益侵害を推奨することにもなりかねないでしょう。被害者にとり，黙って殺害する行為からはより手厚く保護されるが，巧妙に偽装された行為からはより手薄な保護しかなされないというのは，おかしなことです（比喩を用いれば，それは，窃盗と比べて，詐欺を刑が大幅に軽い犯罪類型として位置づけようとする見解だといえましょう）。

　たとえば，法益関係的錯誤の理論の主張者は，被害者が死ぬこと自体につき間違いなく認識していたときには有効な同意があるとしつつ，ただ放棄しようとする生命の実質に関し錯誤があるときには法益関係的錯誤となるといいます。たとえば，「医師が癌患者に対して，あと1年の余命があるにもかかわらず，あと3か月の命で激痛も襲ってくるからと欺罔して自殺させた場合には，同意は無効であって医師には殺人罪が成立する」15）というのです。しかし，他方で，被害者にとって最愛の人が死んだと騙し，もはや生きている意味がないと思わせた場合や，会社社長に対し「会社が倒産した」と虚偽の事実を述べて絶望させ自殺させた場合のように，重大な動機の錯誤を生じさせたケースにおいて自殺関与罪の成立しか認められないとするのであれば，それは理由のある区別だとは思われません（→ Column「同意の存否に関する錯誤」60頁）。

Ⅵ　終了のチャイムが鳴る前に

　本講では，被害者の同意をめぐる諸問題を取り上げてまとめてお話ししました。この点に関するきちんとした理解は，読者の皆さんが刑法各論を勉強していくにあたっても重要な意味をもつはずです。六法を参照して，それぞれの処罰規定を何度も読み返しながら，今回の講義で説明したことをよく復習しておいて下さい。

---

15)　西田・各論17頁。これに賛成するものとして，山中・各論30頁などがあります。

1つだけ付言しておきたいことがあります。被害者の同意がその行為を適法にしたり，または行為の違法性を減少させたりする（特に，同意殺人の場合）のは，個人的法益に対する罪の場合に限られます。国家的法益や社会的法益は，**一個人の意思で左右することのできない法益**ですから，ある個人の同意があるからといって，その犯罪の成否が左右されることはありえないのです[16]。

ただ，刑法各論を勉強していくと，社会的法益に対する罪においても，ある人が同意しているかどうかで犯罪の成否に影響が生じる場合に出会います。たとえば，社会的法益に対する罪である文書偽造罪（刑法典 17 章〔154 条以下〕）に関する例を 1 つあげれば，私文書（すなわち，契約書や借用書などの個人の作成する文書）については，作成権限のある者（作成名義人）からその作成名義の使用につき「同意」を得てこれを作成する限り，他人がそれを作成しても，私文書偽造罪（159 条）は成立しません[17]。これは被害者の同意があったから違法性が阻却されるというのではありません。名義の使用につき本人の同意を得ている以上，作成名義を勝手に使ったことにならず，また文書の法的効果も本人が引き受けるので，文書の社会的信用性という文書偽造罪の法益（社会的法益）が侵害されないことになるからなのです。

他方，社会的法益に対する罪の中に，個人的法益の保護という要素が含まれていることがあります。したがって，その部分に限定すれば同意ということが考えられないではありません。一例をあげますと，放火罪（刑法典 9 章〔108 条以下〕）は，基本的に，不特定または多数の人々の生命・身体・重要財産を保護する，社会的法益に対する罪です。このうち，現住建造物等放火罪（108 条）が代表的な犯罪類型であり，それは，現に他人が住居として使用しているか，または現に他人がいる建造物等に放火し，これを焼損することにより成立します。ただ，現に他人が住居として使用している建造物につき，もし居住者の全員から同意を得てこれに放火して焼損しますと，同罪ではなく，刑がずっと軽

---

16) たとえば，ストリップショーなどで舞台から（わいせつ行為を期待している）観客に向けてわいせつ行為を行うことも，公然わいせつ罪（174 条）を構成します（→ 194 頁以下）。観客全員がわいせつ行為に同意していることは，性的風俗という社会的法益に対する罪としての同罪の成否の判断に影響しないのです。

17) 最近の裁判例の中には，名義人の同意があった（可能性がある）ことを理由として，私文書偽造罪の成立を否定したもの（横浜地判平成 29・3・24 LEX/DB25545645）があります。

同意の存否に関する錯誤

Column

　被害者の同意の存否に関し行為者において錯誤があった場合（この種の錯誤の中にも，ないのにあると誤信する積極的錯誤と，あるのにないと誤信する消極的錯誤とがあります）の扱いも問題とされています。この点につき，同意殺人罪における同意（すなわち，嘱託・承諾）の有無について錯誤があるケースを例にとり，簡単に説明をしておきたいと思います。

　まず，**被害者が実際には同意していないのに，行為者が被害者の同意があると誤信して**（たとえば，被害者の言動を殺害の嘱託と誤解して），これを殺害した場合に何罪が成立するでしょうか。ここでは，行為者としては同意殺人罪（202条）にあたる事実を実現しようとして，普通殺人罪（199条）の事実を実現したことになりますから，それは抽象的事実の錯誤の場合（→総論160頁以下）であり，38条2項の適用により，軽い同意殺人罪の成立が認められることになります（判例・通説）。

　これに対し，**実際には被害者の有効な同意が表明されていたのに，行為者がこれを認識せずに被害者を殺害した場合**にはどのように解決されるべきでしょうか。これは，行為者が普通殺人罪の事実を実現しようとしたが，結果として同意殺人罪の事実が実現された場合です。これは，客観的に存在する，違法性を減少させる事情を認識せずに，違法性の減少されない（重い）事実を実現しようとして行為した場合にどのように解決されるべきかの問題にほかなりません。この点をめぐっては，①殺人既遂罪を認める見解，②殺人未遂罪の成立を肯定する見解，③同意殺人罪とする見解が対立しています（この種のケースの解決方法については，後にもう一度取り上げます〔→244頁以下〕）*。

　＊　私の考え方を示せば，この場合は，行為者は重い普通殺人罪の事実の実現を意図しているのですから，殺人未遂罪の成立が排除される理由はないと思います。逆に，殺人未遂罪のみの成立しか認めない見解に対しては，被害者を死亡させた点をまったく評価しなくてよいのかが疑問とされます。この点に関しては，同意殺人罪も犯罪としては成立するが，重い殺人未遂罪に吸収されると解するべきでしょう（包括一罪の一種としての吸収一罪については，総論245頁を参照）。

い非現住建造物等放火罪（109条1項）が成立することになるのです（この点については，157頁以下を参照）。

　それでは，本講はこれでおしまいにします。次の第4講では，「自由とその保護」と題して，今日の講義にもたびたび登場してきた，自由に対する罪について説明することにいたしましょう。

Introductory Lectures
in Criminal Law
Specific Offences

第 **4** 講

自由とその保護

Ⅰ　はじめに

六法を開いて，刑法 222 条と 223 条を見て下さい。それぞれ脅迫罪と強要罪に関する規定です。どちらの条文もその第 1 項は，「生命，身体，自由，名誉又は〔若しくは〕財産に対し害を加える旨を告知して……」という言葉で始まっています。そこに加害の対象として列挙されているのは，一連の**個人的法益**です（緊急避難に関する 37 条 1 項にも，類似の列挙が見られます）。しかも，それらの法益は，価値の高い順に並べられています[1]。本講で取り上げる**自由**という法益は，「生命」と「身体」に次ぐ，3 番目に重要な法益として位置づけられているということになります。

ただ，自由の侵害は，場合により，（2 番目にあげられている）身体や健康への侵害を上回る大きなダメージを被害者に与えることがあります。また，それは（財産的法益の侵害とは異なり）事後的な民事上の救済方法（たとえば，損害賠償）によっては十分に回復できないことも多いのです。そのことは，性的自

1）　日本の刑法典は，199 条以下において，一連の個人的法益に対する罪を規定しています。規定の配列の順序は，保護法益の価値が高い順と見ることができます。すなわち，「生命」に対する罪から始まり，「財産」に対する罪に終わっているのです。そして，それぞれの犯罪の法定刑の重さに，各法益の価値のランクが反映しているといえましょう。

061

由に対する罪である強制性交等罪の被害者の立場に身を置いて考えれば，ただちに理解することができると思います。このようにして，自由という法益についても，刑法的保護の必要性は高いといわなければなりません。

　まず，自由に対する罪の**全体を概観**することにしましょう。**刑法典の罪**[2]としては，①脅迫罪・強要罪（222条・223条），②逮捕罪・監禁罪（220条），③略取誘拐罪・人身売買罪（224条以下），④強制わいせつ罪・強制性交等罪（176条以下）があります。そして，最近の学説の多くは，⑤住居侵入罪・不退去罪（130条）も，自由に対する罪として位置づけています。

　一言で「自由」といっても，それぞれの処罰規定が保護する**自由の内容とその性格**は相互にかなり異なっています。抽象的に述べるだけではイメージがわかないかもしれませんが，脅迫罪・強要罪は，意思決定の自由および意思実現の自由を保護法益とし，逮捕罪・監禁罪は，行動の自由（身体活動の自由および場所的移動の自由）を保護法益としています。略取誘拐罪・人身売買罪は，被害者の行動の自由に加えてその安全を保護の対象に含めています。強制わいせつ罪・強制性交等罪の保護法益は，性的自由（性的自己決定権）であり，住居侵入罪の保護法益は，他人に対し住居等への立入りを認めるかどうかの自由（住居権）にあるとされています[3]（→ Column「**被害者としての法人**」63頁）。

　本講では，これらの犯罪のすべてについて詳しい解説を加えることはできま

　2）　特別刑法上の罪としては，次のものが重要です。暴力行為等処罰ニ関スル法律（大正15年法律第60号）は，①団体もしくは多衆の威力を示し，または，②団体もしくは多衆を仮装して威力を示し，または，③凶器を示し，または，④数人共同して，脅迫の罪を犯すことを（刑法典と比べて）重く処罰しています（同法1条）。また，人質による強要行為等の処罰に関する法律（昭和53年法律第48号）は，刑法典の強要罪の特別な類型（人質強要罪）を規定しています。さらに，組織的な犯罪の処罰及び犯罪収益の規制等に関する法律（平成11年法律第136号。一般に，「組織的犯罪処罰法」と呼ばれます）は，暴力団を含む組織犯罪集団の活動を有効に規制するため，団体の活動として，その罪にあたる行為を実行するための組織により行われたとき，逮捕・監禁，強要，身の代金目的拐取に対する刑を重くしています（同法3条1項）。

　3）　なお，自由の内容と性格の違いは，たとえば，罪数の判断に影響します（罪数については，総論239頁以下を参照）。1つだけ例をあげましょう。被害者を略取するに際して（なお，略取とは，後述のように，暴行または脅迫を手段として被害者を自己または第三者の実力支配下に置くことをいいます），監禁も行ったというとき，略取罪（224条以下）と監禁罪（220条）とでは法益の内容・性質が異なるため，片方の罰条の適用によるだけでは行為の違法性の評価が尽くされず，もう一方の罰条の適用も必要となるのです（→ 243頁以下）。その結果として，両方の罪の成立を認めるべきこととなります。

第4講　自由とその保護

被害者としての法人

Column

　　刑法典の罪については，自然人のみがその主体となることができ，法人はそれを犯しえないと解されています（特別刑法上の犯罪については，特別な法人処罰規定が存在するものがあります。→総論106頁注15）を参照して下さい）。それでは，法人は被害者になりうるでしょうか。結論からいいますと，それはそれぞれの犯罪の性質（とりわけ**保護法益の性質**）により異なります。

　　まず，生命や身体に対する罪の被害者は，自然人に限られます。法人は，殺人罪や傷害罪などの客体になることはできません。他方で，法人が財産に対する罪（窃盗罪，詐欺罪，横領罪など）の被害者となりうることについては，異論の余地がありません。法人も，所有権などの物権や，賃借権などの債権の持ち主（権利主体）になれるのですから，法人の有するその権利が刑法の財産犯規定による保護の対象となることは当然のことといえましょう。

　　自由に対する罪については，生命および身体に対する罪と同様に，被害者として自然人を予定しています。法人については，身体活動の自由や性的自由などを考えることができないからです。したがって，法人に対する監禁罪，略取誘拐罪，強制性交等罪などは成立しません。問題となるのは，**法人に対する脅迫罪・強要罪が可能かどうか**です。意思決定の自由および意思実現の自由については，法人についてもこれを認めることが不可能ではないようにも思えるのですが，判例は，法人そのものを被害者とする**脅迫罪の成立を否定**しています＊。

　　さらに，犯罪の中には，社会的存在（社会的活動の主体）としての人に注目した法益，すなわち，名誉，信用，業務に向けられたものが存在します（→83頁）。これらの法益は，法人も社会的活動の主体である以上，法人にも認められるべきものであり，したがって，法人を被害者とする名誉毀損罪，侮辱罪，信用毀損罪，業務妨害罪などは成立すると考えることができます。

　　＊　大阪高判昭和61・12・16高刑集39巻4号592頁。ただし，財産犯である恐喝罪については，法人もまた被害者となりえます。たとえば，法人の機関たる自然人を脅迫して法人からその所有物である金銭を奪えば，それは法人に対する恐喝罪を構成するのです。

せん。特に基本的な意味をもつ犯罪として，脅迫罪と逮捕・監禁罪（Ⅱ），強制わいせつ罪と強制性交等罪（Ⅲ），住居侵入罪（Ⅳ）を取り上げ，それぞれの犯罪につき具体的なイメージをもってもらえるような説明をしたいと思います。

Ⅱ 脅迫罪と逮捕・監禁罪

1 脅迫罪と強要罪

　まず脅迫罪（222条）から見ていくことといたしましょう。**脅迫**とは，相手方（被害者）に対し，ふつうの人であれば恐怖心を起こす（畏怖する）であろう程度の害悪を告知する（害を加えることを告げ知らせる）ことをいいます。「お前をぶっ殺す」とか「妹の腕をへし折ってやる」というように，殺人や傷害など，犯罪にあたる行為を行うことを通告する場合がその代表例です[4]。この脅迫罪が，いかなる意味で「自由に対する罪」であるのかは必ずしも明らかでありません。脅迫は，それ自体で，何かを行おうとする意思決定の自由をただちに侵害するものとはいえないからです。ただ，被害者にとり，脅迫を受けたことが自由な意思決定の制約としてはたらきうること（それにより，社会生活を送る上で不安が生じて，のびのびとした自由な意思決定を行うことができにくくなってしまうこと）はこれを肯定することが可能でしょう。その意味で，本罪を**意思決定の自由に対する危険犯**として把握することができるのです[5]。

　脅迫行為そのものを処罰するのが脅迫罪ですが，多くの処罰規定において，**犯罪遂行の手段を特定**するために，脅迫の概念が用いられています。それらの犯罪では，「脅迫」が1つの構成要件要素となっているのです。この点で，暴行と類似しています（「暴行」の意義については，32頁以下を参照）。刑法典で用いられている脅迫は，一般に，3種類に分けることが可能だとされています。

①害悪を告知することのいっさいをいい，その害悪の内容・性質，告知の方法のいかんを問わない**広義の脅迫**（95条・98条・100条2項・106条・107条など）

②告知される害悪の種類が特定され，また加害の対象が限定される**狭義の脅迫**（222条・223条）

　4） 脅迫といえるためには，害悪の発生が何らかの形で行為者自身によって可能なものとされることを通知することが必要です。したがって，天災その他の不幸な出来事の発生を単に予言することは本罪にあたりません。このことは，脅迫罪および強要罪については，規定に「害を加える旨を告知して」とあることから明らかです。

　5） 学説の中には，進んで，本罪の保護法益を個人の私生活の平穏ないし法的安全感に求めるべきであるとする見解も有力ですが，そうすると，自由の保護との関わりが明らかでなくなってしまいます。

③被害者の反抗を抑圧する程度，または被害者の反抗を著しく困難ならしめ
る程度の脅迫を意味する**最狭義の脅迫**（236条・238条・176条・177条など）

　ここでまず理解すべきは，**脅迫罪**（および223条の強要罪）**における脅迫**の
意義です。それは，(1)法文に列挙された「生命，身体，自由，名誉又は〔若し
くは〕財産」に対し害を加える旨を告知することをいいます。ここに列挙され
た法益以外の法益に対する加害を内容とする脅迫を行ったとしても，脅迫罪に
あたりません[6]。しかも，(2)被害者自身（1項）またはその親族（2項）の法益
に対する加害をもって脅す場合に限られます。したがって，恋人を殺すとか，
親友を傷つけると申し向けて脅すことは，脅迫罪にあたりません（それを手段
として一定の行為を強制したとしても強要罪にならないのです）[7]。それは処罰の
バランスを欠く（処罰の不当な間隙が生じてしまう）という批判もできそうです
が，刑法は，この種の態様の自由の侵害が社会においてはかなりありふれたも
のであることを考慮し，犯罪成立の限界があいまいで無限定なものとならない
ようにするため，明白に処罰に値する（当罰的な）場合のみに処罰の範囲を
限ったと考えることができましょう。それは**刑法の謙抑性（謙抑主義）の原則**
の表れなのです（→総論29頁）。

　このように，(1)および(2)の限定がある点で，脅迫罪（および強要罪）におけ
る脅迫は，**狭義の脅迫**であるといわれるのです。これに対し，恐喝罪（249条）
の手段として問題となる脅迫にはそのような限定はありません（その意味では，
広義の脅迫で足りることになります[8]）。恋人や親友に害を加えると脅して現金
を交付させれば，恐喝罪（同条1項）が成立するのです。同様に，**最狭義の脅
迫**といわれるものについても（後述する強制わいせつ罪や強制性交等罪の手段と

　6）　列挙された法益への害悪の告知にあたるかどうかが微妙なケースもあります。いわゆる村八
分の通告は，名誉という法益に対する害悪の告知であるとされています。
　7）　特別法である「人質による強要行為等の処罰に関する法律」は，刑法典の強要罪の規定を補
完する重要な意味をもっています。すなわち，同法1条の人質強要罪は，かりに被害者の親族以外の
人であっても（たとえば，被害者の恋人や親友），この人を逮捕または監禁した上，これを人質にし
て，被害者に対し強要行為を行えば，成立するのです。その限りにおいて，刑法典の強要罪について
は存在している「処罰の間隙」の一部が，この特別刑法規定により埋められていることになります。
　8）　この点について，大塚・各論68頁以下を参照。

しての脅迫がこれにあたります），上のような(1)および(2)の限定は不要です。最狭義の脅迫は，狭義の脅迫を前提としてこれをさらに限定したものではないということになります（そのため，用語法としてミスリーディングであることは否めません）。

223条に規定されている**強要罪**は，脅迫または暴行を用いて，他人に義務のないことを行わせ，または権利の行使を妨害したときに成立する犯罪です（同条3項により，未遂も可罰的です）。年末にヘンデルのメサイアを聴きに行くことを楽しみにしている私に，それをやめてAKB48の公演に行くことを強制するような強要行為が，私の意思決定の自由・意思実現の自由を害することは明白でしょう。強要罪の処罰規定は，したいことをなし，したくないことをしない個人の自由を保護する最も基本的な規定（一般的自由保護規定）です。その処罰規定は，より特化した形の自由をそれぞれ害する犯罪（たとえば，逮捕，監禁，強制わいせつ，強制性交等，恐喝，強盗の各罪）を処罰する規定との関係で**一般法と特別法の関係**に立ちます。そこで，これらの，より個別的な犯罪が成立するとき，その過程で強要罪の構成要件に該当する行為が認められるとしても，それらの個別的な犯罪で処罰されるだけであり，強要罪は独立に成立しないとされます（この種の**法条競合**については，総論242頁，245頁を参照）。強要罪の規定は，他の自由保護の規定でカバーできないところを捕捉する「受け皿」として機能するのであり，逆に，それぞれの個別的な自由保護規定が適用されるときには，表舞台には登場しないことになるのです。

2　逮捕・監禁罪

逮捕罪と監禁罪（220条）は，**行動の自由**（いいかえれば，**身体活動の自由および場所的移動の自由**）を害する罪です。脅迫や強要が人の意思決定・意思実現に向けられた行為であるのに対し，逮捕・監禁は，より物理的・身体的な自由の侵害を内容とする行為であるといえましょう。法定刑もずっと重くなっています。

逮捕とは，人の身体に直接的な支配を設定して身体活動の自由を害することであり，監禁は，人が一定の場所から脱出することを不可能にしまたは著しく困難にすることです。背後から被害者の身体をつかまえ，しばらくそのままの状態に置いて拘束することは逮捕であり，部屋や倉庫等の一定の空間に閉じこめて脱出できないようにすることが監禁です。監禁は，被害者を物理的に脱出

できない状況に置く場合のみならず，入浴中の女性の衣服を持ち去り羞恥心の
ためその場から出られないようにするなど，心理的に脱出不可能にする場合を
含みます[9]。逮捕と監禁は，その限界事例では区別がなかなか困難なのですが，
行為者が被害者の**身体を直接的に拘束**しているのであれば逮捕であり，その**場
所から出られない**という側面が本質的であれば監禁ということになります[10]。
ただ，逮捕か監禁かは，同一罰条の中での行為態様の相違にすぎないので，区
別の実益は大きくありません（もし裁判所においてどちらかという点の判断に誤
りがあったとしても，訴訟法上，上訴審が判決を破棄する理由とはなりません）。

〈ケース1〉

　刑法の授業でI教授に不合格点をくらった学生の甲は，Iに対し仕返しをし
ようと思い立ち，Iが在室中の研究室の前まで行き，鉄鎖等で部屋の扉を固定
し，開扉不可能とした。甲は，1時間後に鎖を取り除き，扉が再び開くように
した。その間，Iは，研究室のソファで昼寝をしており，そのことにまったく
気づかず，扉が開くようになって1時間後に，研究室から表に出た。

　逮捕・監禁罪の保護法益は，行動の自由ないし場所的移動の自由です。そこ
で，最初から自由な場所的移動の能力のない者，たとえば，ハイハイもできな
い赤ちゃん[11]や意識がもどらない状態が継続している重症患者等に対しては，
本罪は成立しません。問題となるのは，**自己が自由を拘束されていると意識し
ていない者**との関係で逮捕・監禁罪が成立するかどうかです。

　9）　なお，逮捕・監禁罪に関係する重要な違法性阻却事由として，**刑事訴訟法上の逮捕・勾留**が
あります（刑訴199条以下・60条以下を参照）。たとえば，警察官でない私人が現行犯人を逮捕した
とき，その行為は逮捕・監禁罪の構成要件に該当しますが，刑訴法212条以下の規定に基づく法令行
為（刑35条）としてその違法性を阻却されうるのです。

　10）　逮捕行為の後，引き続き監禁に移行したというケースについては，「220条にあたる一罪」と
いう言い方をします。この種の場合を狭義の包括一罪といいます（→総論243頁以下）。

　11）　京都地判昭和45・10・12刑月2巻10号1104頁は，被害者が生後1年7か月の幼児であった
ケースにつき，監禁罪の成立を認めました。被害者は，「自力で，任意に座敷を這いまわったり，壁，
窓等を支えにして立ち上り，歩きまわったりすることができた事実は十分に認められる……されば，
同児は……自然的，事実的意味における任意的な歩行等をなしうる行動力を有していたものと認める
べきであるから，本件監禁罪の客体としての適格性を優にそなえていたものと解するのが相当であ
る」というのです。

067

判例・通説は，本罪の保護法益たる行動の自由は，現実的な自由であること
を必要とせず，**可能的な自由**（つまり，その人がもし動こうと思えば動くことが
できるという自由）で足りるとし，自由の拘束を意識していない被害者との関
係でも逮捕・監禁罪は成立すると解しています[12]。〈**ケース1**〉の事例につい
ても，被害者のI教授が，かりに表に出ようと思ったら表に出られない状況が
1時間は継続していた（すなわち，客観的に自由は拘束されていた）以上，行動
の自由の侵害は肯定できるというのです。たしかに，自由とは，「その場所か
ら動こうと思えばいつでも動くことができる」状況が確保されていることをい
うのであり，かりにその場を脱出しようと思ってもおよそ出ることができない
客観的事情がある以上，本人が気づいていようといまいと，その人の自由はや
はり奪われているというべきでしょう。

　逮捕監禁致死傷罪（221条）は，220条の罪の**結果的加重犯**です（結果的加重
犯について詳しくは，総論53頁を参照）。たとえば，逮捕・監禁された状態から
脱出しようとした被害者が転倒・転落等によりケガをしたときに本罪が成立し
ます。〈**ケース1**〉の場合に，もし扉が開かないことに気づいたI教授が窓か
ら外に脱出しようとして転落して大けがをしたのであれば，監禁致傷罪が成立
するのです。

　「傷害の罪と比較して，重い刑により処断する」とは，刑法典にしばしば登
場する文言です（118条2項・124条2項・145条・196条・216条・219条・260条
を見て下さい）。ここでは，逮捕・監禁罪の法定刑と，傷害罪または傷害致死罪
の法定刑とを比較して，上限・下限とも重い刑を選んだものが法定刑となるこ
とを意味します。そこで，逮捕・監禁行為から傷害の結果が生じた場合には，
3月以上15年以下の懲役，被害者が死亡した場合には，3年以上（20年以下）
の有期懲役となります（→Column**「略取，誘拐及び人身売買の罪」** 69頁））。

---

　12)　たとえば，最決昭和33・3・19刑集12巻4号636頁は，被害者をだまし，真の意図を隠して
自動車に乗せて走ることは監禁罪にあたるとしています。

068　Introductory Lectures in Criminal Law : Specific Offences

第4講　自由とその保護

略取，誘拐及び人身売買の罪

Column

　刑法典33章224条以下に規定されている**略取誘拐罪**（拐取罪ともいいます）
は，暴行・脅迫または欺罔・誘惑を手段として，人を現在の生活環境から離脱
させ，自己または第三者の実力支配下に移す犯罪です。略取とは，暴行・脅迫
を手段とする場合，誘拐とは，欺罔・誘惑を手段とする場合のことです。略取
誘拐罪は，逮捕・監禁罪と比べると，被害者に対する直接的な自由の侵害の程
度はより低いといえます（とりわけ誘拐の場合がそうでしょう）。しかし，本罪
においては，保護された生活環境から引き離された被害者が，生命・身体への
危険にさらされたり，労働を強いられて搾取されたり，わいせつ行為の被害者
となる危険にさらされたりするのです。そこから，逮捕・監禁罪よりも法定刑
が重く定められていると考えられます。略取誘拐罪の保護法益には，被拐取者
の自由に加えて，**保護された環境における安全**が含まれるというべきでしょ
う。なお，判例・通説によると，被拐取者が未成年者・精神病者であるとき
は，親権者等の監護権ないし保護監督権も法益に含まれます。

　2005（平成17）年の刑法一部改正により，**人身売買罪**（226条の2）の処罰
規定が新設されました＊。これは，人身売買そのもの，すなわち人の買受け・
売渡しを処罰するものです。人身買受行為について見れば，人を不法に支配す
る手段として買受代金を負担しているため，「元を取ろう」として，何らかの
形で被害者の自由をより強く拘束し，被害者の負担において不当な利益を得る
という形で搾取しようとするでしょう。被害者はそれだけ危険な立場に置かれ
るのです。そこで，買い受けた人において営利の目的とかわいせつの目的とか
そういう不法な目的がない，あるいはそういう目的をもつことを証明できない
という場合でも，買い受けるだけで処罰に値すると考えられるのです（同条1
項を参照）。売り渡す側も，対価を得て被害者をそのような立場に陥れるので
すから，やはり処罰に値するといえます。人身売買罪の処罰規定も，略取誘拐
罪のそれと同様に，**被害者の自由と安全を保護**するための処罰規定なのです。
なお，この種の人身取引とそれに関わる違法行為のことを広く**トラフィッキン
グ**（trafficking）と呼びます。

　「略取，誘拐及び人身売買の罪」の章に設けられた規定は多いのですが，略
取誘拐罪（224条・225条・225条の2第1項・226条），身の代金要求罪
（225条の2第2項・227条4項後段），人身売買罪（226条の2），被略取者等
所在国外移送罪（226条の3），被略取者引渡し等罪（227条）の処罰規定
（228条も見て下さい），さらに，被拐取者の安全をはかるための政策的考慮に
基づく解放減軽の規定（228条の2），そして，一定の罪についての親告罪の規
定（229条）などがあります。なお，身の代金目的略取誘拐罪（225条の2第
1項）については，その予備行為まで処罰されることにも注意が必要です
（228条の3）。

＊　なお，この 2005 年の刑法一部改正により同時に，未成年者略取誘拐罪（224 条）の法定刑の上限が引き上げられ，生命・身体に対する加害の目的による略取誘拐罪（225 条）が加えられ，これまでの国外移送目的略取誘拐罪が「所在国外移送目的略取誘拐罪」（226 条）に変更されました。

Ⅲ　強制わいせつ罪，強制性交等罪

1　保護法益，両罪の関係

　刑法典は，22 章（174 条から 184 条）において，性的なことに関係する犯罪をひとまとめにして規定しています。これらのうち，176 条から 181 条までに規定された犯罪は，**個人的法益としての性的自由（性的自己決定権）**に対する罪であり，それ以外の犯罪（特に，174 条と 175 条の罪が重要ですが，それらは個人的法益に対する罪ではなく，社会的法益〔風俗ないし道徳的秩序〕に対する罪です〔→ 192 頁以下〕）とは根本的に異なります。性的自由とは，性的行為を行うかどうか，誰をパートナーとして行うかに関して自分で決めることのできる自由（それを他人に強制されない防御権）のことです。そこから，強制わいせつ罪（176 条）と強制性交等罪（177 条）といった**性犯罪**は，公然わいせつ罪（174 条）やわいせつ物頒布等罪（175 条）とは違って，「公然と」行われる必要はないのです[13]。

　まず，強制わいせつ罪の処罰規定である 176 条を見て下さい。ここにいう**「わいせつな行為」**とは何かが問題となるのですが，「わいせつ」という概念は 174 条や 175 条においても用いられているところです。ただ，それらの社会的法益に対する罪における「わいせつ」と，個人の性的自由を保護する本罪における「わいせつ」とは，同一の文言であっても，その意味は異なります[14]。

---

　13)　なお，性犯罪は原則として**親告罪**（→総論 79 頁）とされてきました。これは，性犯罪の被害者が立件・訴追を望まないケースにおいて立件・訴追が行われ，これにより（または手続の過程で）被害者がさらに傷つけられること（二次被害；セカンド・レイプ）を防止するとともに，加害者をして示談を成立させるように努力する動機づけを与え，事後的な被害者救済を促進するためでありました。しかし，被害者に手続進行上の責任とイニシアティブが付与されていることが，相当数の被害者にとり重い心理的負担として感じられてきたということがあったので，2017（平成 29）年の刑法一部改正法は（旧）180 条を削除し，これまで親告罪とされてきた性犯罪を**非親告罪**とした上で，実務上の運用において被害者の意思を尊重しプライバシー侵害が生じないように配慮することにしました。
　14)　こういう現象のことを**「概念の相対性」**と呼びます。井田・総論 53 頁を参照して下さい。

070　Introductory Lectures in Criminal Law : Specific Offences

第 4 講　自由とその保護

　強制わいせつ罪におけるわいせつ行為とは，被害者の意思に反する，そして，被害者の性的羞恥心を害し，かつ，ふつうの人でも性的羞恥心を害されるであろう行為のことです。たとえば，陰部，乳房，尻や太もも等に触れる行為，全裸の写真を撮る行為，キスする行為などはその人の意思に反して行われる限りこれにあたります。その行為がそれを見る人に与えるいやらしさなどは（174条や175条の場合とは異なり）重要ではないのです。

　なお，電車内などにおける痴漢行為のうち，着衣の上から女性の尻や胸などに触れる程度にとどまるものについては，ただちに「わいせつな行為」とまでいえるか明らかでなく，また，それが「暴行」にあたるともいいにくいことから，強制わいせつ罪にはならないとされています（ただ，それは都道府県の迷惑行為防止条例等により犯罪とされています15)）。

　強制性交等罪（177条）にいう「性交等」とは，条文にあるとおり，性交，肛門性交，口腔性交のことをいいます。このうち性交とは，性器の結合（男性器〔陰茎〕を女性器〔膣〕内に挿入すること）のことであり，肛門性交とは男性器を肛門に挿入すること，口腔性交とは男性器を口腔内に入れることです。性交等の行為も，強制わいせつ行為にほかなりません。刑法は，強制わいせつ行為のうち，特に被害者に対するダメージが大きいと考えられるものを選んで類型化し，これに重い刑を規定しているのです（したがって，強制性交等罪は，「加重強制わいせつ罪」にほかなりません）。たとえば，女性たる行為者が自分の口腔の中に男性たる被害者の男性器を挿入させる行為も本罪にあたるということになります。

　2017（平成29）年の刑法一部改正により，これまでの強姦罪規定（旧177条）は大きく書き改められました。旧規定は，女性を被害者とする性交の強制のみを強姦として加重処罰しており，男性を被害者とする性交の強制は強制わいせつにすぎませんでした（このような差別的扱いについては，その正当化の根拠を見

---

　15)　たとえば，東京都については，東京都条例の「公衆に著しく迷惑をかける暴力的不良行為等の防止に関する条例」5条1項が，「何人も，正当な理由なく，人を著しく羞恥させ，又は人に不安を覚えさせるような行為であつて，次に掲げるものをしてはならない」とし，同項1号は，「公共の場所又は公共の乗物において，衣服その他の身に着ける物の上から又は直接に人の身体に触れること」と定めています。刑罰は，同条例8条1項2号により，「6月以下の懲役又は50万円以下の罰金」です。

071

出すことが困難でした）。また，種々の性的侵害行為のうち，性交の強制のみを特別視し，それ以外の性的な攻撃（肛門性交および口腔性交）をより軽く評価することも正当化できないところでした。そこで，この改正により，177条による処罰の範囲を拡大し，男性を被害者とするものを含める（ジェンダー・ニュートラルなものとする）とともに，強制的な性器結合と同等のダメージを与える性暴力（旧法下では強制わいせつ行為に含められていたもの）を切り出して，これに性交の強制と同じ法定刑を予定することとしたのです[16]（なお，2017年の改正により，強制性交等罪の法定刑の下限が〔強盗罪のそれと同じ〕懲役5年に引き上げられました）。

2 暴行と脅迫

　強制わいせつ罪についても，強制性交等罪についても，**暴行または脅迫**が構成要件要素となっています（176条前段・177条前段）。この場合の暴行と脅迫は，**被害者の反抗を著しく困難ならしめる程度のもの**をいうとするのが判例・通説です。強盗罪（236条）のように，被害者の反抗を抑圧する程度のものであることを要しないといわれています。しかし，本質的に重要なことは，**被害者の意思に反して性的行為が強制**されるところにあり，種々の事情から，必ずしも暴行・脅迫がそれほど強度でなくても，被害者にとり抵抗が不可能な場合もあることから，暴行・脅迫の強度に関しハードルを高くしすぎてはならないと考えられます。強盗罪については，暴行・脅迫をかなり強度のものに限定したとしても，その程度に至らない暴行・脅迫を用いる場合には恐喝罪（249条）として処罰することが可能ですが，これに対し，強制わいせつ罪や強制性交等罪については，強盗罪にとっての恐喝罪に対応する規定がないため，手段たる暴行・脅迫を特に強度のものに限定すると，それに達しない程度の手段を用いる場合が不可罰となってしまうのです。とりわけ，強制わいせつ罪における暴行は，比較的軽度のものでも，被害者の油断・無防備に乗じて行われるときはその手段となりうる（ちなみに，その暴行が同時にわいせつ行為そのものと認められる場合でも強制わいせつ罪は成立します）ので，力の大小強弱を問わず，必ず

---

16)　強制性交等罪においては，加害者・被害者ともに男女を問いません（ただし，少なくとも一方が男性であることが必要です）。

しもそれが被害者の反抗を著しく困難にする程度のものでなくても，強制わい
せつ罪は成立すると考えるべきでしょう[17]。

　強制わいせつ罪と強制性交等罪においては**未遂も処罰**されますが（180条），
実行の着手（43条）が認められるのは，手段としての暴行または脅迫が開始さ
れた時点です（この点について，総論140頁を参照）。

　性犯罪にとり本質的なことは，被害者の意思に反する性的行為が行われるこ
とですので，**暴行・脅迫がなくても成立する場合**があります。まず，強制わい
せつ罪および強制性交等罪は，**13歳未満の者が被害者**となる場合には，暴行・
脅迫が要件とされません（176条後段・177条後段を参照）。これは，被害者の**同
意の有無を問わず犯罪が成立する**ということを意味しており，いいかえれば，
刑法は，13歳未満の者については性的自由に関する判断能力（同意能力）を否
定しているのです。また，被害者が13歳以上であっても18歳未満であれば，
2017〔平成29〕年の刑法一部改正により新設された**監護者わいせつ罪**または**監
護者性交等罪**が成立する可能性があります（179条）。これらの犯罪は，暴行・
脅迫による強制という手段を用いることなく，地位・関係性を利用して行われ
た性的侵害行為であって，同意がおよそ問題にならない状況下にあったと考え
られる場合を類型化したものです。本罪が成立するのは，被害者が18歳未満
で精神的に未成熟であり，かつ実親や養親等の監護者との関係で精神的・経済
的に依存しているとき，監護者がその影響力があることに乗じて性的行為を
行った場合です[18]。さらに，その年齢にかかわりなく，被害者が精神障害や
薬物服用，睡眠中等の理由で抵抗できない状態（心神喪失または抗拒不能の状
態）にあるとき，これに乗じて，または，被害者をそのような状態に陥れて，
わいせつ行為または性交等を行えば（暴行・脅迫が用いられなくても）**準強制わ
いせつ罪**または**準強制性交等罪**になります（178条）。

　17）　特に，大塚・各論99頁以下を参照。
　18）　なお，13歳以上18歳未満の者に対する性的行為は，たとえその同意があっても，児童福祉
法の児童に淫行をさせる罪（34条1項6号），児童買春，児童ポルノに係る行為等の規制及び処罰並
びに児童の保護等に関する法律による児童買春罪（4条），「淫行」を規制する地方公共団体の青少年
保護育成条例違反の罪により処罰されます。

3 結果的加重犯

強制わいせつ罪・強制性交等罪の結果的加重犯として，強制わいせつ致死傷罪，強制性交等致死傷罪が規定されています（181 条）。これらの罪が成立するのは，①強制わいせつないし性交等の手段としての暴行・脅迫から結果が発生した場合と，②強制わいせつ行為ないし性交等の行為そのものから結果が発生した場合の 2 つの場合があります。いずれも，強制わいせつ罪や強制性交等罪の**構成要件該当行為そのものから重い結果が発生した場合**です。

問題となるのは，犯人が強制わいせつ罪や強制性交等罪の実行行為を終了した後に（または，実行行為の途中で犯意を放棄した後に），もっぱら逃走のため，犯人の逃走を阻止しようとする被害者に傷害を加えたという場合に強制わいせつ致傷罪や強制性交等致傷罪が成立するかどうかです。この場合には，傷害の結果を発生させたのが，176 条または 177 条の罪の構成要件該当行為ではなく，その後に行われた逃走行為ですので，181 条の文言上，その罪の成立を認めることには疑問がないではありません。しかし，判例は，死傷の結果の原因行為は，強制わいせつ罪や強制性交等罪の構成要件該当行為そのものに限定されず，**それに随伴するものであれば足りる**と拡張的に解釈しています[19]。

Ⅳ 住居侵入罪

1 保護法益

刑法 130 条は，住居侵入等の罪を規定し，人の住居や人の看守する建造物等に侵入する罪（狭義の住居侵入罪）と，要求を受けてこれらの場所から退去しない不作為犯（不退去罪）を処罰の対象としています[20]。本罪は，刑法典において，社会的法益に対する罪の中に位置づけられて規定されていますが，それ

19）　すなわち，最決平成 20・1・22 刑集 62 巻 1 号 1 頁は，準強制わいせつ行為をした者が，わいせつな行為を行う意思を喪失した後に，逃走するため被害者に暴行を加えて傷害を負わせた場合について，その暴行が準強制わいせつ行為に「随伴する」ものといえることを理由に，強制わいせつ致傷罪が成立するとしています。

20）　住居侵入等の罪については未遂も処罰されますが（132 条），不退去罪の未遂は実際上考えにくいでしょう。

第 4 講　自由とその保護

強制わいせつ罪における性的意図

Column

　以前の最高裁判例（最判昭和 45・1・29 刑集 24 巻 1 号 1 頁）は，強制わいせつ罪につき，特別な（故意に加えて要求される）主観的要素として，「犯人の性欲を刺激興奮させまたは満足させるという性的意図」が必要だとしていました。そのような性的意図がなく，もっぱら報復侮辱の目的で女性を脅迫し裸にして写真撮影する行為については，強要罪その他の罪の成立が考えられるにすぎないとしていたのです。

　しかしながら，強制わいせつ罪の保護法益が被害者の性的自由であるとすれば，行為者において，被害者に性的羞恥心を抱かせて性的自由を侵害することの認識がある以上，行為の違法性に関わる事実の認識に何ら欠けるところはなく，強制わいせつ罪の成立を認めない理由はないでしょう。そこで，学説の多くは，上記判例に反対してきましたし，それ以降，性的意図の不存在を理由に強制わいせつ罪の成立を否定した判例・裁判例は存在しなかったのです。

　最近に至り，**最高裁は判例を変更し**，被害者の受けた性的な被害の有無やその内容，程度にこそ目を向けるべきであり，**故意に加えて性的意図があることを一律に同罪の成立要件とすることは相当でない**とする判断を示しました（最大判平成 29・11・29 裁判所ウェブサイト）。問題となったケースは，13 歳未満の女子であることを知りつつ，被害者に対し被告人の陰茎を触らせ，口にくわえさせ，被害者の陰部を触るなどのわいせつ行為をしたというものであり，このような「性的性質が明確な行為」については性的意図の有無にかかわらずただちに強制わいせつ罪の成立が認められるとしたのです（ちなみに，2017〔平成 29〕年に改正された後の新規定の下では，陰茎を口にくわえさせる行為は 177 条にあたることになります）。

　ただし，最高裁は，「行為そのものが持つ性的性質が不明確で，当該行為が行われた際の具体的状況等をも考慮に入れなければ当該行為に性的な意味があるかどうかが評価し難いような行為」については，具体的事情の下での総合判断が要求されるとしつつ，その際に，1 つの事情として行為者の目的等の主観的事情を考慮すべき場合はありうるとしています。これは「行為そのものが持つ性的性質が不明確」な場合でも，客観的事情から判断することを基本にしつつ，しかし，行為者の目的・意図との関係でその行為の性的意味が明確になることがあり得ることから，そのような主観的事情の考慮が排除されるものではないとしたものであろうと考えられます。

にもかかわらず，それが個人的法益に対する罪であることについて異論はありません。ただ，法益の内容をどのように理解するかをめぐっては，これを「事

075

実上の住居の平穏」であるとする**平穏説**と，居住者が有する「他人の立入りを認めるか否かの自由」であるとする（新）**住居権説**とが対立しています[21]。

　住居の平穏（住居内の安息と平和）が害されるのは，居住者の意思に反して立入りが行われるからであり，住居の平穏と住居権の侵害とは，**同一の事態の2つの側面**といってよいでしょう。ただ，平穏説は，「かりに居住者の意思に反する立入りがあっても，平穏が害されない限り本罪は成立しない」ということを肯定する見解として主張されてきました。これに対し，最高裁判所は，ある労働事件との関連で，「看守者の意思に反しても平穏を害しない限り本罪は成立しない」とする**平穏説の論理を否定**しました（最判昭和58・4・8刑集37巻3号215頁）。すなわち，本罪における侵入とは，「他人の看守する建造物等に管理権者の意思に反して立ち入ることをいうと解すべきであるから，……現に行われた立入り行為を管理権者が容認していないと合理的に判断されるときは，他に犯罪の成立を阻却すべき事情が認められない以上，同条の罪の成立を免れない」と述べたのです。

　刑法各論の教科書や参考書には，判例は住居権説をとっていると書かれています。たしかに，上記最高裁判例は，当該の問題となった事案との関係では「居住者・管理者の意思に反する立入りがあっても，平穏が害されない限り本罪は成立しない」という考え方を否定したのでした。しかし，そのことは，判例の立場が，学説にいう住居権説のそれと同一であることを意味しません（後に触れるように〔→77頁以下〕，判例の結論は，学説の住居権説のそれとは重要な点で異なっています）。また，判例は，住居侵入行為が私生活の平穏を害するものであることを否定していないのです。たとえば，その後の最高裁判例（最判平成21・11・30刑集63巻9号1765頁）も，マンションの管理組合が管理する場所に，管理組合の意思に反して立ち入ることは，「本件管理組合の管理権を侵害するのみならず，そこで私的生活を営む者の私生活の平穏を侵害するものといわざるを得ない」といういい方をしています（→Column **「刑法によるプライ**

　21）　旧憲法下における判例・通説は，「住居権」をもって本罪の保護法益と捉えるものでした（旧**住居権説**）。それは，家長・戸主のみがもつ法的権利と理解されていました。夫の不在中，妻の不倫の相手がその同意を得て住居内に入ったケース（**不倫事例ないし姦通事例**〔→81頁〕）では，家長たる夫の住居権を侵害するとの理由で住居侵入罪の成立が肯定されたのです。

バシーの保護」79頁）。

2　侵入の意義

　住居侵入等の罪の**客体**は，①人の住居と，②人の看守する(イ)邸宅，(ロ)建造物，(ハ)艦船です。「住居」とは，人が起居（起臥寝食(き が しんしょく)）のために日常的に使用する場所のことであり，必ずしもそれは建造物（屋根があり壁または柱により支持され土地に定着するもの）である必要はありません。②の3つの客体に共通して必要な要件である「人の看守する」とは，他人が事実上，管理支配しており，侵入防止のための人的・物的設備を施していることを意味します。大事なことは，ここにいう「住居」や「建造物」には，それぞれ囲繞地(い にょう ち)も含まれることです。ここにいう囲繞地とは，建物のすぐ周りにあって塀などにより取り囲まれた場所のことをいい，たとえば，無断で小学校の校庭に入ったときは，たとえ校舎の中に入らなくても，それだけで「建造物に侵入した」ことになるわけです。

　「邸宅」とは，人が住むために建てられた建造物で，住居以外のものをいいます。空き家やシーズンオフの別荘などがこれにあたります。細かな論点ではありますが，住居に接続する部分ないし付属する部分について，これを住居に含まれるとするか，邸宅と解するかについて見解が分かれています。最高裁判例（最判平成20・4・11刑集62巻5号1217頁）は，居住者と独立した管理者（看守者）が存在するケースについて，集合住宅の共用部分は邸宅にあたる（その敷地は邸宅の囲繞地にあたる）としています。

　侵入とは，居住者または看守者の意思に反してこれらの場所に立ち入ることをいいます。居住者ないし看守者の許諾があればもはや「侵入」とはいえず，本罪の構成要件に該当しません（このことは自由に対する罪に共通することといえましょう）[22]。侵入の意義をめぐり，先ほど述べた保護法益の理解と関連して見解の対立があります。**住居権説**は，居住者・看守者の意思に反するかどう

　22）　ちなみに，法文には，「正当な理由がないのに」という文言がありますが，これに特別な意味はありません。語調の上から加えられたとか，犯罪にならないことが多いので注意的に加えられたといわれます。正当な理由があって他人の住居に立ち入った場合に（たとえば，刑訴法218条以下に基づく捜索・差押え），この文言があるゆえに，そもそも構成要件に該当しなくなる，というものではありません。構成要件には該当し，行為の違法性が阻却されると解されることになります。なお，同様の文言は，刑法105条の2・133条・134条などに見られます。

かという意思侵害の有無により本罪の成否を判断します。これに対し，**平穏説**は，意思侵害を重要な判断要素としながらも，事実上の住居の平穏を害したかどうかという平穏侵害にも決定的な意味を認めるのです。そこで，意思侵害の有無のみにより本罪の成否が決まると考えるべきか（**意思侵害説**），それとも平穏侵害もあわせて考慮すべきか（**平穏侵害説**）が対立のキーポイントとなっているのです（→ Coffee break「**不倫事例（姦通事例）**」81 頁）。

〈ケース 2〉

　甲は，強盗の目的で，凶器をコートの下に隠しもち，Ａの家の玄関前に立って「新聞代金の集金にまいりました」と大声でいった。これを信じたＡは，玄関の鍵を開けて，甲を家の中に入れた。

〈ケース 3〉

　乙は，サプリメントの訪問販売員であったが，セールスのために来たというと玄関の中にも入れてもらえないことが多いため，Ｂの家の玄関前に立って「市役所からアンケート調査にまいりました」と大声でいった。これを信じたＢは，玄関の鍵を開けて，乙を家の中に入れた。

　意思侵害説と平穏侵害説とで，**結論に違いの出る争点**としては，特に，真の目的を隠して居住者の同意を得た上で住居内に立ち入ったとき，果たしてそれが侵入といえるかどうか，という問題があげられます[23]。住居権説の主張者の多くは，ここでは立入りそのものが居住者の意思に反するかどうかが問題であり，住居権者が立入りそれ自体には同意している以上，立入りの目的に関する錯誤があったとしても法的に重要でなく，本罪の成立は否定されるとします[24]。それによれば，**〈ケース 2〉**についても，**〈ケース 3〉**についても，住居侵入罪の成立は否定されることになります[25]。

　平穏侵害説は，行為者の立入りの目的の内容をも考慮した上で，平穏を害す

---

　23)　住居侵入行為は，何らかの目的のための手段として実行されるのがふつうです。しばしば，その目的は，一定の犯罪の実現に向けられます。目的とした犯罪が行われた場合，手段としての住居侵入罪は，窃盗，強盗，傷害，殺人，強制性交等，放火などの各犯罪とそれぞれ**牽連犯**（54 条 1 項後段）の関係に立ちます。たとえば，住居に侵入して住居内で物を盗れば，住居侵入罪と窃盗罪の牽連犯となり，住居に侵入して居住者を殺害すれば，住居侵入罪と殺人罪の牽連犯となるのです。牽連犯については，総論 247 頁以下を参照。

　24)　たとえば，佐伯仁志「住居侵入罪」法教 362 号（2010 年）98 頁，103 頁以下を参照。

078　Introductory Lectures in Criminal Law : Specific Offences

第4講　自由とその保護

刑法によるプライバシーの保護

Column

　個人が他者からその私的領域に踏み込まれない権利を有することは，現在では自明のことでしょう。しかし，現在の刑法においては，その権利は断片的にしか保護されていません。個人の私的領域を守る上で中核となるべき権利は**プライバシーの権利**です。それは，「ひとりで放っておいてもらう権利」ともいわれ，個人の私的領域への他者の干渉を排除する自由権のことですが，これを直接かつ包括的に保護する処罰規定は存在しないのです。せいぜい名誉や秘密を害する罪の規定，住居侵入罪の規定，特別法上の処罰規定＊などにより細切れのように保護されるにとどまるのです。すなわち，プライバシー侵害の行為が名誉毀損をともなう限りで名誉毀損罪（230条）により，秘密侵害をともなう限りで信書開封罪（133条）や秘密漏示罪（134条）により，住居侵入を手段とするときには住居侵入罪により処罰されるにすぎません。これらの罪は，プライバシーの保護と密接な関係をもちますが，それを直接的な保護目的とするものではなく，プライバシーが侵害されればこれらの犯罪が必ず成立するというものではありません。

　現行刑法において，秘密やプライバシーと比べて，より手厚く保護されているのは**名誉**です。名誉とは，個人に対する社会的評価のことをいいます。名誉毀損罪は，限定された範囲でプライバシー保護の機能を営みうるものですが，直接には名誉という，プライバシーとは区別された法益を保護する犯罪です。たとえば，ある未婚の男女が親密に交際しているという事実はプライバシーに属する事柄ですが，それが公にされたとしても，社会的評価の低下が認められないので，名誉毀損にはならないのです。

　＊　プライバシーの権利を守る機能を果たす**特別法上の処罰規定**として，たとえば，電気通信事業法の処罰規定，不正アクセス行為の禁止等に関する法律（不正アクセス禁止法）の処罰規定などがあります。

る態様での立入りであったかどうかを問題とします。そこで，殺人，強盗，強姦等が目的とされたケースについては，「平穏を害する態様による立入り」が認められるとして本罪の成立を肯定し，詐欺や押売り，借金の請求，贈賄，盗聴器の設置などの目的を隠して居住者の同意を得て住居内に立ち入った場合に

25）　この種の事例で，およそ立入りについて同意があるという理由で被害者の同意の有効性を認めるのは，「法益関係的錯誤の理論」の帰結です（→56頁）。しかし，住居侵入罪についてこの理論を適用するなら，居住者としては，およそ立入りを認めるかどうかの二者択一的な決定しかできず，人の属性・立入りの目的に関し条件をつけてもそれはいっさい法的に無意味であると考えることになるでしょう。

079

ついては，平穏侵害がないという理由でこれを否定するという結論を導くのです。これに対しては，「平穏を害する態様」かどうかの基準があいまいであるという批判がありえますが，行為者の目的が明らかになった段階で（退去要求を前提として）不退去罪の成立を認めることにより十分な保護になるかどうかで区別するということが考えられるでしょう。

すなわち，〈ケース2〉のような場合については，退去要求は無力であり，ひとたび住居に入られたからには，不退去罪により保護されるといっても意味がないと思われます。これに対し，〈ケース3〉のような場合については，行為者の目的が明らかになった段階で退去要求を行うことにより不退去罪による保護が可能となり，それで足りる（住居侵入罪の成立を認めるまでもない）のではないかと考えられるのです。

判例は，〈ケース2〉のような場合について住居侵入罪の成立を認めています（→57頁注14））。たしかに，このケースにおいて本罪の成立を肯定する判例の見解は妥当なものと考えられます。被害者が置かれた立場を実質的に考慮するとき，ひそかに立ち入ろうとする侵入行為からは保護されるが，巧妙に偽装された行為からは保護されないというのは，理由のある区別とはいえません。しかも，たとえば行為者が殺人，強盗，強制性交等の目的を隠して立ち入った場合については，事後の退去要求は，かりにこれを行ったとしても無力でしょう。

しかしながら，判例は，進んで，〈ケース3〉のような事例についても，本罪の成立を認める傾向にあります。判例は，特に，多くの人の出入りが最初から予定された建造物，たとえば，官公署，競技場，銀行等への立入りについて，管理者の事実的・推定的意思に反すると認められる限り，建造物侵入罪の成立を認めているのです。一例をあげれば，最高裁判例（最決平成19・7・2刑集61巻5号379頁）は，ATM機利用客のカードの暗証番号等を盗撮する目的でATM機が設置された銀行支店出張所に営業中に立ち入る行為について，それが同所の管理権者である銀行支店長の意思に反するものであることは明らかであるとし，その立入りの外観が一般のATM機利用客と異なるものでなくても，建造物侵入罪が成立するとしています。このような考え方によれば，万引き目的でデパートに入る行為も建造物侵入罪を成立させるということになってしまうでしょう[26]（→Column「**社会的存在としての人の保護**」83頁）。

080　Introductory Lectures in Criminal Law : Specific Offences

不倫事例（姦通事例）

Coffee break

　コーヒーを飲みながら考えるのは適当ではないのですが、ここで不倫事例（姦通事例）について考えてみましょう。甲がその妻Aの留守中に、不倫相手の乙を住居内に立ち入らせたというケースがそれです（逆に、妻が夫の留守中に不倫の相手を住居内に招き入れたという事例でもまったく同じです）。現在では、この種の事例における乙に住居侵入罪は成立しないとするのが一般的な見解です。その結論を支える根拠としては、①現実にそこにいる居住者（の1人）が同意している以上、「侵入」とはいいにくいこと、また、②夫婦間の意見の対立は内部的な問題であり、外部の人（ここでは乙）の不利益になるような方向で考慮すべきではないことがあげられましょう。しかし、そのいずれの理由も決定的なものとは思われません。私は、不可罰とする根拠がどこにあるのかを考えていくと、どこかで行き詰まってしまうように感じています。

　乙の立入り行為が、甲と**平等に住居権をもつ**Aの意思に反することは明らかです（推定的同意があるとすることは到底できないでしょう）。そこで、住居侵入罪の成立を否定するためには、現実に在宅する者の意思が決め手になるというほかはありません。しかし、その根拠は明らかであるとはいえないのです。もし現実にその場にいない限り住居権は「潜在化」する（その場を離れると住居権は弱まる）というのであれば、留守中で誰もいない住居に犯人が侵入する場合にも、本罪の成立を肯定しにくくなるということになりかねません。

　同居者については、他の住居権者との関係で住居権の行使が制約されるという理由づけにも疑問があります。複数の人が現にそこに居合わせる場合、または居住者全員が不在の場合、共同の生活空間への立入りは、居住者全員の意思の合致がなければ許されないはずであり、他の居住者との関係で権利の行使が制約される理由はないように思われるのです（現在する人のうちの1人でも立入りに同意していれば本罪は成立しないとする見解もあるのですが、それは個々人の生活利益を無視した反個人主義的立場ではないでしょうか）。

　そうであるとすれば、不倫事例では、非在宅者Aも自分の生活空間に立ち入られないことについて法的利益をもつとはいえるが、いま現在、住居を利用する甲の利益が不在者Aのその利益を上回ることによって住居侵入罪の成立が否定されるとでも考えることになります。しかし、このような場合の甲の利益がAの利益に優越すると本当にいえるのかどうか、かなり疑問があります。

　このように考えてくると、不倫事例の不可罰性の論証はかなり難しいといえます*。読者の皆さんはどのようにお考えでしょうか。

　＊　可罰性を肯定するのは、たとえば、大塚・各論119頁です。

V 終了のチャイムが鳴る前に

刑法による自由の保護に関連して，私が思い起こすのは，ある監禁事件です。ニュースでも大きく取り上げられたその事件では，犯人が下校途中の 9 歳の女子小学生を無理やり拉致し，9 年 2 か月もの長期にわたり自宅の部屋内に監禁し続けたのでした[27]。このケースで成立する監禁罪は「自由」に対する罪です。しかし，その行為は，単に自由を剝奪したというばかりでなく，被害者の人生そのもの（そして，愛するわが子を奪われた両親の人生）に対して，もはや取り返しのつかないダメージを加えるものであったといえましょう。自由に対する罪は，時に他人の「人生を破壊する」だけのポテンシャルを備えているのです（なお，この事件を 1 つの契機として，2005〔平成 17〕年の刑法一部改正により，監禁罪の法定刑の上限〔懲役の長期〕が 5 年から 7 年に引き上げられました〔→ 69 頁以下〕）。

他方で注意すべきことは，すでに前回の第 3 講「被害者の同意をめぐる諸問題」でも触れたように，自由に対する罪においては，**その行為が被害者の意思に合致するとき，もはや法益侵害そのものが認められない**ということです（→ 46 頁）。したがって，個人の自由が侵害されたかどうかの判断は，それが被害者の意思に反するものであったかどうかという（行為の客観面から確認することがしばしば困難な）判断により左右されることになります。そこで，個別のケースの諸事情を考慮しつつ，果たして刑法的保護に値する自由の侵害が肯定されるかどうかを慎重に検討することが必要となるのです。

26）住居権説の立場をとりながらも，立入りの目的に関し居住者をだまして立ち入ったときは，有効な同意はなかったことになるとして，判例の結論を支持する見解も存在します（たとえば，大谷・各論 134 頁以下，川端 217 頁以下）。この見解によれば，〈ケース 2〉と〈ケース 3〉のいずれについても，住居侵入罪が成立することになります。たしかに，判例の立場はこのような立場に近いといえましょう。いずれにしても，住居権説によるときは，立入りが意思に反するかどうかが唯一決定的な判断基準となるので，立入りそのものについて同意がある限り住居侵入罪はいっさい成立しないとするか，またはおよそ錯誤がある限り意思に反することに変わりはないから，必ず本罪を成立させるかのどちらかの結論とならざるをえないのです。

27）最判平成 15・7・10 刑集 57 巻 7 号 903 頁。この事件の法律上の争点について関心のある読者は，井田良「併合罪と量刑──『新潟女性監禁事件』最高裁判決をめぐって」ジュリ 1251 号（2003 年）74 頁以下（同『変革の時代における理論刑法学』〔慶應義塾大学出版会，2007 年〕229 頁以下）をお読み下さい。

第4講 自由とその保護

社会的存在としての人の保護

Column

　刑法典は，34章に「名誉に対する罪」を規定し（230条以下），次の35章に「信用及び業務に対する罪」を規定しています（233条以下）。これらの処罰規定により保護される法益である**名誉・信用・業務**は，それぞれ密接な関係にあります。名誉とは，人に対する社会的評価のことをいいます。信用とは，経済的側面における人の社会的評価（支払能力・意思，商品の品質等に対する社会的信頼）であり，財産的利益に近い性格をもちますが，人に対する社会的評価であるという点で，名誉の一種ということも可能です 。信用とならんで保護されているのは業務であり，信用に対する罪と業務に対する罪とは，ともに人の経済活動の保護に役立つ面があります。信用および業務に対する罪が，財産犯の規定の直前に置かれていることは，それらが経済活動を保護する機能をもつことを考えるとき，十分な理由のあるところといえましょう。
　このようにして，名誉・信用・業務は，人の人格的利益ではありますが，**社会的存在としての人**ないし**社会的活動の主体としての人**に注目した法益ということができるのです。

　次の第5講とその次の第6講では，財産犯をテーマとして，刑法による財産的法益の保護について論じたいと思います。読者の皆さんは，刑法各論を学ぶにあたり，その最難関のルートにさしかかることになります。講義を担当する私のほうも，心して臨み，平易かつ正確な説明に努めたいと思っています。

083

Introductory Lectures
in Criminal Law
Specific Offences

第 **5** 講

財産犯総論

I　はじめに

　刑法は，財産をどのように保護しているか。——この問題は，数多ある刑法
学の重要問題の中でランキングをつくるとすれば，その上位にランクインする
ことでしょう。法科大学院の学生が刑法をきちんと理解したかどうかを試すた
めに試験をするときにも，それはまさに格好な問題の１つであるに違いありま
せん。**刑法による財産の保護**は，刑法の政策的側面と理論的側面と法技術的側
面が交錯するテーマであり，ここにおいてこそ刑法学の真の理解が試されるの
です。

　個人的法益の中で，財産という法益は，一般的にいえば最も価値の低い法益
であり[1]，しかも，民法という手段を用いることにより，ある程度まで事後的
な損害の回復が可能です[2]。しかし，他方で，財産の価値は，そのために人が
自由を犠牲にすることもいとわないほど高いものがあります（学生諸君がバイ
トに精を出すのも，自由を犠牲にして金銭を得ようとするものにほかなりません）。

---

　1)　財産は，個人的法益の中で，最も下位に位置づけられています。刑法典における配列の順序
を見ても，財産を保護する財産犯は末尾に置かれていますし（235条以下），また，37条・222条・
223条における法益の列挙においても，その最後に挙げられているのです。なお，個人的法益の中
で，財産という法益は，生命・身体・自由・名誉といった人格的法益と異なり，**一身専属性がない**
という点で，特別な性格をもっています。

085

経済的に裕福であるがゆえに，健康や生命の維持・保全が可能になる状況も容易に想像できましょう。犯罪統計を見れば，財産犯，特に窃盗は，認知される犯罪の件数の上でも，断トツに多いのです。財産は，最も侵害されやすい法益であり，「犯罪者にとっても最も魅力的」な法益なのです（→ Column「刑法犯の実態と窃盗のもつ意味」87 頁）。

　刑法が**財産的法益をどこまで保護し，どこから保護しない（せいぜい民事法による保護にゆだねる）**のかという根本問題をめぐっては，刑法の歴史とほぼ重なるくらいの長い間，法律家たちが知恵をしぼってきており，その何世紀にもわたる議論と試行錯誤の 1 つの成果として，現行刑法の処罰規定が存在します。当然のことですが，それはよく考えられており，きちんと理解できれば，「感動モノ」ですらあります。

　今日の講義では，現行刑法が財産をどのような形で保護しているかについて説明し，同時に，なぜそういう規定になっているのか，その基礎にある考え方を明らかにしたいと思います。オーソドックスな通説的理解に従って述べるよう努めますが，読者の皆さんが読んでいる教科書とは，説明の仕方が少々異なるかもしれません。そのときでも，以下の講義を読むことで，教科書に書かれていることへの理解が格段に深まるものと信じています。

II　現行刑法による財産の保護

1　概　観

　現行刑法の財産犯規定は，235 条から 264 条まで（したがって，刑法典の最後まで）です。まずおさえるべきことは，財産の侵害は，**故意によるもののみ**が処罰の対象となっており，過失による財産侵害は処罰されないということです。被害の回復は，民法に基づく損害賠償によるほかはありません[3]。

　そのことを前提として，財産犯規定の理解のためには，**2 つの視点をもつこ**

　2）　財産犯の訴追と処罰においては，行為者が被害者に対し損害賠償を行ったかどうかがきわめて大きな意味をもちます。財産犯については（ただし，強盗罪のような，人身に向けられた犯罪としての側面をもつものは別論です），損害の補てんが十分になされる限り，訴追と処罰が行われることはむしろ例外的でしょう。とはいえ，それは成立した犯罪の訴追と処罰が差し控えられるということにすぎず，犯罪そのものが成立しないということではありません（→ 5 頁，203 頁）。

086　Introductory Lectures in Criminal Law : Specific Offences

第5講 財産犯総論

刑法犯の実態と窃盗のもつ意味

Column

　犯罪情勢および犯罪者処遇の実情を知るためには，犯罪に関する統計を用います。種々の犯罪統計から重要な部分を選び出して編集したものが『犯罪白書』です。それは，刑事司法の現在の姿を，統計資料に基づいて記述し，また分析・検討した，諸外国に例を見ない総合的な資料集です。法務省に設置された研究・研修機関である法務総合研修所（法総研）の編集によるもので，毎年末に，発表・公刊されます。

　最も新しい平成29年版の犯罪白書を見ますと，刑法犯（それは，刑法典の犯罪に，若干の特別刑法上の犯罪を加えたものです）の認知件数は，2016（平成28）年で99万6120件でした。**認知件数**とは警察が認知した犯罪の数のことですが*，刑法犯の認知件数は，2002（平成14）年をピークに**14年連続で減少**したことになります。認知件数の変化に大きな意味をもつ（いいかえれば，その増減が全体数に如実に反映する）のは窃盗罪です。窃盗は，何と**全体の72.6％**を占め，これに器物損壊罪の10.1％を加えますと，この2罪種で，全体の83％近くを占めることになります。最近14年の認知件数の減少は，何より窃盗のそれの際立った減少によるものなのです。

　＊　**犯罪発生の実数**を明らかにできればいいのですが，それは無理な話です。たとえ神様であっても，そのすべてを把握しきれるものではないでしょう。犯罪白書も，昭和56年版以降，犯罪の「発生件数」ではなく，「認知件数」という用語を使用することとしています。

とが必要不可欠です。1つは，財産犯の**客体**に注目することです。刑法は，財産を**財物**と，それ以外の**財産上の利益**とに分けて保護しています。そして，財物はかなりパーフェクトに保護しているのですが，これに比べて，財産上の利益の保護の範囲はより狭くなっているのです。ここでも，刑法的保護の対象とならない領域については，民法による保護にまかされることになります。

　もう1つは，**行為の目的および行為の（客観的）態様**に注目することです。まず刑法は，領得目的（簡単にいえば，他人のものを自分のものにしてしまおうとする利欲的目的）による**領得罪**と，毀棄目的（壊してやろう・使えなくしてやろ

　3）　そもそも，刑法が過失による侵害から保護しているのは，生命と身体という法益のみであり，209条・210条を見れば分かるように，故意犯と比べて過失犯の刑は原則として著しく軽くなっています。

087

うという目的）による**毀棄罪**とを区別し，前者の領得罪の処罰を中心としていると解されます。刑法典の規定を見ると，235条から257条まで（36章から39章まで）の規定に含まれる処罰規定は，基本的に領得罪に関わるものであり，毀棄（・隠匿）罪の規定は，258条以下（40章）にすぎません。領得罪の方が処罰の範囲が広く，また刑もより重くなっています。

　次に刑法は，財産侵害の手段として**占有の侵害**があったかどうかにより，取扱いを大きく区別しています[4]。**占有**（それは**所持**とも呼ばれます）とは，物に対する事実上の支配ないし管理のことですが，現にその物を支配・管理している被害者からその物の支配・管理を奪い，移転させる形態の**奪取罪**（窃盗罪が奪取罪の典型ですが，そのほか，強盗罪・詐欺罪・恐喝罪があります）については，**非奪取罪である横領罪**と比べて，より重く処罰しているのです。奪取罪の中では，**占有奪取の手段・態様**により，さらに窃盗罪・強盗罪・詐欺罪・恐喝罪が区別されます。

　このように，刑法は，財産が侵害されたという結果だけでなく，**行為の主観的態様**（故意か過失か，領得目的か毀棄目的か）と，**行為の客観的態様**（占有侵害があるか，いかなる手段により占有を侵害したか）を重視して，財産犯の類型をきめ細かに区別しています。以下では，まず財産犯の客体としての財物と財産上の利益について（**2**），次いで，行為目的・行為態様に注目した区別について（**3**）説明したいと思います。

2　客体──財物と財産上の利益

　刑法は，財産を保護するにあたり，これを財物（または「物」）と，財産上の利益とに区別し，財物の方をより手厚い保護の対象にしています。財物と財産上の利益とでは，保護の範囲と態様に違いがあることから，財物の意義を明らかにし，財産上の利益との限界をはっきりさせることが重要になります。

　4）　なお，それは**領得罪の中での区別**です。毀棄罪については，占有侵害の有無は法的重要性をもたないとするのが通説です。

第 5 講　財産犯総論

〈ケース 1〉
　甲は，A 社のもつ営業秘密としての顧客情報を盗用しようと考え，夜間，A
社のオフィスに忍び込み，顧客に関する詳細なデータがハードディスクに保
存・蓄積された A 社のコンピュータに，自分が携帯したモバイルパソコンを
接続して，データをパソコンのハードディスクにコピーしようとした。その
際，パソコンの残りバッテリーがわずかになったため，近くのコンセントにパ
ソコンの電源プラグをさし，30 分ほどかけてデータ全部のコピーを終えた。

　財物とは何かということをめぐっては，かつては有体性説と管理可能性説と
が対立していました。現在では，**有体性説**が通説となっています。この見解は，
空間の一部を占める物理的客体としての有体物のみが財物たりうるとします[5]。
物理的客体である限り，固体や液体のほか，気体（たとえば，ガス）も財物と
なりますが，固体でも液体でも気体でもない**電気，その他のエネルギー**それ自
体は，物ではないことになります。ただし，245 条が「この章の罪については，
電気は，財物とみなす」と規定していますので，36 章の罪（窃盗および強盗の
罪）については，**物ではない電気**も例外的に客体にあたることになります。こ
の「みなし規定」があるため，〈ケース 1〉の事例では，甲が A 社の電気を勝
手に使用した点につき（その被害が軽微なものであったとしても）窃盗罪（235
条）が成立します。

　有体性説によれば，245 条の規定は，それがなければ処罰できない電気窃盗
（盗電）行為を処罰できるようにした例外的な規定（処罰創設規定）です。245
条は，詐欺罪と恐喝罪に準用されますので（251 条），電気は詐欺罪・恐喝罪の
客体にもなります。これに対し，横領罪や器物損壊罪については 245 条は準用
されていないので，電気はその客体にならない，ということになるのです[6]。

　5）　なお，民法 85 条は，「この法律において『物』とは，有体物をいう」と規定しています。
　6）　これに対し，管理可能性説は，物理的に管理可能なものであれば，有体物でなくても財物た
りうると主張します。この見解によれば，電気についても管理可能性が認められますが，電気は最初
から財物（物）であることになり，245 条はなくてもよい規定（注意規定）にすぎず，横領罪や器物
損壊罪についても，その客体に電気が含まれることになります。電気以外のエネルギーについても，
管理可能性説によれば，財物罪の客体とされうることになります。

089

なお，**電気以外のエネルギー**については，有体性説によれば，およそ財物罪の客体とならないことになります（ただし，電気以外のエネルギーそれ自体を盗むケースとして，いったいどういう事例が考えられるのかは明らかではありません）（→Column「**有体性説と管理可能性説**」91頁）。

　財産上の利益とは，人の財産の中で財物をのぞくすべてをいいます。財物が有体物であるとすれば，財産上の利益は，有体性をもたない無形の財産ということになるでしょう。財産上の利益を得ることの中には，たとえば，債権を取得すること，債務の履行をまぬがれること，役務・サービスの提供を受けること，無形の財産的利益である財産的情報，ノウハウ，企業秘密，重要なデータ等を取得することなどが含まれます。

　財物と財産上の利益の限界は，しばしば難しい問題となります。銀行の預金通帳は財物ですが，当該銀行との関係で預金債権をもつことは財産上の利益です。ダイヤモンドの指輪は財物ですが，それがもつ使用価値（人の役に立つこと）は財産上の利益です。会社が集めた顧客情報を記載した分厚いファイルは財物ですが，顧客情報そのものは財産上の利益です。〈ケース1〉について見ると，コンピュータのハードディスク内のデータそのものは無形の財産にすぎませんから，その点では，甲は財物を得たことにはならないのです[7]。

　刑法は，**財物と財産上の利益とで，その保護に関しどのように異なった取扱いをしている**でしょうか。刑法は，財物についてはかなり手厚く保護しているのですが，財産上の利益については，かなり控えめな態度をとっています。刑法上の財産犯のうち，客体として財産上の利益を予定しているもの（**利得罪または利益罪**）は，236条2項の強盗罪，246条2項の詐欺罪，249条2項の恐喝罪にすぎません。いずれも，2項に規定されていることから**二項犯罪**と総称さ

　7）ちなみに，**不動産**も「財物」であり，「物」です。ただ，窃盗罪（235条）と強盗罪（236条1項）においては客体にはなりえないと考えられます。なぜなら，たとえ不動産が財物であるとしても，物理的に動かすことのできない不動産を「窃取」ないし「強取」することはできないからです。他人の不動産を奪う行為については，不動産侵奪罪（235条の2）の規定が適用されます。ただ，強盗的手段を用いて不動産を奪ったとき，二項強盗（236条2項）による処罰は可能でしょう。その他の財物罪，たとえば，一項詐欺罪や一項恐喝罪（→115頁以下），横領罪（→121頁以下）などとの関係では，「窃取」や「強取」の文言にともなう制約がありませんので，不動産もその客体に含まれると考えることができます。不動産を騙し取ったり，脅し取ったり，横領したりすることは問題なく可能なのです。

第5講　財産犯総論

有体性説と管理可能性説

Column

　現行刑法の前の旧刑法 366 条の窃盗罪規定は，「人ノ所有物ヲ窃取シタル者ハ窃盗ノ罪ト為シ 2 月以上 4 年以下ノ重禁錮ニ処ス」と定めていましたが，そこには，現行 245 条のような，電気を物とみなす「みなし規定」がありませんでした。当時の最上級裁判所であった大審院は，ある電気窃盗事件について窃盗罪の成立を認めるにあたり，**管理可能性説**をとり，電気も「所有物」に含まれるとしたのでした（大判明治 36・5・21 刑録 9 輯 874 頁）。

　その後，現行刑法の下においても，通説は管理可能性説によっていたのですが，次第に有体性説が有力となり，現在ではそれが支配的見解です。判例・実務も，これを否定するものではないでしょう。

　有体性説の解釈上の根拠は，245 条が特に「みなす」と規定したのは（この種の法技術を，法律上の「擬制」と呼びます）**本来は物でないことを論理的に前提**としていること，有体物以外のものに向けられた行為の処罰の必要性に疑問があることなどの点にあります。有体性説によれば，①電気以外のエネルギーは，窃盗・強盗，詐欺・恐喝の各財物罪の客体とはなりえませんし，②横領罪や毀棄罪については，そればかりでなく，電気も客体とならないのです。

　なお，刑法が，窃盗罪・強盗罪・詐欺罪・恐喝罪については「財物」といい，横領罪（252 条以下）と器物損壊罪（261 条）の客体を「物」といって区別しているのは，245 条の適用・準用があるものと，そうでない物を区別する趣旨であるといわれることもあります。

れ，それぞれ**二項強盗罪，二項詐欺罪，二項恐喝罪**と呼ばれます（強盗利得罪，詐欺利得罪，恐喝利得罪といわれることもあります）。注目すべきことは，**235 条に 2 項が存在しない**ことです（→ Coffee break「二項強盗か，強盗的恐喝か」93 頁）。

　すなわち，財産犯の中でも最も基本的な犯罪類型である窃盗罪（235 条）は，財物（のみ）を保護する**財物罪**であり，客体は財物に限定されます。刑法は，財産上の利益に対する窃盗（すなわち，**利益窃盗ないし権利窃盗**）を原則として処罰の対象としていないのです。**利益窃盗が原則的に不可罰**であることはきわめて大きな意味をもっています。財産上の利益に対する**領得目的による侵害**は，暴行や脅迫を用いたり（236 条 2 項），詐欺的手段を用いたりした場合（246 条 2 項）等にのみ利得罪として処罰の対象となるのです[8]。また，財産上の利益に対する**毀棄目的による侵害**は，背任罪（247 条）にあたる場合をのぞいて処罰されません。〈ケース 1〉にもどりますと，甲が無形のデータを得た行為その

091

ものは利益窃盗行為にすぎず，刑法上の犯罪にはならないのです[9]。

　刑法が，**財物と財産上の利益の取扱いをこれだけ大きく区別していること**の理由が問題となります。まず考えられるのは，現行刑法の制定当時には，現在のように無形の財産が大きな経済的意味をもつことは予想されていなかったという事情でしょう。また，財物が侵害されたかどうかは客観的事実として明らかですが，無形の財産の侵害そのものは客観的に明白な事態でないということも重要だと思われます。そこで，犯罪として捕捉するためには手段の違法性（暴行や脅迫や欺く等の違法な手段が用いられたかどうか）に注目することが必要になるわけです。しかし，おそらく最も決定的な理由は，単純な財産的利益の侵害（利益窃盗）をも犯罪とするならば，**民法上の債務不履行**（たとえば，借金を期限までに返さないこと）がただちに犯罪となりかねず，それは明らかに行き過ぎであり，社会的に耐えがたい事態を引き起こすであろうと考えられることです。

3　行為目的と行為態様

　現行刑法の財産犯処罰規定の大きな特色は，**領得罪の処罰**を中心とし，毀棄罪の処罰はあくまでも二次的としているところに見られます。いいかえれば，刑法は，他人のものを自分のものにしてしまおうとする領得目的に基づく財産侵害行為を主たるターゲットとし，これに対しては厳しい対応に出ており，破壊目的による財産侵害行為に対してはやや寛大な態度をとっている，と理解することができるのです。

　領得罪の典型である窃盗罪（235条）と，毀棄罪の典型である器物損壊罪（261条）とを比較してみましょう。両者を比べたとき，結果の重大性という点では，後者が前者にまさることもあるでしょう。盗まれるよりも，損壊・傷害される方が，被害者にとりダメージの大きいことは稀ではないのです。それにもかかわらず，窃盗罪の法定刑の方がはるかに重く規定されています（上限は窃盗の懲役10年に対し，器物損壊は懲役3年です）。そればかりか，窃盗につい

　8）　もっとも，246条の2により処罰される**電子計算機使用詐欺**の行為は，一種の利益窃盗行為です（→118頁）。

　9）　ただし，特別法である不正競争防止法（平成5年法律第47号）による処罰の対象となります。同法の21条1項1号を参照して下さい。この規定も利益窃盗行為の処罰を含むものです。

二項強盗か，強盗的恐喝か
Coffee break

　はじめて財産犯を学ぶ読者の皆さんにとり，「二項強盗罪」というのは，かなり違和感のある言葉であるかもしれません（もちろん，慣れてしまうと，何とも思わなくなるものなのですが）。二項強盗の典型例はタクシー強盗であり，タクシーで目的地に到着し，代金を請求された客が，運転手に対し暴行・脅迫を加えて，これを反抗不能とし，事実上，代金の支払をまぬがれてしまうようなケースです。物を奪っているのではないので，「無理やり盗む」という強盗の概念からは外れる感じがあるのです。

　現に，ドイツ刑法は，強盗罪をもっぱら財物罪として規定し，日本でいう二項強盗は，「強盗的恐喝罪」という恐喝罪の加重類型（255条）により処罰しています。このような位置づけは，強盗（Raub）というのは「無理やり奪い取る」ことであって，債務をまぬがれることは強盗にはあたらず，本質的には恐喝（すなわち，財産的不利益の甘受の強要）であるという考え方に基づくもののようです。

ては未遂も処罰されますが（243条），器物損壊については未遂は処罰されません。また，窃盗罪は非親告罪ですが，器物損壊罪は親告罪です（264条）。器物損壊罪については，窃盗罪と異なり，被害者の意思のいかんにかかわらず刑事訴追を行うほどの公的利益が存在しないと考えられていることになります（→総論79頁）。さらに，前述したように，**財産上の利益に対する毀棄目的による侵害**は，背任罪（247条）にあたる場合をのぞいて処罰されないのです。

　このような領得罪と毀棄罪の取扱いの違いは，他人のものを自分のものにしたいという利欲目的の行動に出る衝動に駆られる人は多いが（利欲的衝動は，人々が労働したり，勉学に励むことの基礎にあるものでもありましょう），他人のものを壊してしまおうという破壊的衝動に駆られる人はそれほど多くないという洞察に基づくものといえましょう。不法な領得行為こそを強く禁止しなければ，効果的な財産的法益の保護はおよそ不可能です。刑法の一般予防目的（人々の犯罪を一般的に広く抑止する目的）の達成のためには，領得罪の方がより強い禁止を必要とし，逆にいえば，それをより強く禁止しなければ，財産的法益を十分に保護できないという考え方がそこにあるのです。

　刑法典の規定を見ると，前に述べたように，235条から257条まで（36章か

ら39章まで）の規定に含まれる処罰規定は基本的に領得罪に関わるものであり，毀棄（・隠匿）罪の規定は，258条以下（40章）にすぎません。ただ，領得罪の中でも，窃盗罪・強盗罪・詐欺罪・恐喝罪と，横領罪とでは性格が異なっています。横領罪は，領得目的が実現された場合を処罰するものでいわば**領得罪の既遂類型**です。これに対し，窃盗罪・強盗罪・詐欺罪・恐喝罪は，領得目的をもって財物の占有を移転させるだけで[10]（したがって，領得目的が実現される以前に）処罰する**領得罪の未遂類型**なのです。これらの犯罪については，**不法領得の意思（目的）**という主観的要素が重要な構成要件要素となります（後出のⅣを参照〔→103頁以下〕）。

　行為目的と並んで，**占有侵害の有無およびその方法という行為態様**も重要な意味をもちます。いまちょうど見たところですが，窃盗罪・強盗罪・詐欺罪・恐喝罪と，横領罪とでは，占有侵害が構成要件要素になっているかどうかという点において大きな違いがあります。占有侵害をともなう領得罪のことを奪取罪といいますが，窃盗罪が奪取罪の典型です。後に述べますように，窃盗罪は他人の所有権を侵害する犯罪ですが（そのことは，すべての領得罪に共通することです），それが占有侵害という態様において行われる点で奪取罪として性格づけられるのです。窃盗罪は，占有侵害を手段として所有権を侵害する犯罪であり，所有権と占有の2つの法益を同時に侵害する犯罪です（242条は占有侵害のみで窃盗罪が成立する例外的場合ということになりますが，この点については，Ⅲ-**2**のところで詳しく説明します〔→96頁以下〕）。これに対し，**非奪取罪である横領罪**は，所有権侵害のみを内容としており，占有を奪うという要素を含んでいません。たとえば，委託物横領罪（252条）について見ますと，借りた物や預かった物を自分の物にしてしまう（たとえば，売却してしまう）場合に成立します。ここでは，信頼関係（委託信任関係）を裏切って所有権を侵害する行為が行われているのですが，それでも，窃盗罪に比べると刑がずっと軽くなっています（窃盗罪の法定刑の上限は10年の懲役ですが，横領罪については5年の懲役です）。刑法は，それだけ**占有侵害の要素を重視**しているということができ

　10）　また，利得罪（二項犯罪）については，領得目的で財産上の利益を得ただけで，犯罪が成立します。

ます。

　窃盗罪・強盗罪・詐欺罪・恐喝罪は，すべて奪取罪であり，占有の侵害を要素としている点で共通しています[11]。ただ，それらは相互に占有奪取の手段・態様により区別されます。占有を単純に奪うのが窃盗罪であり，暴行または脅迫を用いて無理やり奪い取るのが強盗罪であり，騙し取るのが詐欺罪であり，暴行または脅迫を用いて脅し取るのが恐喝罪です。単純盗取か，強取か，騙取か，喝取かという点で，これらの犯罪は区別されます。これらの奪取罪をグループ分けしますと，窃盗罪・強盗罪は，物の占有者の意思に反して占有を奪うものであり，詐欺罪・恐喝罪は，物の占有者の意思に基づいて（ただし，騙されたり脅されたりした上での瑕疵ある意思に基づいて）占有を移転させるものです。そこで，**盗取罪**（窃盗罪と強盗罪）と**交付罪**（詐欺罪と恐喝罪）とが区別されるのです（→ Column **「財産犯の体系」** 97頁）。

Ⅲ　財産犯の保護法益

1　議論の意味

　財産犯の保護法益は何かといえば，それは財産です。たしかに，強盗罪などは財産を侵害するだけではありません。それは，暴行または脅迫という，それ自体が犯罪となる行為を手段として用い，被害者が反抗できないようにして無理やり財物を奪う（または財産上の利益を得る）犯罪であり[12]，それだけ重い法定刑が規定されており，そこでは被害者の身体や自由も保護法益に含まれます。ただ，強盗罪は，人身犯罪としての側面を強くもつ犯罪であり，身体や自由の保護はむしろ人身犯罪としての側面に対応する部分なのです[13]。した

　11）　なお，財産犯の客体には財物だけでなく，**財産上の利益**もあります。これについては，占有の侵害ではなく，財産上の利益に対する支配・管理を奪って，支配・管理を移転させることが占有移転に対応する要素ということになります。

　12）　強盗罪は，それ自体として犯罪となる暴行または脅迫という手段を用いて，それ自体が窃盗罪として犯罪となる財物の占有奪取を行うところの犯罪であることから，**結合犯**と呼ばれます。いいかえれば，暴行罪または脅迫罪＋窃盗罪＝強盗罪というイメージです。

　13）　強盗罪は，警察統計においては，殺人・放火・強制性交等とならんで**凶悪犯**として分類されています。その認知件数の多さは，一国の治安の悪さの程度を示すバロメーターとなっているのです。

がって，財産犯の保護法益は財産であるという答えは間違いではありません。

　ただ，財産犯の保護法益ということで特に議論があるのは，財物罪のうちで占有移転をともなう**奪取罪**についてです。そこでは，**242条の「みなし規定」**の解釈と，242条とこの規定が適用される235条等の規定との相互関係が問われます。242条は，そこにいう「この章の罪」である窃盗罪・不動産侵奪罪・強盗罪に適用され，さらに詐欺罪・恐喝罪にも準用されます（251条を参照）。これらの，占有侵害を犯罪の要素（構成要件要素）に含む犯罪において，保護法益は所有権なのか，それとも占有なのか，そして，占有も保護されるとして，どの範囲の占有まで保護されるのかが議論の対象となっています（これに対し，占有侵害を要素としない**横領罪〔252条以下〕の保護法益が所有権**であることについては異論の余地がありません）。

　本講では，論争の細部にまで立ち入ることはできません。ここでは，窃盗罪を取り上げ，235条と242条のそれぞれの解釈に関する，判例と最近の学説に基づく1つのオーソドックスな理解を示すにとどめ，反対の見解については，軽く触れるだけにしたいと思います。

2　235条における所有権の保護と占有の保護

　窃盗罪を規定する235条にいう「他人の財物」とは「他人の所有物」のことであり，窃盗罪は（242条のみなし規定が適用される場合を例外として）所有権侵害がなければ成立しないと解すべきでしょう。その意味では，**窃盗罪の第一次的法益は所有権**にほかなりません[14]。個人の財産のうちで所有権は根本的に重要なものですから，それが刑法による保護対象の中核をなすべきものであることは当然なのです。ただ，奪取罪であり，占有侵害をも構成要件要素とする窃盗罪は，所有権に加えて，**同時に占有をも保護**しており，その限りで占有も

　14）　ただ，窃盗行為が所有権を侵害するといっても，窃取という事実行為により，法的な権能である所有権そのものが否定されるものではなく，**所有権の機能が事実上害されうる**にとどまります。したがって，厳密には，窃盗罪等の奪取罪は所有権に対する危険犯であるといえましょう。ちなみに，利得罪において，財産上の利益を得たというとき，それが民法上有効である必要はありません。たとえば，債権の取得といっても，取得した債権が民法上有効である必要はなく，債務の履行をまぬがれるといっても，民法上有効に債権が消滅する必要はないのです（一例をあげれば，被害者を脅し畏怖させて契約書にサインさせたというとき，民法上，契約が無効であったり取消可能であったりしても，行為者は，事実上，財産的利益を得たといえるのです）。

財産犯の体系

Column

　ここでは，本文で説明したことを前提として，235条以下に規定された財産犯（または財産罪）の全体をながめることにしましょう。それぞれの詳細については，次回の第6講「財産犯各論」において説明します。

　まず，財産犯は，その**客体の区別**に従い，大きく財物罪と利得罪とに分類されます。ただし，背任罪（247条）は，そのいずれかに分類することが困難です。そこでは，規定の上で，行為客体が明示されておらず，財物と財産上の利益のいずれを侵害する場合も含んでいるのです。

　財産犯は，**行為態様**の面からは，まず領得罪と毀棄（・隠匿）罪とに区別されます。このうちの領得罪は，占有の移転（物に対する事実上の支配ないし管理の取得）をともなう奪取罪と，占有侵害を内容としない横領罪とに区別されます。奪取罪は，さらに，被害者の意思に反して占有を奪う盗取罪（窃盗罪・強盗罪）と，被害者の（瑕疵ある）意思に基づいて占有を移転させる交付罪（詐欺罪・恐喝罪）とに区別されます。

　領得罪については，これを直接領得罪と間接領得罪とに分けることができます。ここまで出てきた領得罪はすべて直接領得罪ですが，盗品等に関する罪（256条）は**間接領得罪**なのです。盗品等に関する罪が間接領得罪と呼ばれるのは，それが，他人（本犯者）が窃盗罪等の領得罪によって物を得てきたことを前提として，その物につき，さらなる領得行為を行う犯罪だからです。典型例は，窃盗犯人が盗んできた高価な貴金属を犯人から買い受ける行為です（盗品の有償譲受け。かつては贓物故買と呼んでいました）。

　財産犯を**個別財産に対する罪**と**全体財産に対する罪**とに分類することがあります。前者においては，個々の財物または個々の財産権（たとえば，債権）が侵害されただけで犯罪の成立が認められますが，後者においては，被害者の財産状態が（収支をプラスマイナスした結果）全体として悪化しなければ犯罪は成立しません。わが国の刑法においては，**背任罪**のみが全体財産に対する罪で，それ以外はすべて個別財産に対する罪とされています。

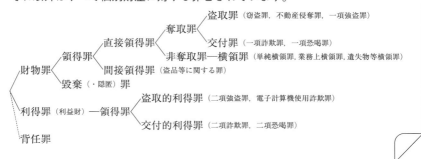

235条の保護法益に含まれます。そして，保護法益の中に占有も含まれること
において，窃盗罪は，非奪取罪である横領罪と区別されるのです。

〈ケース2〉
　甲は，Aが所有し，かつA自身が占有する高級な腕時計をAから盗んだ。
〈ケース3〉
　Bは，その所有する高級な腕時計をCに賃貸していたところ，乙は，Cの
占有するBの腕時計をCから盗んだ。
〈ケース4〉
　甲は，Aが所有し，かつA自身が占有する高級な腕時計をAから盗んだ。
その後，さらに丙が，甲が占有していたAの腕時計を甲から盗んだ。

　〈ケース2〉を見てみましょう。甲の行為は，目的において所有者Aのもつ
所有権の侵害に向けられ，手段・方法としてAの占有を侵害する行為です。
いいかえれば，甲が客観的に行っている行為は，Aから財物の占有を奪い，
自己の占有下に置く占有侵害行為です。これに対し，所有権侵害の要素は，行
為者がその物を自分の物として利用・処分すること（たとえば，すぐに時計を売
却して利益を得ること）を意図しているため，所有権が害される危険があると
ころに求められます。すなわち，窃盗罪の構成要件は，**財物の窃取（奪取）と
いう占有侵害の要素**と，領得の目的，すなわち**不法領得の意思という所有権侵
害の要素**（厳密には，所有権侵害の危険を基礎づける要素）とから成り立ってい
るのです。
　〈ケース3〉について見ますと，乙の行為は，腕時計についての所有権と，
賃借権と，賃借権に基づく占有の3つを侵害する（ないしは危険にする）行為
です。ただし，このうちの賃借権は，所有権から導かれるその機能の一部を権
利として構成したものと考えますと，〈ケース3〉における賃借権は，独立に
保護されるのではなく，所有権保護に含まれる形で保護されると考えれば足り
るでしょう。したがって，このケースとの関係でも，窃盗罪の保護法益は所有
権と占有の2つであるといえば，それで何ら問題はないのです[15]。
　このように，235条が，所有権という主たる法益と，占有という従たる法益
の2つを保護していると考えるとき，問題となるのは，〈ケース4〉です。こ
こにおける丙の行為が（〈ケース2〉および〈ケース3〉とまったく同様に）Aの

098　Introductory Lectures in Criminal Law : Specific Offences

所有権を侵害する（おそれをもつ）ものであることには疑いがありません。疑問となるのは，甲が窃盗犯人であることから，刑法上保護に値する占有侵害が認められるかどうかですが，甲の占有も，それ自体として法的保護を否定される理由はありません。甲は，その腕時計の所有者Aとの関係では民法上対抗できない（自分に所持を継続する権利があるとは主張できない）としても，それ以外の者との関係では（したがって，丙との関係でも）その占有の保護を（民法的にも刑法的にも，また全法秩序の観点からも）否定される理由はないからです（丙は，甲に対し民法上の権利を主張できるわけではなく，民事的手段により占有移転を要求できるわけでもありません）。〈ケース4〉における丙は，法的に保護された占有状態の下にある他人の所有物を侵害したものであり，窃盗罪の成立が認められなければならないのです。判例も，盗品を所持する者からそれを奪ったケースについて財物奪取罪の成立を肯定しています。

3　242条による占有の保護

　242条は，「他人の占有等に係る自己の財物についての特則」であり，「自己の財物であっても，他人が占有し，又は公務所の命令により他人が看守するものであるときは，この章の罪については，他人の財物とみなす」と規定しています。これは，所有者自身による自己の財物の取戻し行為について適用される例外的な規定です。今日の講義では，245条に続いて，再び「みなし規定」が登場することになります。**みなし規定**とは，本来は相互に異なる事柄（AとB）について，同一の法的効果を生じさせるため，（AとBとを）同一のものとして扱うという**擬制**を認める規定のことをいいます。242条の規定により，もともと行為者自身の所有物である物が，235条の適用上は，「他人の財物」として扱われることになります。

　財産犯（財物奪取罪）の保護法益をめぐり，**本権説と占有説（所持説）との間の対立**があり，判例は占有説の立場をとっているといわれます。この論争を

　15）　賃借権のような権利を，占有の裏づけとなる（占有を正当化する）民法上の権利ということで，本権と呼びます。そこで，窃盗罪の保護法益は，所有権およびそれ以外の本権と占有である，といわれることもあります。しかし，本文のように考えれば，端的に，所有権および占有が保護法益であるといえば足りることになります。

理解する鍵は，それがもっぱら 242 条（という特殊な場面に関わる規定）の解釈に関わるものであることをおさえることです。いいかえれば，242 条に関する占有説を，235 条の解釈にまで及ぼして，「窃盗罪はもっぱら占有を保護するものであり，所有権を保護法益とはしない犯罪である」と理解することは，規定の文言上も，理論上も，法政策的にも不可能であることを認識することです。その意味で，まさしく「占有説と本権説は，どちらも所有権と占有の双方を保護法益とする見解であり，両者は，どの範囲の占有を保護すべきかについて対立している」[16]にすぎないのです（→ Column「235 条と 242 条の関係」101 頁）。

　242 条は，所有権者による自己の財物の取戻し行為についてもこれを窃盗罪等として処罰することを認めるものです。したがって，235 条そのものは，**所有権の侵害がない限り適用されない規定**であるのに対し，242 条は，**占有侵害だけしか認められないケースでも窃盗罪等の成立を肯定**するものであり，占有保護の規定なのです。そして，この 242 条の特則による占有保護の範囲をめぐり，大きく 2 つの立場が対立しています。すなわち，本権による裏づけのある占有（賃借権等の，占有を正当化できる民法上の権利〔本権〕により裏づけられた占有）に限ってこれを保護すべきだとする**本権説**と，そのような限定を付さずに，事実上の支配状態のすべてについてこれを保護しようとする**占有説**です。

〈ケース 5〉
　甲は，AKB48 の最新 DVD を購入して保有していたが，同じ学生寮に住む A から，しばらく貸してほしいと頼まれ，1 週間 1000 円の約束でこれをレンタル（賃貸）した。A は，約束の期日が過ぎても，理由にならない言い訳ばかりして，いっこうに DVD を返そうとしない。甲は，ついに頭に来て，A の留守中に A の部屋に忍び込み，DVD を取り戻した。

　本権説によりますと，〈ケース 5〉の事案では，242 条の特則の適用が可能かどうかは，**先行問題としての民法上の権利関係の評価に依存・従属**することになります（そこで，本権説は「民法従属説」とも呼ばれるのです）。もし，賃貸

---

16)　佐伯仁志「財産犯の保護法益」法教 364 号（2011 年）105 頁。

100　Introductory Lectures in Criminal Law : Specific Offences

235 条と 242 条の関係

Column

　学説においては，242 条に関する占有説の立場を，235 条の解釈にまで及ぼして，「窃盗罪はもっぱら占有を保護するものであり，所有権を保護しない犯罪である」と理解するかに見える見解がこれまで有力に主張されてきました。これによりますと，242 条は処罰を拡張する例外的な規定ではなく，「注意規定」にすぎず，235 条の「他人の財物」とは「他人の占有する財物」を意味するというのです。

　しかしながら，それは**占有説の極端なまでの誇張**といわなければなりません。文言上，「他人の財物」を「他人の所有物」以外のものと理解することは困難であり，罪刑法定主義の原則の支配する刑法において，このような形で，みなし規定を注意規定（または定義ないし例示のための規定）として読むことは解釈の枠を逸脱するものです。

　また，実質的にも，個人の財産のうちで所有権のもつ根本的な重要性に鑑みれば，それは刑法による保護対象の中核をなすべきものでしょう。窃盗罪・強盗罪・詐欺罪・恐喝罪は占有のみを保護していて，所有権を保護していない（が，横領罪は所有権を保護している）などという解釈は不自然なものではないでしょうか。やはり，235 条等は所有権保護のための原則的規定であり，窃盗罪等は所有権侵害がなければ（原則として）成立しないと解することが妥当なのです。

　そして，このような解釈は，判例のそれとも一致します。最高裁判所も，242 条は窃盗罪等の「処罰の範囲を拡張する例外規定」であるとしているのです（最決昭和 52・3・25 刑集 31 巻 2 号 96 頁）。

借の期間が終了しており，A には甲との関係で DVD の占有の正当性を主張できる民法上の権利がないとしますと，その占有は 242 条により保護されるべき占有にはあたらず，その限りで，甲に窃盗罪が成立することはないということになります（住居侵入罪が成立するかどうかは別論です）。

　しかし，この結論に対しては，疑問がないではありません。法治国家においては，自ら実力を行使して権利の実現をはかる**自力救済（自救行為）は原則として禁止**されます（そのかわりに，国の機関に対し法的救済を求めることができるものとされています）。たとえ正当な権利の保護・実現のためであったとしても，私人による実力の行使を許容せず，権利保護の貫徹を一般的に（強制力を集中

的に掌握した）国家機関の役割とする方が，財産の保護のためにも結局はベターだと考えられるからです。〈ケース5〉における甲の行為が刑法上許容されるとしますと，誰もが手っ取り早い実力行使に出て，民事上の権利実現の手続を利用しなくなる，ということにもなりかねません。本権説は，「自力救済放任論」[17]である点に大きな問題をもつのです。

また，ここにおいて，とりわけ大きな意味をもつのは，民法上の法律関係が（事実上・法律上）明確なものではなく，占有に民法上の権利（本権）による裏づけがあるかどうかが民事裁判を経ないと確定しがたいようなケースにおいては，自分こそが所有権者だと確信する者についても，法的手続をとることを強制すべきだとする法政策的考慮です[18]。

ここから，刑法の財産犯規定は，所有権保護を基本としつつも，242条においては，〈ケース5〉のような場合にも適用されることを予定して，**必ずしも本権により裏づけられない占有にも保護範囲を拡張**しているとする理解が成り立つことになります。

現在の判例は，このような考え方に立っているといえましょう。事実上の占有の侵害がある限り，原則として窃盗罪の構成要件該当性を肯定する占有説の理論構成を採用しているのです[19]。〈ケース5〉のような事案でも，法律関係に関する民法的な評価を先行させることなく（そこで，「独立説」とも呼ばれます），自己の所有物であっても相手の事実上の支配内にあるものを奪うことは窃盗罪の構成要件にあたるとするのです。

なお，判例の理論構成によりますと，当該事例の具体的な利益状況に鑑みて，

---

17) 山口・各論 193 頁。
18) この点について，島田聡一郎「財産犯の保護法益」法教 289 号（2004 年）102 頁以下を参照。
19) 特に，最決平成元・7・7 刑集 43 巻 7 号 607 頁が重要です。その事案は，被告人甲が，買戻し約款付き自動車売買契約により自動車金融をしており，借主 A が買戻し権を喪失し甲が自動車の所有権を取得した後に（ただし，事案における民法上の法律関係の評価については争いがあります），A の事実上の支配内にある自動車をその承諾なしに引き揚げたというものでした。最高裁判所は，事案の民法的な評価に立ち入ることなく，「被告人が自動車を引き揚げた時点においては，自動車は借主の事実上の支配内にあったことが明らかであるから，かりに被告人にその所有権があったとしても，被告人の引揚行為は，刑法 242 条にいう他人の占有に属する物を窃取したものとして窃盗罪を構成するというべきであり，かつ，その行為は，社会通念上借主に受忍を求める限度を超えた違法なものというほかはない」としたのです。

所有者の側に実力行使をもってしても権利実現を許してよい利益が認められるという状況があるのであれば（たとえば，所有者がその所有物を窃盗犯人に奪われ，その直後に，犯人から奪い返すような事例がその典型例でしょう），原則的に窃盗罪の構成要件該当性を肯定した上で，「自救行為」として違法性を阻却する余地を認めます。そこでは，所有者側の利益（たとえば，〈ケース5〉における甲の利益）は，ただ例外的な違法性阻却の判断の枠内でのみ考慮されることになるのです[20]。

IV　不法領得の意思

すでに，何度も述べたように，刑法は，毀棄行為よりも，他人の物を自分の物にしてしまうことに向けられた領得目的の行為の方を重視して，**財産犯処罰の中心に領得罪の処罰**を置いています。領得罪には，占有移転をともなう奪取罪と，占有移転をともなわない横領罪とがありますが，奪取罪（窃盗罪・強盗罪・詐欺罪・恐喝罪）については，不法領得の意思をもって占有を移転することにより（かりに領得意思を実現しなくても）これを既遂としています。これに対し，横領罪は，不法領得の意思が実現されてはじめて（たとえば，他人の物の第三者への売却行為が行われてはじめて）既遂となります。その意味では，窃盗罪等の奪取罪は，領得の未遂を処罰する犯罪類型であり，横領罪は，領得の既遂を処罰する犯罪類型なのです[21]。

不法領得の意思（不法領得の目的）とは，「権利者を排除し，他人の物を自己の所有物と同様に利用または処分する意思（目的）」のことをいうとされています。それは，**権利者排除意思**と**利用処分意思**という2つの要素から構成されます[22]。実は，不法領得の意思は，条文に明記された要件ではありません

---

20)　なお，学説の中には，本権説と占有説の間の中間説として，「一応理由のある占有」ないし「平穏な占有」を保護法益とする見解があります。これは，実際上，所有者がその所有物を窃盗犯人に奪われ，その直後に，犯人から奪い返すような事例における窃盗犯人の占有のみを（しかも，所有者との関係でだけ）保護範囲から除こうとするものであるといえましょう。判例の占有説の立場からもそのような「微修正」であれば，これを採用する余地はあり，それは判例に対立する見解とは必ずしもいえないと思われます。

21)　未遂犯の場合の犯罪実現意思（故意）が主観的違法要素とされるように，不法領得の意思もこれを主観的違法要素と捉えるのが通説です（→総論116頁以下）。

（不法領得の意思を，規定上はっきりと要件としているドイツ刑法とは異なり，日本の刑法の下では，それは**記述されない構成要件要素**〔書かれざる構成要件要素〕[23)]なのです）。それは，**所有権保護という刑法の目的に照らして解釈上要求される**主観的要素なのです（それだからこそ，所有権侵害が問題とならず，純粋の占有侵害のみを処罰の対象とする 242 条の場合〔→ 99 頁以下〕には，不法領得の意思の存否は問われることはないのです）。

〈ケース6〉

　甲は，公園脇に停められていた A の自転車に鍵がかけられていなかったので，これに乗り，数百メートル先にあるコンビニまで買物に行こうとしたが，少し走ったところで，不審に思った警察官に呼び止められた。甲は，買い物の後，自転車をすぐに元の場所に戻しておくつもりであった。

　かりに客観的な占有侵害行為が存在しても（したがって，それを認識して行為しており**故意**も認められるとしても），不法領得の意思が欠ければ，窃盗罪の構成要件には該当しないことになります。**その1つの場合**が，他人の財物を一時的に使用するだけの目的で持ち出す**使用窃盗**の場合です。その場合には，不法領得の意思のうちの**権利者排除意思を欠く**ため，窃盗罪の構成要件該当性が否定されるのです。使用窃盗は犯罪にならないといわれるのはその趣旨です[24)]。

　〈ケース6〉の甲の行為については，とうに実行の着手の段階を過ぎており，果たして財物の占有移転行為がすでに既遂の程度に達しているかどうかが問題となります。窃盗罪の既遂時期は，「財物の占有を取得したとき」とされますので，事案のような状況下で，客体たる自転車に乗り始めて少し走れば，事実

　22）　なお，不法領得の意思は，ふつう財物罪を念頭に置いて定義されるのですが，領得罪である限り，利得罪についても，不法領得の意思が要求されるのは当然です。

　23）　これについては，総論 99 頁以下を参照。

　24）　ただし，判例および最近の学説は，**権利者排除意思をかなりゆるやかに肯定**します。たとえば，自動車など経済的価値の高い物については，たとえ返還の意思があっても，かなりの時間乗り回すときには，不法領得の意思が認められます。また，情報を記載した重要ファイルを無断でコピーするために持ち出すようなケースでは，それが短時間であり，コピー後ただちに返還する意思があっても，不法領得の意思が肯定されるのです。

104　Introductory Lectures in Criminal Law : Specific Offences

第 5 講　財産犯総論

的支配の移転を完了したと評価できるでしょう。しかしながら，たとえ**客観的行為がそれ自体としては既遂段階にまで達している**としても（したがって，故意の成立も認められるとしても），甲はごく短時間使用し，使用後には返還する意思があったのでした。そこで，このような事例では，不法領得の意思のうちの権利者排除意思が認められません。甲の行為は使用窃盗行為であり，窃盗罪の構成要件該当性が認められないのです。なお，たとえ客観的には同一の行為であったとしても，甲が自転車をそのまま自分の物にする目的であったのであれば，権利者排除意思が認められ，窃盗罪の既遂犯の成立が肯定されます。

　客観的な占有侵害行為が存在しても，不法領得の意思が欠けるという理由で窃盗罪の構成要件に該当しない**もう 1 つの場合**が，他人の財物を毀棄目的で持ち出す場合です。たとえば，行為者が，A の所有する高価な陶磁器を破壊する目的で，これを A 家から外に持ち出してきたというようなケースでは，不法領得の意思のうちの**利用処分意思**を欠くため，窃盗罪の成立は否定されます。ここにおいて，不法領得の意思は，窃盗罪という領得罪と，器物損壊罪という毀棄罪のそれぞれの成立範囲の間の境界を示す機能をもつことになります[25]。

　たとえば，ある高等裁判所の判例は，被告人が，仕返しのため，海中に投棄する目的で，A 宅から動力のこぎり 1 台を持ち出し，これを数百メートル離れた海中に投棄したというケースについて，不法領得の意思を欠くとして（器物破壊罪にはなるとしても）窃盗罪にはならないとしました[26]。

---

[25]　ここで 1 つ問題となるのは，利用処分意思の内容が，**経済的用法**（すなわち，その物の有する一般的な経済的価値に応じた通常の使用方法）に従って利用・処分しようとする場合のみに限定されるべきかどうかです。このような限定を付した方が，毀棄目的の場合と明確に区別するためにはベターなのですが，そのような限定をすると，不当な結論が生じるおそれがあります。漬物石として使うためドイツ製の高価な置物を盗む場合，殺人に用いる目的でパン切りナイフを盗む場合，下着ドロボウの場合なども窃盗とすべきでしょう。そうであるとすると，利用処分意思は経済的用法にしたがって利用・処分しようとする意思のみに限定されることなく，**およそ財物から何らかの効用を引き出そうとする目的**であれば足りると解すべきことになります。東京地判昭和 62・10・6 判時 1259 号 137 頁も，不法領得の意思とは，最小限度，財物から生じる何らかの効用を享受する意思であれば足りるとしています。

[26]　仙台高判昭和 46・6・21 高刑集 24 巻 2 号 418 頁。

105

Ⅴ　終了のチャイムが鳴る前に

　本日の講義でお話ししたことの基本的な部分は，はじめて財産犯の理論を学ぶ読者の皆さんにとっては，むしろ当然のことのように感じられるかもしれません。すなわち，刑法が，財産保護の中核に据えているのは，**財物（有体物）の所有権の保護**なのです。そして，そのためには，毀棄目的の行為よりも，他人の物を自分の物にしてしまうことに向けられた領得目的の行為の方が，より大きな危険をもった行為であり，より強い刑罰的禁止を必要とする（より強く禁止しなければ，財産的法益を十分に保護できない）と考えられます。ここから，刑法は，**財産犯の処罰の中心に領得罪の処罰を置いている**のです。

　このように考える限り，領得罪の構成要件要素のうち，**不法領得の意思**という主観的要素は，**所有権保護という刑法の目的に照らして要求される，最も本質的な要素**です。逆にいいますと，不法領得の意思を欠く行為は，たとえそれが客観的には占有侵害をともなう行為であるとしても，本質的な処罰理由を欠く行為であり，領得犯罪にならないと考えられるのです。

　以上が，本日の講義のメイン・ストーリーです。これに対して，242 条は，所有権者自身が「自己の財物」を現在の占有者から取り戻そうとする，**きわめて特殊な局面に関わる例外的な規定**です。ここでは，所有権保護は問題になりませんから，占有の保護のみが問題となり，無限定に占有を保護してよいのかどうかが（民事法的保護との関わりで）問題とされることになります。重要ではあっても，特殊な局面に関わる例外的規定に気を取られて，メイン・ストーリーをしっかりと頭に入れることが怠られてはなりません。

　次の第 6 講「財産犯各論」では，本講でお話ししたことを前提として，個別の財産犯のそれぞれについて見ていくことといたしましょう。

Introductory Lectures
in Criminal Law
Specific Offences

第**6**講

財産犯各論

I はじめに

第5講では，「財産犯総論」というテーマでお話ししました。本日の講義は，
その理解を踏まえて，個別の財産犯のそれぞれに目を向けることにいたします。
でも，各犯罪をただ羅列しても面白くないですね。メリハリをつけるため，財
産犯の代表的存在を1つ選んでこれをクローズアップすることといたしましょ
う。すでに触れたところですが，犯罪統計を見ると，財産犯の中でも**窃盗罪**
（235条）の認知件数は，ケタ違いに多いのです（→87頁）。財産犯規定の解釈
の上でも，窃盗罪がもっとも基本的な犯罪類型であり，その犯罪としての構造
を正確に把握することが財産犯全体の理解の出発点となります。窃盗罪以外の
財産犯のそれぞれの特色は，窃盗罪との共通性および窃盗罪との相違を明らか
にすることにより，これを浮かび上がらせることが可能なのです。

そこで，はじめに，窃盗罪という犯罪の**本質的な特色とその構造**について説
明いたします。窃盗罪とは，**財物**を客体とする**領得罪**であり，**所有権**を原則的
な保護法益とするものですが，奪取罪として**占有の侵害**を手段として実行され
ます。保護法益は，**所有権と占有の2つ**ということができます（以上のことが
ピンと来ない読者は，もう一度，第5講「財産犯総論」〔85頁以下〕を復習して下さい）。

ここで，235条の規定を読むと，窃盗罪の要件としては，「他人の財物を窃
取」することだけが記述されています。他人の財物の窃取とは，他人の所有物

107

（「財物」の意義については，88頁以下を参照）を，その占有者（事実上の支配者・管理者）の意思に反して，自己（または第三者）の占有に移すことをいいます[1]。条文には，占有侵害という手段の部分しか書かれておらず，窃盗罪にとりもっとも本質的な所有権の侵害（の危険性）は，解釈上要求される「不法領得の意思」という主観的要素により確認されることになっているのです[2]（→ 92頁以下，103頁以下）。

　条文上は，占有侵害しか書かれていないのですが，刑法がターゲットにしているのは，所有者のように財物をわがものにしようとする行為です。そこで，もし犯人が財物の占有を侵害するばかりでなく，さらに進んで，領得の意思を実現したり，現実に所有者でなければできない行為に及んだというとき，それは窃盗罪の処罰規定の枠内でカバーできる行為であるといえます。本罪に対し上限は懲役10年に至るまでの重い刑罰が法定されているのは，そのような事態に至りうることも最初から予定し，そのような事態もあわせて評価しようとしているからだと考えられるのです。

　具体例で説明すると，窃盗犯人甲が，盗んできたA所有の高級腕時計をBに売却して現金を得たとか，甲が腕時計をしばらく使っていたが，そのうち気に入らなくなり，これを壊したというとき，そのような行為（すなわち，**物の所有者であってはじめて行いうる行為**）は，窃盗罪の処罰規定により（その法定刑の範囲内で）評価すべきであって，占有離脱物横領罪や器物損壊罪により別途処罰されるべきことにはなりません（そのようなことをすれば，同一の所有権侵害行為を二重に評価することになってしまうでしょう[3]）。このように，先行する犯罪により生じた継続する違法状態の中で予定され，すでに織込みずみと考えられる行為のことを**共罰的事後行為**（不可罰的事後行為）といいます（→総論113頁）。

　1）　窃取という言葉からは，「ひそかに」盗ることが必要であるように思われるかもしれませんが，堂々と占有を移転する行為であっても，占有者の意思に反する限り，窃取にあたります。

　2）　ドイツ刑法の窃盗罪の規定（242条1項）は，日本の刑法の235条とは異なり，主観的要件としての不法領得の意思（不法領得の目的）を明記しています。すなわち，「不法に自ら領得し，または第三者に領得させる目的（Absicht）で，他人の動産を他人から奪取した者は，5年以下の自由刑または罰金に処する」と定めているのです。

　3）　ただし，甲がその時計をBに売却する際，Bに盗品であることを知らせなかったときには，**買主たるBの現金に対する新たな所有権侵害があった**と認められるので，別に詐欺罪（246条1項）が成立することになるのです。

108　Introductory Lectures in Criminal Law : **Specific Offences**

第 6 講　財産犯各論

II　器物損壊罪と強盗罪

1　器物損壊罪

　ここで，261 条の**器物損壊罪**に注目して下さい[4]。実は，犯罪統計上，刑法典の犯罪の中で，窃盗に次いで認知件数が多いのが器物損壊なのです[5]。そして，器物損壊罪は，窃盗罪と多くの点で共通点をもっています。まず，両罪とも**財物を客体**とする財物罪です。261 条には，単に「物」とありますが，これが「財物」と同じ意味であることにつき異論はありません（財産犯の客体としての「財物」については，88 頁以下を参照）。次に，器物損壊罪も，窃盗罪と同様に，**所有権を原則的な保護法益**とする点で共通しています[6]。ただ，窃盗罪においては占有も保護の客体となっていますが，器物損壊罪は占有を保護するものではありません。かりに占有侵害がなくても（たとえば，被害者が所持している所有物をその目の前で壊したときでも）立派に器物損壊罪は成立します。逆に，**占有侵害を手段として器物損壊**が行われたとき，占有侵害行為については「不法領得の意思」が欠けるために窃盗罪を構成せず，器物損壊罪の成否のみが問題となります（たとえば，第 5 講では，犯人が A の所有する高価な陶磁器を破壊する目的で，これを A 家から外に持ち出してきたというケースを検討しました〔→ 105 頁〕）。このように，通説の理解による限り，器物損壊罪にとり，物の占有を侵害したかどうかは重要な意味をもたないということになります[7]。

　これは，**器物損壊罪と窃盗罪の本質的な相違**に関わることです。被害者に与えるダメージという点では，器物損壊罪の方が大きいこともあるのですが（愛

　4）　余談ですが，261 条には，音読すると，3 つの「もの」が登場します。そこで，専門家は，2 つ目の「物」を「ブツ」，3 つ目の「者」を「シャ」と読むことで，この 3 つを区別したりします。

　5）　法務総合研究所編『平成 29 年版犯罪白書——更生を支援する地域のネットワーク』（2017 年）4 頁以下を参照。

　6）　242 条に対応する規定として 262 条があり，これにより，たとえ自己の所有物であっても，差押えを受け，物権を負担または賃貸している以上は，器物損壊罪等の対象となります。その限りで，所有権以外の民法上の権利も保護の客体となるのです。

　7）　ただし，これに対しては，有力な反対説もあります。たとえば，大塚・各論 200 頁以下は，**不法領得の意思不要説**の立場から通説を批判し，占有侵害がある限りは窃盗罪になるとします。これによれば，器物損壊罪が成立するのは，占有侵害がないケースに限られることになるのです。不法領得の意思をめぐる判例と学説の詳細については，佐伯仁志「不法領得の意思」法教 366 号（2011 年）74 頁以下を参照。

109

犬を盗まれるより，愛犬を殺されてしまうことの方がより悲しいでしょう），刑法は窃盗罪の方をずっと重い罪として扱っているのです（窃盗罪の法定刑の方がより重く規定されており，また，窃盗については未遂も処罰されますが，器物損壊については未遂は処罰されません。さらに，窃盗罪は非親告罪ですが，器物損壊罪は親告罪なのです〔→ 93 頁〕）。それは，器物損壊罪が破壊目的の財産侵害行為としての**毀棄罪**であり，窃盗罪が利欲目的の財産侵害行為としての**領得罪**であることを理由とするものです。他人のものを自分のものにしたいという利欲目的の行動に出る衝動に駆られる人は，他人のものを壊してしまおうという破壊的衝動に駆られる人よりもずっと多く，領得行為こそを強く禁止しなければ，効果的な財産的法益の保護はおよそ不可能であると考えられるからなのです（→ 93 頁）。

〈ケース 1〉
　甲は，会社の同僚の A とは犬猿の仲であったが，A がいつも見せびらかしているスイス製の高級腕時計を机の上に置きっぱなしにしているのを見て，これをどこかに捨ててやろうと思い，ポケットに入れて社外に持ち出したが，その後，捨てるよりこれを売却して儲けようと考えるに至り，この時計を事情を秘して B に売り現金を得た。

　〈ケース 1〉では，腕時計の占有を移転する時点では，甲には不法領得の意思（利用処分意思）がないため，判例・通説の見解による限り，窃盗罪の成立は否定されることになります。しかも，毀棄目的（捨ててしまう目的もこれに含まれます）で他人の財物の占有を奪ったというだけで，いまだ毀棄行為に出ていない段階では，器物損壊罪の刑事責任を追及することはできません[8]。**客観的な占有奪取行為**は文句なく存在するのですが，それが**領得目的をもって行われるところに窃盗罪の重罰の根拠がある**と考える限り，それをもたない甲の行為を窃盗として処罰することはできないのです。甲が，占有取得後に，領得の

　8）　器物損壊罪の未遂は処罰されないのですが，実は，〈ケース 1〉の事案については，毀棄行為に出ていないからといって，器物損壊罪の成立を簡単に否定できない事情があります。すなわち，判例と学説により，**損壊**の中には「**隠匿**」も含まれると解釈されており（→ 113 頁），そうであるとすれば，**腕時計を持ち去り，A が発見できない状態にした段階ですでに器物損壊罪が成立する**ことになるからです。

意思を生じて B に時計を売却した点については，A を被害者とする所有権侵害との関係での占有離脱物横領罪（254 条）の成立を考えることができるだけです（別途，B を被害者とする詐欺罪〔246 条 1 項〕が成立し〔→ 108 頁注 3)〕，両罪は観念的競合として処断されます）。

　ここで，**器物損壊罪以外の毀棄罪**も見ておきましょう。刑法典の第 40 章（258 条以下）は「毀棄及び隠匿の罪」を規定していますが，その中では，公用文書等毀棄罪（258 条）と私用文書等毀棄罪（259 条）という 2 つの文書等毀棄罪，他人の建造物または艦船を損壊する罪である建造物等損壊罪（260 条）が重要です。器物損壊罪は，**文書と建造物以外のすべての他人の物**を客体とする毀棄行為を一般的にカバーする，もっとも適用範囲の広い毀棄罪ということになります。いいかえれば，刑法は，広く他人の物のうちで，文書と建造物とはその重要性にかんがみて特別扱いし，それらに対する毀棄行為は 258 条から 260 条までの規定により重く処罰しているのです（→ Column **「毀棄・損壊・傷害・隠匿」**113 頁）。

2　強盗罪

　次に，窃盗罪の「兄貴分」ともいうべき**強盗罪**（236 条）について見ることにいたしましょう。強盗罪は，窃盗罪と同じく，所有権を主たる保護法益とする領得罪であり（ただし，242 条は強盗罪にも適用されます），被害者の意思に反する占有侵害を手段とする点でも，窃盗罪と共通します（そこから，窃盗罪も強盗罪も「盗取罪」と呼ばれます）。異なるところは，**占有侵害の手段として暴行または脅迫**が用いられる点です。暴行も脅迫も，それ自体として犯罪であり（208 条および 222 条を参照），これに窃盗という，もう 1 つの犯罪を合体させたものが強盗罪であり，いわゆる**結合犯**の典型例です（結合犯とは，それ自体でも犯罪となる複数の行為から構成された 1 つの犯罪のことをいいます）。強盗罪は，一連の財産犯の中でもっとも重く処罰されており[9]，窃盗罪と同様に未遂が処罰さ

---

　9)　強盗罪は，財産犯といっても，人に向けられた**人身犯罪としての側面**を強くもっています（→ 95 頁）。警察統計においては，それは，「財産犯」にではなく，殺人罪や放火罪等と並んで「凶悪犯」に分類されています。その認知件数は，国の治安のレベルを示すバロメーターとなっているといえましょう。

れるばかりでなく（243条），殺人罪や放火罪と同じように，**その実行の着手以前の，犯行の（物的）準備行為である予備**も処罰の対象とされるのです（237条）。

　窃盗罪における占有の奪取がただ占有者の意思に反するものであれば足りるのに対して，強盗罪においては，**暴行・脅迫が加えられることにより占有移転が意思に反するものとなる**ことまで要求されるのですから，暴行・脅迫は，**相手方の反抗を抑圧するのに足りる程度**の強度のものでなければならないことになります（これを**最狭義の暴行**，**最狭義の脅迫**と呼ぶことについては，すでに述べました〔→33頁，64頁以下〕）。単に208条や222条にあたる暴行・脅迫であればよいというものではなく，特別に強度なものでなければならないのです。たとえば，強く何度も殴りつける，ナイフ等の凶器を示す，複数で取り囲んで脅すことなどがこれにあたるでしょう。

　このように，意思に反する占有移転が要件とされる点で窃盗罪と同じなのですが，**占有奪取の手段が特定**されることにより，犯罪の構造は一挙に複雑なものとなります。すなわち，強盗罪（236条1項）が成立するためには，①強度の暴行・脅迫が加えられ，その結果として，②財物の占有者の反抗が抑圧され（すなわち，犯人に対し抵抗できない状態に陥り），その結果として，③財物の占有が犯人側に移転するという流れが認められなければならない（それぞれの要件が因果関係によって結びつく形で存在しなければならない）のです。甲が財物の占有者Aに対し，通常であれば相手方の反抗を抑圧するのに足りる程度の暴行・脅迫を加えたものの，Aが勇気のある人で恐怖心を抱かず反抗を抑圧されなかったとしましょう。仮に，Aが甲を哀れに思って甲に財物を交付したとか，甲がスキを見て財物を持ち逃げしたというときには，財物の占有の移転が生じているとしても，強盗罪（一項強盗罪）の未遂にとどまります[10]。

　〈ケース2〉

　　甲は，帰宅途中のOLのハンドバッグをひったくろうと考え，A女の背後からオートバイで近づき，Aが腕にかけていたハンドバッグを無理やり取り去って逃げた。

　10）　なお，強盗罪の実行の着手は，手段としての暴行・脅迫の開始時において認められるとされています。

毀棄・損壊・傷害・隠匿

Column

258条以下には，「毀棄」，「損壊」，「傷害」という異なった用語が使われています。これらはすべて意味としては同じであり，ただ**客体の違いに応じて使い分け**られているだけです。文書について「毀棄」という概念が用いられているのは，「文書を損壊した」とはいえないからです。器物損壊罪に「傷害」という文言が入っているのは，他人の所有物である動物を傷つけたり殺したりしたとき，「動物を損壊した」とはいえないからなのです。刑法典第40章の標題に「毀棄……の罪」とあるように，3つの言葉のうち，「毀棄」がもっとも包括的で，汎用性があるといえましょう（毀棄の概念がより包括的であることから，器物損壊罪のことを**器物毀棄罪**と呼ぶ人もいます）。また，「傷害」とは，特に動物を客体として予定した文言だということになります。そこで261条後段に規定された犯罪を**動物傷害罪**と呼ぶことがあります。

毀棄・損壊・傷害は，通説によれば，**物の効用を害する一切の行為**のことをいいます。物を物質的に毀損する必要はなく，所有者にとりその物が使えなくなってしまうようにする行為を広く含むとされるのです（**効用侵害説**）。判例によれば，すき焼き鍋や徳利に放尿することや，養魚池の鯉を流失させることも261条の罪にあたるのです。これは，刑法における拡張解釈の1つの代表例に数えることができましょう。

問題を複雑にしているのは，このように理解する限り，毀棄・損壊・傷害には「隠匿」も含まれることになるということです。**隠匿**とは，物の発見を妨げる行為のことをいいますが，それも物の効用を害する行為の一種であることに変わりがないからです。そうであるとすれば，毀棄・損壊・傷害はすべて物の効用を害する行為という点で共通の意味をもち，そこには隠匿も含まれるということになるのです。

〈ケース2〉の甲は，被害者Aに暴行を加えて財物たるハンドバッグを得ています。しかし，この種の事案で強盗罪が成立すると考えるのは初歩的な間違いです。強盗罪の要件をみたすためには，上に述べたように，行為者が財物の占有者の反抗を抑圧しうる程度の強度の暴行を用い，その結果として，相手方が反抗を抑圧されるに至ることが必要です。このケースにおける甲の暴行は，かなりの危険性をもつものですが，Aは犯行を抑圧された結果として財物の占有を奪われたのではありません。いわゆる**ひったくり**は，被害者のスキに乗じて財物の占有を奪う行為にすぎず，窃盗罪を成立させるにとどまるのです。

ただし，もし甲がバッグを取り去ろうとしたところ，Aがこれに気づいてバッグを離さず，甲により引きずられる格好となり，Aがこれ以上離すまいと頑張れば，人身に危険が及ぶ状態で仕方なく離したという事情があれば，強盗罪となりえます（最決昭和45・12・22刑集24巻13号1882頁は，そのようなケースに関するものでした）。そういう事情のない〈ケース2〉では，かりにAがケガをしたとしても，甲は（強盗致傷罪〔240条前段〕ではなく）窃盗罪と傷害罪（の観念的競合）の罪責を負うにとどまります。

　もう1つ重要なことは，強盗罪については，窃盗罪と比べて，**客体の範囲が拡張**されていることです。つまり，窃盗罪の客体は財物に限られますが，強盗罪については，財物のみならず，財産上の利益も客体となるのです（財産罪の客体としての「財産上の利益」の意義については，90頁を参照）。**利益窃盗は処罰されないが利益強盗は処罰される**ということになります。236条2項に規定された利益強盗罪を一般に**二項強盗罪**（または**強盗利得罪**）と呼びます。窃盗罪が単に財物罪であるのに対して，強盗罪は**利得罪**（利益罪）でもある点で異なります（そして，この点では，二項犯罪をもつ詐欺罪および恐喝罪と共通しています）。

〈ケース3〉

　甲は，深夜，タクシーに乗り込み，運転手Aに対し行き先を告げた。走り始めてから，甲は所持金が十分でないことに気づいたが，そのまま目的地まで乗車し，到着後，Aが1万円余りの料金を請求すると，いきなりナイフを突きつけ，Aの反抗を抑圧した上，そのままタクシー料金を支払うことなく立ち去った。

　〈ケース3〉では，二項強盗罪の成否が問題となります。二項強盗罪の成立のためにも，①強度の暴行・脅迫が加えられ，その結果として，②被害者の反抗が抑圧され（すなわち，犯人に対し抵抗できない状態となり），その結果として，③犯人が被害者から財物上の利益を取得するという流れが認められなければなりません。〈ケース3〉の事案では，Aは甲に対しタクシー代金についての債権をもっており，甲はAに対し支払債務を負っています。甲はその場から立ち去ることにより，**事実上債務の履行を求められることがなくなった**（少なくとも，甲に対する履行の請求が著しく困難になった）といえるでしょう。ここか

ら，甲は財産上の利益（無形の財産的利益）を得たものと見ることができるのです。一般論としていえば，債務者がその場から立ち去っても，法律上は債権・債務が消滅してしまうものではありませんから，それにより財産的利益を得たとはいえないのですが，〈ケース3〉のようなタクシー強盗の場合などには，名前も住所も知られていない犯人が現場から離れてしまえば，**事実上債務の履行を迫られることはなくなる**でしょう。そこで，犯人において財産的利益の取得があると考えることができるのです（→ Column「**準強盗罪と強盗致死傷罪**」117頁）。

Ⅲ　詐欺罪と恐喝罪

1　総　説

　詐欺罪（246条）と恐喝罪（249条）とは，刑法の同一の章（第37章）に規定されていることからも明らかなように，兄弟ないし姉妹の関係にあります。両罪は，窃盗罪・強盗罪と同じく，財物の所有権を主たる保護法益とする**領得罪**であり（ただし，242条は詐欺罪・恐喝罪にも準用されます〔251条〕），占有侵害をともなう**奪取罪**である点でも，窃盗罪・強盗罪と共通します。異なるところは，窃盗罪・強盗罪のように財物の占有者の意思に反して財物の占有を奪うのではなく，**被害者の意思に基づいて財物を交付**させる点です。ただ，「被害者の意思に基づいて」といっても，犯人が被害者の意思決定に対し不法な影響を与えて（つまり，人を「騙す」か「脅す」かの手段により動機づけを与えて），完全に自由ではない意思（「瑕疵〔きず〕のある意思」という言い方をします）に基づいて財物を交付させる犯罪なのです。

　また，両罪は，強盗罪と同じように，財物を客体とする財物罪と，**財産上の利益を客体とする利得罪（二項犯罪）**の両方を含んでいます。被害者の意思決定に対し不法な影響を与えて自己（または第三者）に対し財物を交付させるか，または自己（または第三者）のために**財産上の処分**をさせ（そのことにより財産上の利益を取得す）る犯罪なのです。財物罪としての246条1項と249条1項の罪を，それぞれ一項詐欺罪・一項恐喝罪と呼び，利得罪としての246条2項と249条2項の罪を，それぞれ二項詐欺罪（詐欺利得罪）・二項恐喝罪（恐喝利得罪）と呼びます。

115

2 詐欺罪

　まず，とても重要な犯罪類型である詐欺罪について見てみましょう。それは，先ほどの強盗罪と比べても，さらに**複雑な構造**をもっています。一連の要件（それらのすべてが条文の文言に手がかりがあるわけではありません）が因果的につながって存在しなければならないのです。詐欺罪が成立するためには，①犯人による欺く行為（欺罔行為）があり，その結果として，②被害者において錯誤が惹起され，その結果として，③被害者により財産的処分行為が行われ，その結果として，④行為者または第三者において財物の占有または財産上の利益が取得されること（このような手段で財物の交付を受け，または財産上の利益の取得を受けることを「騙取」といいます）が必要なのです。そこでは，欺く行為（①）に基づいて錯誤（②）に陥り，そして，錯誤に基づいて処分行為が行われ（③），それに基づいて財物の占有・財産上の利益が取得される（④）という流れが必要とされるのです。それぞれの事実の間に因果関係が存在しないときは，かりに最終的な結果だけは発生したとしても，未遂犯が成立するにとどまります[11]。

　ここでは，詐欺罪の要件の全体について説明することはできないので，特に，**詐欺罪と窃盗罪との区別**という観点から重要な要件のみを取り上げて，どういうことが問題になるのかについて指摘するだけにとどめます。

　まず，**欺く行為（欺罔行為）**ですが，これは，財産を処分させる手段として，財産の処分権限をもつ人に錯誤（思い違い・勘違い）を生じさせる行為のことです[12]。条文には「人を」欺いてとありますから，錯誤を引き起こすことは**「人」との関係でのみ**考えられ，「機械を騙した」としても詐欺罪は成立しません。機械に対して詐欺的手段を用いて財物を取得すれば，それは窃盗となります。たとえば，パチンコ遊技機に対し磁石等の手段を使い，うまく操作して玉を出せば，窃盗罪となります（それだけで窃盗既遂です）。拾得したキャッシュカードを使って ATM から現金を取り出すと，やはり窃盗罪が成立するので

---

　11)　具体例としては，欺く行為が行われたが，被害者は真実を見破り，錯誤に陥らなかったものの，別の理由から（たとえば，被害者が犯人を哀れに思い，同情の気持ちをもつに至って）財物を交付したというようなケースが考えられましょう。

　12)　詐欺罪も，窃盗罪・強盗罪と同様に，未遂も処罰されますが（250条），その実行の着手時期は，欺く行為を開始した時点です。

第6講 財産犯各論

準強盗罪と強盗致死傷罪

Column

　236条の強盗罪が基本類型なのですが，重要なバリエーションがいくつか規定されています。まず，事後強盗罪（238条）と昏酔強盗罪（239条）は，ともに「強盗として論じ」られる罪であり，**準強盗罪**と呼ばれます。それは，**3つの関係で強盗として扱われる**のです。すなわち，①法定刑について236条と同じ刑の枠が適用され，②240条や241条の適用上も「強盗」となり（たとえば，被害者に傷害を与えれば，240条前段の強盗致傷罪が成立します），さらに，③判例・通説によれば，237条との関係でも強盗として扱われる（したがって，たとえば，事後強盗の予備は強盗予備罪として処罰される）のです。

　準強盗罪のうち，特に重要なのは**事後強盗罪**です。これは，ふつうの強盗罪とは手段と結果の順序が逆の場合で，まず財物の取得（または途中で犯意を放棄した未遂行為）が先行し，事後に暴行・脅迫が行われたときに成立します。順序が逆になっても，実質的には通常の強盗と変わらないという評価に基づくものです。暴行・脅迫の程度は，相手の反抗を抑圧するに足りる程度のもの（最狭義の暴行・脅迫）でなければならないという点では通常の強盗罪と同じです。

　240条に規定された強盗致死傷罪も，きわめて重要な犯罪類型です。特に目を引くのは，法定刑の重さです。強盗の際には，**強盗の手段**たる強度の暴行・脅迫により，または，**強盗の機会**におけるその他の暴行・脅迫により，人の生命・身体が危険にさらされることが多いので，被害者保護のための一般予防の見地から，特に重い刑を規定したものと説明されているところです。ここでは詳しく説明できないのですが，通説によると，240条は**4つの構成要件**を含む規定です。すなわち，①**強盗殺人罪**（殺意のある場合），②**強盗致死罪**（殺意のない場合），③**強盗傷人罪**（傷害の故意のある場合），④**強盗致傷罪**（傷害の故意のない場合）です。

　強盗・強制性交等罪（241条1項）は，同一の機会に，強盗罪（236条・238条・239条）と強制性交等罪（177条だけでなく，178条2項の場合を含みます）にあたる行為のそれぞれを行った場合に成立します（結合犯〔→111頁〕）。**強盗・強制性交等致死罪**（241条3項）は，死亡という重い結果について故意（殺意）のない場合と，故意のある場合の両方を予定しています。前者の場合には，強盗・強制性交等罪の結果的加重犯です。241条の規定は，2017（平成29）年の刑法一部改正法により大幅に書き直されました。

す。これに対し，財産上の利益が客体であれば，**利益窃盗**にすぎませんから，原則として犯罪とはなりません。たとえば，100円玉や500円玉と重さ・形態が類似した金属片を入れてゲームセンターのゲーム機で遊んだり，コインロッ

117

カーを利用したりする行為がそうです[13]。

このように，「機械を騙し」て行われる財産上の利益の取得が不可罰となる（したがって，民事上の解決にゆだねられる）ことの不当性が強く意識されたのはコンピュータ犯罪との関係においてでした。**コンピュータ犯罪への対応**をはかった 1987（昭和 62）年の刑法一部改正により，**電子計算機使用詐欺罪**の処罰規定が新設されるに至りました（246 条の 2）。これにより，たとえば，預金残高を記録した銀行の元帳ファイルに架空のデータを入力して預金額を増やす行為や，残度数を改変したテレホンカードを公衆電話機に対し使用する行為等が処罰可能となったのです。電子計算機使用詐欺罪は，原則として不可罰である利益窃盗行為（→ 90 頁以下）をその限りで処罰可能としたものということができます。

もう 1 つ，窃盗罪との区別という観点から重要な詐欺罪の要件として**財産的処分行為**があります。246 条 1 項の規定に「交付させ」るとあるのは，**任意に交付**させることを意味します。窃盗罪・強盗罪が被害者の意思に反して財産を奪う犯罪であるのに対し，詐欺罪は（恐喝罪とともに）財産の任意の提供行為，すなわち**被害者による財産的処分行為**を要件とするのです。一項詐欺罪については，財物の占有を任意に移転する交付行為が処分行為のことです。二項詐欺罪における処分行為としては，何らかの債務を負担したり，債務の履行として役務を提供したり，一定の給付を債務の履行として受け取ったり，債務を免除したり，債務弁済の延期を認めたりすることなどがあります。

〈ケース 4〉
　甲は，デパートの洋服売場で，店員 A に対し，男性用スーツを試着したいと申し出て，試着室に行くふりをして，スーツを数点持ち逃げした。

〈ケース 4〉では，一項詐欺罪が成立することはなく，窃盗罪が成立します。詐欺罪が成立するためには財産的処分行為が要件となり，一項詐欺罪については，財物の占有を任意に移転する**交付行為**がそれにあたります。〈ケース 4〉

13）　**キセル乗車**等の鉄道の不正乗車については，駅の改札がほとんど自動化・機械化されている現在では，「人を欺く」ことができないため，詐欺罪の成立は否定されることになります（ただし，裁判例の中には，改札機が自動化されている場合のキセル乗車行為について，電子計算機使用詐欺罪〔246 条の 2 後段〕の成立を認めたものがあります）。なお，不正乗車については，鉄道営業法 29 条に処罰規定があります。キセル乗車にこれが適用されることについては異論がありません。

118　Introductory Lectures in Criminal Law : Specific Offences

における店員 A は，甲に対し試着室におけるスーツの試着を許しただけであり，財物たるスーツを行為者に交付する（すなわち，占有を移転してしまう）意思はなかったのでした。客がデパートの洋服売場の試着室でスーツを試着するとき，そのスーツの占有（事実的支配）はデパート（という法人またはその経営者）の側にあり，客に移転してしまうものではないからです。したがって，A は，スーツの占有を相手に移転させてしまう交付行為を行ったものではなく，甲は A の意思に反して財物の占有を奪ったことになりますから，詐欺罪ではなく窃盗罪の刑事責任を問われることになるのです[14]。

　このようにして，**窃盗と詐欺の区別**は，被害者の意思に反して財産の取得が行われたか，それとも被害者の意思に基づく任意の財産処分（財産的処分行為）が行われたかにより決められます[15]。財物を客体とする場合については，いずれにせよ窃盗か詐欺かは成立するのですから，2 つの犯罪の間の成立範囲の振り分けの問題にすぎませんが，財産上の利益を客体とする場合については，被害者側の処分行為が否定されれば，その行為は利益窃盗として不可罰となるので影響は重大です。

　困難な問題となるのは，この**処分行為の要件**です。1 項の処分行為である**財物の（任意の）交付行為**について見ると，客観面において財物の占有移転の事実（処分の事実）と，主観面において占有移転の事実の認識（処分の意思）とが必要であり，この客観面と主観面とは符合していることが必要です。ところが，二項詐欺罪についても，このような客観面と主観面の対応まで要求すると，処分の事実（たとえば，債権を事実上失うこと）の主観的認識が要求されることになりますが[16]，それでは要件として厳格すぎないかが問題となるのです。**処分の事実と処分の意思の対応を要求するとき（処分意思必要説）**，二項詐欺につ

　14）　ちなみに，詐欺罪においては，欺かれた人（被欺罔者）が処分行為を行わなければ詐欺罪は成立しないのですが，その人は必ずしも被害者（すなわち，財物の所有者）でなくてもかまいません。〈ケース 4〉で，欺かれたのは店員 A ですが，被害者はデパートなのです。ただし，欺かれる人と被害者とが別人であるときは，欺かれる人は目的となった**財産について（法律上または事実上）処分しうる権能または地位**をもつものでなければなりません（→ 240 頁）。
　15）　財産的処分行為の要件は，被害者側の意思に反する財産の取得か，それとも被害者側の意思に基づく財産の取得かを明らかにする機能，したがって，**詐欺罪か窃盗罪かの限界を明らかにする機能**をもつのです。

いては，成立範囲を不当に狭めることにならないかが問われることになります（被害者において債務の存在さえ意識させずに履行の請求をさせないとき，たとえば，帳簿の操作をして借金を実際より少なく見せた上で実際の債務を免れるような行為が二項詐欺とならないことになってしまいかねません）（→ Column「**詐欺罪における財産的損害**」121 頁）。

3　恐喝罪

　恐喝罪は，暴行または脅迫を手段として相手方をその反抗を抑圧するに至らない程度に畏怖させ，畏怖した心理状態で財物の交付またはその他の財産の処分を行わせること（このような手段で財物の交付を受け，または財産上の利益を取得することを「喝取」といいます）により成立します。典型例としては，理由にならないことを口実にして語気強く相手を脅して金銭を出させるとか，被害者側が隠したい事実を暴露するぞと脅して口止め料を出させることなどでしょう。恐喝罪は，暴行・脅迫を手段とするものですので，強盗罪との区別が問題となりますが，**被害者の反抗を抑圧する程度に至らない**（抵抗できないほどではない）**暴行・脅迫を手段とする**点で強盗罪と異なります（とはいえ，恐喝といえるためには，普通の人に恐怖心を生じさせ，意思決定の自由を制約するに足る程度の強さのものでなければなりません）。

　詐欺罪の要件について述べたことは，手段を「騙す」ことから「脅す」ことに変更するだけで，恐喝についてもあてはまります。すなわち，①恐喝行為，②畏怖状態の惹起，③被害者側の財産的処分行為，④行為者（または第三者）による財物の占有または財産上の利益の取得というそれぞれの要件が因果的な流れとしてつながることが要求されるのです。

　16）　たとえば，最決昭和 30・7・7 刑集 9 巻 9 号 1856 頁が，そのような立場をとっているといえます。すなわち，「詐欺罪で得た財産上不法の利益が，債務の支払を免れたことであるとするには，相手方たる債権者を欺罔して債務免除の意思表示をなさしめることを要するものであって，単に逃走して事実上支払をしなかっただけで足りるものではないと解すべきである。されば，原判決が……飲食，宿泊をなした後，自動車で帰宅する知人を見送ると申欺いて被害者方の店先に立出でたまま逃走したこと……をもって代金支払を免れた詐欺罪の既遂と解したことは失当であるといわなければならない」としたのです。

120　Introductory Lectures in Criminal Law : Specific Offences

第6講　財産犯各論

詐欺罪における財産的損害

Column

　ドイツでは詐欺罪や恐喝罪は**全体財産に対する罪**として理解されているのに対し，日本では，背任罪のみが全体財産に対する罪として把握され（この点については，また後に触れます〔→ 125 頁以下〕），詐欺罪や恐喝罪は**個別財産に対する罪**とされています＊。したがって，個々の財物または個々の財産権（たとえば，特定の債権）が侵害されただけで**財産的損害は肯定**され，犯罪の成立が認められるのです。

　ただ，詐欺罪（ここでは一項詐欺罪について考えます）が個別財産に対する罪であるということを，「欺かれなければ交付しなかったであろう財物を交付して占有を失うこと」自体が財産的損害であると解し，それだけで犯罪の成立を認めるとすると（このような考えを「形式的個別財産説」と呼ぶこともあります），不当な結論が生じるケースがあります。たとえば，18 歳未満の者が，年齢に関し書店主を騙し，18 歳未満の青少年に販売することが条例等により禁止されている書籍を自己に販売させたというケースでも，「錯誤に陥らなければその財物の占有を失うことはなかった」といえますので，詐欺罪を成立させることになるでしょう。しかし，そこでは，少なくとも財産的な被害は認められないように思われるのです＊＊。したがって，このような場合には一項詐欺罪の成立を否定すべきなのですが，そのためには，単に「錯誤に陥らなければその財物の占有を失うことはなかった」というだけではない，それ以上の実質的な財産的損害が生じることを要求すべきではないのか，それはどのような内容のもので，また，詐欺罪の要件のうちのどの要件でそれを検討・確認すべきなのかという問題をめぐって盛んな議論が行われているのです。

　＊　これに反対するのは，林・各論 142 頁以下です。
　＊＊　また，判例の中でも，大決昭和 3・12・21 刑集 7 巻 772 頁は，医師の免許を有しない者が医術に関する知識をもち，患者を診断してこれに適応した売薬を所定の代価で買い取らせた場合は，たとえ医師と詐称しこれを買い取らせたとしても，ただちに詐欺罪を構成するものとはいえないとしています。

Ⅳ　横領罪と背任罪

1　横領罪

　横領罪（252 条以下）は，**客体が物に限定**される財物罪であり（「利益横領」は，後述の背任としてのみ処罰可能です），そして，**占有侵害の要素をもたない**

121

領得罪です。これまで見てきた窃盗罪・強盗罪・詐欺罪・恐喝罪は，いずれも占有侵害を手段として所有権を害する犯罪（奪取罪）でしたが，横領罪の保護法益は所有権だけです（例外となるのは，252条2項の場合です）。

このような観点から見るとき，もっともピュアな横領罪は，**遺失物等横領罪（占有離脱物横領罪〔254条〕）**です。「ねこばば」が典型例ですが，郵便屋さんが自分の郵便箱に間違って投げ入れた A さん宛ての郵便物，店員さんが誤って手渡した過剰な釣銭，風で飛んできた隣家の洗濯物などを領得するとき，本罪が成立します。他人の占有の侵害をともなわず，所有権のみを害するもっとも単純な領得罪です（いわば「裸の領得罪」です）。物を目の前にして誘惑にかられてしまう人間の弱さを考慮して，刑も軽くなっています。**遺失物等横領罪と窃盗罪との区別**は，その物が「占有を離れた」物であるかどうかによって決定されます。そこで，所有者が物を置き忘れ，そのすぐ後にその物を領得する行為が行われたケースにおいては，所有者の占有がまだ継続しているかどうかの難しい判断を迫られることになります[17]。

遺失物等横領罪がもっともピュアな横領罪だとすれば，これが横領の基本類型（他はその加重類型）であると理解するのが自然なような気もします。しかし，刑法は，第38章「横領の罪」の冒頭に，単純横領罪（252条）の規定を置いています。判例・通説は，ここから単純横領罪こそが基本類型であり，業務上横領罪（253条）がその加重類型であって，遺失物等横領罪は**本来の横領罪に含まれない異質の犯罪**であると考えているのです。それでは，「本来の横領罪」とはどういう横領罪のことをいうのでしょうか。

実は，**横領罪の本質**は，被害者が信頼して保管・管理をゆだねた物を，信頼を裏切って自分のものにしてしまうという**委託信任関係の違背**にあるとされているのです。このような性質をもつ単純横領罪と業務上横領罪とは，所有者との間の委託信任関係に基づいて預かり占有・保管している物を横領する罪であるところから**委託物横領罪**と呼ばれます[18]。遺失物等横領罪はそのような性格をもたないので，本来の横領罪（すなわち委託物横領罪）とは異質な犯罪と

17）この問題については，窃盗罪の成立を認めた（したがって，その物を置き忘れた所有者による占有の継続を肯定した）2つの最高裁判例（最判昭和32・11・8刑集11巻12号3061頁および最決平成16・8・25刑集58巻6号515頁）が重要です。

されるわけです[19]。

　そこで次に，この委託物横領罪について見ますと，その客体は，「自己の占有する他人の物」です（252条1項・253条）。ここでは，**所有権**と**占有**という財産犯の重要概念の2つが一緒に登場するという点で，読者の中には感涙にむせんでいる人もいるかもしれません（いるわけないか）。それはともかく，委託物横領罪が成立するためには，**行為者自身に占有**が認められなければならず，その占有は委託信任関係に基づくものでなければならないことをおさえて下さい（→ Column **「横領罪における占有」**125頁）。

　ここで，法定刑を見ますと，単純横領罪のそれ（5年以下の懲役）は窃盗罪のそれよりもずっと軽くなっています[20]。これは説明を必要とする事柄でしょう。なぜなら，横領罪は，**窃盗罪にはない，違法性を高める要素**を含んでいるからです。まず，横領罪は，「横領した」こと，すなわち，すでに不法領得の意思が実現された場合を処罰するのですから，**領得罪の既遂**を処罰する類型であり，領得意思が実現される前の段階ですでに処罰の対象となる窃盗罪と比べて，横領罪の方が法益侵害の結果がより重大だともいえるのです（→94頁）。次に，委託物横領罪には，所有者との信頼関係（委託信任関係）を裏切って行われるという，違法性を高める要素が含まれているのです。

　このように，横領罪には，窃盗罪にない違法要素が含まれているにもかかわらず，横領罪が軽く評価されるのは，①被害者の意思に反する占有侵害という「荒っぽい」手段が用いられなかったことと，②目の前にある物はついつい自

---

18)　ここにいう「委託信任関係」は，広く理解されており，物の保管を内容とする民法上の契約関係から生じるほか，単なる事実上の関係でも足り，法律上の有効・無効も問わないとされています。ただ，それは物の所有者またはその他の権限ある者との間に存在しなければなりません。そうでなければ，占有離脱物横領罪が成立するにとどまることとなるでしょう。

19)　このような議論の実益は，共犯の場合の65条の適用に現れます。いつか身分犯の共犯に関するこの規定を学んだときに，ここに述べたことを思い出して下さい（もし遺失物等横領罪を基本類型とし，単純横領罪をその加重類型とすれば，後者は不真正身分犯〔→総論106頁以下〕ということになりますが，判例・通説のように，基本類型は単純横領罪であると解すれば，単純横領罪は真正身分犯〔→総論106頁以下〕となるのです）。

20)　なお，委託物横領罪のうち，**業務上横領罪**については，犯人が業務上の占有者であることを理由として，単純横領罪に比べ刑が加重されています。この場合の「業務」は，物の保管に関してより強い信頼関係を生じさせるものであることを要しますから，反復・継続して行われる事務であって，委託を受けて他人の物を保管・管理することを内容とするものでなければなりません。

分のものとしたくなってしまうという意味で誘惑的であることが考慮されたものと考えられます。このことを，著名な刑法学者・瀧川幸辰（1891年〜1962年）[21]は，「自己の支配内にある他人の財物の領得は，他人の支配を排斥して実行する領得に比べて，形態において平和的であり，動機において誘惑的である」[22]という印象的な文章で表現しました。また，このことに加えて，そのような当てにならない人に保管・管理をまかせた被害者の方にも落ち度があるということもいえそうです[23]。

2　背任罪

　背任罪（247条）は，他人のためにその事務を処理する者が，自己または第三者の利益を図る目的（図利目的）または本人を害する目的（加害目的）で，任務に背く行為をし，本人に財産上の損害を加える犯罪です。典型例としては，株式会社の代表取締役が，リベートを受け取って会社にとり損になる取引を行い，会社に大きな損害を与えるケースや，銀行の支店長が融資先である会社の業績が悪化した後もそれまでの過剰融資が発覚するのをおそれてさらに融資を続けることにより，銀行に大きな損害を与えるケースなどがあります[24]。

　この背任罪は，刑法典においては，詐欺罪・恐喝罪と同じ章（第37章「詐欺及び恐喝の罪」）に規定されているのですが，被害者との間に信頼関係があるのにその信頼を裏切って財産的損害を与える点において，委託物横領罪と共通しています。現在では，**背任罪を横領罪と同じグループの犯罪として理解**する見解が一般的なのです。横領罪の実行行為（物の領得行為）も，背任罪の実行行為である背信行為の特殊な一事例にほかならず，その限りで，背任罪の成立要件は委託物横領罪の成立要件を含んでいます。委託物横領罪の方が犯罪としてより重いと考えられますので，両罪は一般法（背任罪）と特別法（委託物横領

---

21)　評伝として，伊藤孝夫『瀧川幸辰——汝の道を歩め』（ミネルヴァ書房，2003年）があります。
22)　瀧川幸辰『刑法各論』（弘文堂書房，1933年）143頁。
23)　この点につき，団藤・各論629頁注(1)を参照。
24)　注意すべきことは，株式会社の取締役等が背任を行えば，会社法に規定された**特別背任罪**となることです（会社960条・961条を参照）。刑法の背任罪と会社法の特別背任罪とは，一般法と特別法の関係にあり（法条競合のうちの特別関係〔→総論245頁〕），特別背任罪の規定が優先的に適用されることになります。

124　Introductory Lectures in Criminal Law : Specific Offences

第6講 財産犯各論

横領罪における占有

Column

　占有とは，**物に対する事実的支配**のことですが，窃盗罪（等の奪取罪）における保護の客体（法益）としての占有と，横領罪の成立要件を検討するにあたり重要な意味をもつ占有の概念の間には，若干のズレがあります。窃盗罪等においては，刑法的保護の対象としての占有が問題となり，そこから事実的支配（事実的利用可能性）が重要な意味をもちます。これに対し，横領罪においては，行為者がその物を「横取り」する手段として法的な支配力・処分権限を利用するケースが横領の態様に含まれるため，占有の中に**法的支配関係**も含めて考えることが必要になるのです。そのことは，横領罪の占有においては，物に対する支配がかなり観念化・規範化したものとして理解されることを意味します。不動産については，登記簿上名義人になっている者に占有が認められることになり，また，たとえば，同窓会の会費の管理をまかされた者は，預金口座の通帳と印鑑を所持していることで口座の中の預金に対する占有（いわゆる預金の占有）をもつことにもなります。

罪）の関係にあるといえるのです。したがって，**物に対する領得行為**が認められるときには，かりにそれが同時に背任罪の要件をすべてみたすとしても，横領罪で処罰されることとなります。

　これに対し，前述のように，横領罪は物だけを客体とするので，有体物以外のものが「横領」されたときには，背任罪の成否のみが問題となります。また，物や財産上の利益に対する毀棄目的の行為が行われたときも，およそ領得罪たる横領罪は成立しえず，背任罪による処罰のみが可能です。

　ちなみに，247条に明らかなように，背任罪が既遂となるためには[25]，**財産的損害の発生**が必要です。その判断は，本人の財産の全体について，経済的見地からなされます。まず，本人の財産全体について減少が生じることが必要であり，一方において損害が生じても，他方においてこれに対応した反対給付を得たときには，財産上の損害が否定されることになります。背任罪は，現行法の財産罪の中で唯一の**全体財産に対する罪**として理解されているのです。また，

25）　これは，背任罪と横領罪の相違点の1つですが，横領罪については未遂が処罰されない（そもそも未遂を考えにくい）のに対し，背任罪では未遂も処罰されるのです（250条）。

125

財産状態の評価は，経済的見地からなされ，たとえば，任務違背行為により，法律上は本人に債権が生じても，事実上その履行を受けることが不可能ないし困難であるというときには，経済的見地から財産的損害があったとされることになるのです。

Ⅴ 終了のチャイムが鳴る前に

今日も，そろそろ時間が来たようです。実は，重要な犯罪がもう1つ残っています。それは，256条に規定された**盗品等に関する罪**です（以前は贓物罪と呼ばれていました）。窃盗犯人等から盗品をもらい受けたり，買い受けたりして，間接的に他人の所有物を領得する犯罪（**間接領得罪**）であり，たとえば，甲が窃盗犯人乙から，乙が盗んできたA所有のフランス製高級ハンドバッグを，盗品という事情を知って（知情）安く買い受けるなどすれば，**盗品有償譲受け罪**（256条2項）が成立します[26]。

盗品等に関する罪は，刑法典において財産犯として規定されているのですが，これがどのような意味で財産を侵害する罪であるのかをめぐっては必ずしも見解が一致していません。判例・通説は，**追求権説**をとり，被害者（上のケースでは所有者A）がその物について有する追求権，すなわち，その物に対する民法上の返還請求権が保護法益であると考えてきました。甲がそのバッグを買い受けることにより，Aの立場から見ると，バッグは「より遠くに行ってしまう」ことになり，その**取り戻しはより困難となる**ことでしょう。この意味で，256条に規定された行為は，追求権を害する（またはその行使を困難にする）ものなのです。

ただ，追求権の侵害といっても，本犯に依存する間接的な財産侵害のことにすぎませんから，本罪（特に，256条2項の罪）の法定刑が重いこと[27]，そして，罰金が必要的に併科されることをそれにより説明できるかどうかは疑問です。

---

26) この場合の乙のように，盗品等に関する罪に先行する財産領得罪（256条1項を参照）の行為者のことを**本犯者**といいます。

27) 盗品等に関する罪においては，客体たる物は被害者の占有を離れてしまっているので，占有の侵害ということは問題になりません。したがって，占有を離れた他人の物を領得する罪として，性質上，横領罪に近いということができます。それにもかかわらず，盗品等に関する罪に対しては，横領罪よりもずっと重い刑が法定されています。

そこで，学説においては，財産犯的性格に加えて，本犯者に協力して盗品の処理を助け，財産犯を広く誘発・助長するという側面（**犯人庇護罪**[28]ないし事後従犯としての性格）をもつ犯罪として本罪を理解する見解が有力です。それによると，盗品等に関する罪は，本犯者への犯行後の協力・援助行為を禁止して本犯者を「孤立」させ，盗品の処理や売却のための非合法的な仕組みの形成を阻止することにより，窃盗をはじめとする財産犯への誘因を除くところにもその処罰の根拠が求められることになるのです。そのように考えれば，本罪に対する刑が重く，懲役刑と罰金刑の必要的併科を規定していることも，犯罪のもつ危険性とその利欲犯的性格に対応しようとするものとして説明可能となります。判例も，盗品等に関する罪がこのような意味で「窃盗等の犯罪を助長し誘発するおそれ」のあることを認めています（最決平成14・7・1刑集56巻6号265頁を参照）。

　さて，本講までで，財産犯を最後に，個人的法益に対する罪の説明をひとまず終えたことになります。次のテーマは，**社会的法益**（すなわち，個人が集まって形成される社会の存立と維持のために保護を必要とする法益）に対する罪です。個人的法益に対する罪の中心は，現実に法益を侵害することを犯罪の内容とする侵害犯だったのですが，社会的法益に対する罪については，その中心は法益侵害の危険があることを理由に処罰する**危険犯**です。刑法学を理解する上で，危険犯はきわめて重要なキーワードなのですが（現代社会においてはその重要性がますます高まっています），それを理解することは簡単ではありません。そこで，第7講では，社会的法益に対する罪の説明に入るに先立って，「危険犯」をテーマとして取り上げることとし，まず，危険犯の意義と種類に関する総論的な検討を行い，それを踏まえて，刑法各則の危険犯規定を概観することとしたいと思っています。

---

　28)　現行刑法上の犯人庇護罪としては，犯人蔵匿等罪（103条）および証拠隠滅等罪（104条）があります。

Introductory Lectures
in Criminal Law
Specific Offences

第 **7** 講

危険犯

[I] はじめに

本講から第 10 講まで 4 回続けて，**社会的法益**に対する罪を取り上げます。
社会的法益とは，社会の存立と維持のためにその保護を必要とする法益のこと
です。社会といっても個人の集合体にほかならず，社会は個人の生活条件の確
保とその権利・利益の擁護のために存在している（また，個人は社会を離れては
生きられない）のですから，社会の存立・維持の保障は，社会を構成する個人
にとっても必要欠くべからざることです。そこで，社会的法益といっても，究
極的には個人の法益に還元されるはずのものです[1]。ただ，社会的法益は，た
とえば，「文書のもつ公共的信用性」（たとえば，155 条・159 条を参照）という
ように，不可視的・観念的な法益であって，特定の個人に帰属するものではな
く，無理に個人個人の利益に分解してしまうよりも，**社会そのものにとっての
利益ないし価値**として把握する方がより適切なのです。他方で，公共的法益
（公益）の中には，国家的法益が含まれますが，社会的法益というとき，国
（および地方公共団体）という統治機構をのぞいて考えることのできる社会の利
益のことを指します[2]。社会的法益を大きくグループ分けすれば，①公共の安

---

1) その意味では，「社会的法益というときも，個々の人間を越えた『社会』の利益ないし価値が
問題になるわけではない」（内藤謙『刑法理論の史的展開』〔有斐閣，2007 年〕123 頁）のです。

129

全，②公衆の健康，③取引手段の信用性，④公の秩序と風俗という4つに分類することが可能でしょう[3]。

前回の第6講まで見てきた個人的法益に対する罪の中心にあるのは，殺人罪とか傷害罪とかのように，現実に法益を侵害することを犯罪成立の要件とする**侵害犯**でした。これに対し，社会的法益に対する罪の中心は，法益侵害の危険があることを理由に処罰する**危険犯**です（犯罪を侵害犯と危険犯とに分類できることについては，総論109頁以下を参照）。本講では，この危険犯にスポットライトを当てて，危険犯という犯罪類型の本質を明らかにするとともに，刑法各則に見られる危険犯の主要なものを見てみたいと思います。

Ⅱ　抽象的危険犯について

1　抽象的危険犯とは何か

危険犯は，抽象的危険犯と具体的危険犯という2つの類型に分けられます。刑法典の犯罪を見ても，特別刑法の犯罪を見ても，数として圧倒的に多いのは，前者の抽象的危険犯の方です。典型的な犯罪のイメージは侵害犯（たとえば，殺人罪）ですから，法益侵害との関わりの稀薄な抽象的危険犯は，何か「不完全な」犯罪であり，例外的な存在であるかのように感じられるかもしれませんが，それは偏見なのです。抽象的危険犯とは，一定の行為を行うことそれ自体が，一般に法益に対する危険をともなうとしてただちに禁止と処罰に値するとされ，**具体的事情の下における現実的な危険性の有無・程度は問題とされないもの**として定義できるでしょう。

2）　ドイツでは，公益のうちで，社会的法益と国家的法益との差異を強調しない傾向にあります。たとえば，Karl Heinz Gössel / Dieter Dölling, Strafrecht, Besonderer Teil 1, 2. Aufl. 2004, S. 430 を参照。公的機能を営む種々の存在の中において国だけを特別視しないという基本思想に基づくものといえましょう。

3）　たとえば，大塚・各論357頁以下は，公共の平穏，公衆の健康，公共の信用，風俗の4つに分類しています。

第 7 講　危険犯

> 〈ケース 1〉
> 　就職活動中の甲は，A 社への就職を強く希望していたが，A 社から大学の在
> 学証明書と成績証明書の提出を求められたので，B 大学（東京にある私立大学）
> の学生であったことがないのに，現に在学中であるかのように装い，B 大学学
> 長名義の甲の在学証明書と成績証明書を勝手に作成し，これを A 社人事部に
> 提出した。

　私立大学の学長名義の在学証明書と成績証明書は，それぞれ刑法 159 条 1 項
の私文書（そのうちの「事実証明に関する文書」）にあたり，これをほしいまま
に作出して提出する行為は，私文書偽造罪（159 条 1 項）および偽造私文書行
使罪（161 条 1 項）を構成します（成立した両罪は，牽連犯〔54 条 1 項後段〕とし
て処断されます）。これらの犯罪は，**文書の公共の信用という保護法益に向けら
れた抽象的危険犯**です。この社会においては，経済取引を中心とする人間相互
の交渉や関わり合いを迅速・円滑に進めるため，文書という証明手段がきわめ
て頻繁に使用されます。文書偽造罪の諸規定（154 条以下）は，こうした文書
の証明手段としての社会的信用性を保護しようとするものなのです[4]。

　ただし，〈ケース 1〉で，甲の行った特定の行為から，ただちにおよそ文書
一般への社会的信頼性が動揺するという効果が生じるものではありません（た
しかに，A 社人事部の関係者において何らかの具体的被害が生じうるとしても，そ
れは文書偽造罪の保護法益そのものに対する被害とは異なるのです）。文書偽造等
の行為が処罰の対象とされているのは，それが文書の信用を害するのに適した
性質をもつ点に着目し，**およそその種の行為が一般的に放任**されたときには，
文書の信用が失われ，文書の信用に依拠して展開される人間関係・法律関係が
成り立たなくなるだろうと考えられるからなのです。抽象的危険犯における

　4）　求人と就職という場面に限ってみても，学校の出す証明書や資格試験の合格証等（これらは，
発行者が公務所ないし公務員であれば**公文書**〔155 条 1 項・2 項等〕であり，そうでなければ**私文書**
です。なお，国立大学法人については，国立大学法人法〔平成 15 年法律第 112 号〕19 条を参照）が
利用されますが，もしこの種の文書がおよそ信頼できないということになれば，会社の方も就職を希
望する方も，不便きわまりなく，事実関係の証明と確認のために，今よりはるかに多くの時間と労力
を費やさねばならないことになってしまうでしょう。

131

「抽象的」ということの意味は，**一般的ないし類型的**ということにほかなりません。抽象的危険犯とは，具体的な行為事情を捨象して一般的・類型的に行為の性質を見たとき，それが法益に対する危険をもたらすと考えられることが処罰の理由とされている犯罪のことなのです。

　こうして，抽象的危険犯の処罰は，個別事例において可視的な実害の発生（すなわち，結果不法）が認められないところで，刑罰権の発動を許すものです。ここにおいて，刑法は，その種の行為が一般的に許容されたときに法益との関係で生じるであろう好ましくない事態にかんがみて，その行為を否定的に評価し，これを禁止の対象としているのです。刑法が法益保護目的のために規定する行動準則（行為規範）に反するがゆえに行為が受ける否定的評価のことを行為無価値といいますが，**抽象的危険犯の処罰の理由は行為無価値**に求めることができます。ここでは，結果無価値が付け加わることなく，**ただ行為無価値のみで犯罪の違法性が肯定**されるのです[5]。たとえば，〈ケース1〉の場合を見ると，法益である「文書の公共的信用性」との関係において現実的な危険性は認められません。もし，この事例においても結果無価値を肯定できるように，行為が一般的・類型的に危険をともなうというだけで結果無価値が存在すると考えるのであれば，それは概念の混乱をもたらすものでしかないでしょう[6]。

　このように，刑法が，法益との関係で一般的な危険性をもった行為が行われるだけで違法性を肯定しているのは，現実に法益が侵害されたり危険にさらされたりするまでに至れば，その被害はあまりにも重大なものとなるため，実害発生のかなり前の段階で刑法が介入して処罰を行うことが要請されるからです。そのことは，とりわけ社会的法益のことを考えれば，容易に納得できることでありましょう。ここでは，行為を禁止する**規範の効力を維持**することを通じて法益を保護しようとする**刑法の本質的性格**[7]がかなり純粋な形で表れていると

　5）　行為無価値の意義，それと結果無価値との関係等については，総論89頁以下を参照。
　6）　学説の中では，行為無価値のみで違法性を肯定することに対して批判的な見解が有力です。しかし，そう考える人は，行為無価値をそれだけでは処罰を基礎づけえないもの，「人前に出せない内容」のものとして把握しているのでしょう。たしかに，行為無価値を行為の反道徳性・反倫理性として理解するのであれば，これにより処罰を基礎づけることは不可能でしょう。これに対し，行為無価値を本文のように理解するのであれば，それのみで処罰を肯定することは，刑法の法益保護の目的に照らしてまさに合理的なことといわなければならないのです。

いえるのです。

　同じ考慮に基づく抽象的危険犯の類型として**予備罪**があります（予備罪については，総論133頁を参照）。殺人予備罪（201条）や強盗予備罪（237条）のように，個人的法益の中でも特に重要な法益との関係では，その侵害を目的とした準備行為の段階ですでに禁止・処罰に値すると考えられているのです。

　このように，抽象的危険犯の規定の基礎には，**法益の重大性を理由とする処罰の早期化**という思想があります。ただ，抽象的危険犯の中には，これとは別個の考慮に基づくものも存在します。たとえば，**名誉毀損罪**がそうです。法文には「人の名誉を毀損した者」（230条1項）とありますから，名誉侵害の結果が発生したことを要求する侵害犯であるように見えます。しかし，名誉毀損行為の結果として，被害者の名誉（すなわち，その人に対する社会的評価）が低下したかどうか，またその危険が生じたかどうかを確認することはおよそ不可能なことです（行為の前後でアンケート調査を行い，被害者に対する社会的評価が変化したかどうかを確認するというわけにもいかないでしょう）。そこで，名誉毀損罪が成立するためには，名誉が現実に侵害されたことを必要とせず，侵害の危険があればよいとされます。しかも，具体的に侵害の危険が生じることは必要でないとされ，**社会的評価を低下させるのに適した行為**が行われればそれで足りると考えられています。名誉毀損罪は，名誉に対する抽象的危険犯だということになりますが，それは，**結果ないしその危険の発生の有無の確認が不可能または困難**であることに基づく解釈なのです。

　同じことは，信用毀損罪や業務妨害罪（233条）についてもいえるでしょう（なお，名誉・信用・業務に対する罪については，83頁を参照）。これらの罪も，侵害犯や具体的危険犯と解することは困難であり，名誉毀損罪と同様に，抽象的危険犯として把握すべきものと考えられます。たとえば，あるレストランの経

　7）　この点については，総論17頁以下を参照。たしかに，抽象的危険犯の処罰は，具体的事例における法益への現実的危険の発生を処罰根拠とするものではありませんが，それは**応報刑論，行為刑法，客観主義という現在の刑法の基本的考え方**と矛盾するものではないのです。すなわち，それは将来における行為者の再犯の可能性（行為者の危険）を処罰の根拠とするものではなく，法益に向けた一般的・類型的危険性をもった行為に対する否定的評価に基づき，その行為に対して反動としての処罰を行うものです。その処罰が行為規範（行為準則）の確認と維持に役立つと考えられる点で，通常の侵害犯の処罰と変わりはないのです。

営者にうらみをもち，食中毒を出したという虚偽の情報を流したというケース[8]で信用毀損罪，また，営業中であるのにお客さんに対し「休業中」の情報を与えたというケース[9]で偽計業務妨害罪が成立するためには，お客さんの数の減少という実害やその具体的危険性があったこと（法廷におけるその立証）は必ずしも必要ないと解されるのです[10]（→ Column「**処罰の早期化と抽象的危険犯**」135頁）。

2　抽象的危険犯の実質的解釈

　上に述べたところは，従来の通説的な抽象的危険犯の理解を前提とするものです。これに対し，批判的な見解も有力です。それは実質的な被害のない場面で，危険の存在を「擬制」して処罰を肯定するものにほかならないと批判します。そこで，たとえ緩やかなものであっても実質的な危険の発生を要求すべきであり，具体的事例における特殊事情のゆえに危険が発生していないときには犯罪の成立は否定すべきであるというのです（いわゆる**実質説**）[11]。

　たしかに，実質的な被害（有害性）のない行為を処罰してはならないというのは刑法の大原則であり[12]，抽象的危険犯においても，法文に形式的に当てはまる行為が行われたというだけで，ただちにそれを構成要件該当行為とすることはできません。それぞれの処罰規定がどのような種類・態様の行為を実行行為として予定しているかは構成要件解釈の問題ですが，当該規定の法益保護目的に照らして処罰根拠・処罰理由の認められる行為のみが構成要件に該当すると考えるのが刑法解釈の**一般原則**であり，これは当然のことながら抽象的危険犯にも妥当します。

　たとえば，〈**ケース1**〉の場合で，かりに甲の作成したその文書が一見して

---

8)　西田・各論125頁。

9)　山口・各論168頁。

10)　ただし，信用毀損罪と業務妨害罪については，これを具体的危険犯であるとする学説の方がむしろ一般的であり，特に業務妨害罪については，進んでこれを侵害犯と解すべきであるとする学説が強く主張されています。

11)　代表的なものとして，山口・総論47頁以下があります。近年の研究書の中で，抽象的危険犯に関する実質的・限定的見解を詳細に展開したものとして，謝煜偉『抽象的危険犯論の新展開』（弘文堂，2012年）があります。

12)　たとえば，井田・総論25頁，39頁，246頁以下を参照。

第7講　危険犯

処罰の早期化と抽象的危険犯

Column

　2000年代に入り，**刑事立法の活性化**という現象が生じました。相次いで刑事法分野の法改正が行われ，新たな処罰規定の創設や，従前から犯罪とされてきた行為に対する刑の引上げが行われたのです。そこに現れている1つの傾向は，より早い時点から刑罰権の介入を認めるという意味で，**処罰の早期化の傾向**です。そのことは，**抽象的危険犯の処罰規定をさらに増加**させることを意味します。

　たとえば，2001〔平成13〕年の刑法一部改正により，クレジットカードを偽造するにあたり他人のカード情報を不正に入手する行為とその未遂まで処罰されるようになりました（163条の4以下）。それは特定の形態の予備行為とさらにその未遂まで処罰する規定です。また，2011〔平成23〕年の刑法一部改正により，コンピュータウイルスの作成や供用，取得や保管等の行為を処罰する規定が新設されました（168条の2・168条の3）。特別刑法の領域では，1999〔平成11〕年に不正アクセス禁止法（平成11年法律第128号）が制定され，とりわけ2012〔平成24〕年の一部改正では，不正アクセスの用に供する目的で，他人のIDやパスワードを取得・保管・提供する行為まで処罰されることになりました。また，2003〔平成15〕年には，他人の家の鍵を壊すことなく開くことができる道具（特殊開錠用具）を正当な理由なく所持・携帯する行為を処罰する法律ができました（「特殊開錠用具の所持の禁止等に関する法律」〔平成15年法律第65号〕）。さらに，2017〔平成29〕年には，組織的犯罪処罰法（正式名称は，「組織的な犯罪の処罰及び犯罪収益の規制等に関する法律」〔平成11年法律第136号〕）の一部改正により，**テロ等準備罪**の処罰規定が新設されました。これは，「組織的犯罪集団」が一定の重大犯罪を計画し，その実行を準備する行為を行ったときにすでに処罰の対象とするものです。

　このような処罰の早期化が進む傾向の背景には，次の3つの事情があるものと考えられます。まず，第1に，社会生活の科学化・高度技術化（ハイテク化）にともない，個人の行動のもつ損害惹起のポテンシャルが大幅に増大する（すなわち，個人のちょっとした動作・不動作により甚大な被害を生じさせることができる）とともに，その反面として，結果が生じてからでは遅すぎることから，かなり早い段階での刑法の介入が要請されているのです。第2に，社会のボーダレス化・価値観の多元化の進行とともに，刑法以外の手段による社会統制の力が弱まり，それだけ刑法による規制への期待が高まっているという事情があります。具体的には，国際的潮流として，組織犯罪集団の存在とその活動を踏まえた早期処罰の要請が強まっています。第3に，実害に還元できない観念的な価値・利益の保護の要求の高まりという事情もあります。それは，代表的には，環境保護の領域と生命倫理の領域に見られる現象です。

ニセの文書であることがわかるようなものであったとすれば，それは偽造文書にはあたらず，構成要件該当性を否定されます。抽象的危険犯においても，**当該の行為が法益を害するのに適した性質をもつこと**（その種の行為が一般的に放任されたときには法益が害されるであろうと考えられること）は要求されるのですから，具体的事情の下において，当該の偽造行為が文書の信用性を害するに足りる適性をもつかどうかは当然に検討されなければなりません。同様に，名誉毀損罪についても，行為者の行為が，具体的事情の下で被害者の社会的評価を低下させるのに適した行為でなければ構成要件に該当しないのです。さらに，公務執行妨害罪（95条1項）は，国家的法益としての公務（国または地方公共団体の事務）の円滑・公正な遂行を保護法益とする抽象的危険犯ですが，構成要件該当行為としての「暴行又は脅迫」は，何らかの意味で暴行・脅迫であればよいというのではなく，公務の執行を妨害しうる程度のものであることが必要です。

しかし，最近の批判的見解（実質説）が，それにとどまらず，法益に対する現実的な危険（それが比較的わずかな程度の危険なのだとしても）が生じたことを具体的事例において常に要求するのだとすれば，疑問が生じます。〈ケース1〉の場合に，たとえ緩やかな意味であっても，法益である「文書の公共的信用性」との関係において現実的な危険性が認められるとはいえません。かりにその種の行為が一般的に放任されたとすれば，およそ文書の信用が失われるに至り，それに依拠して展開されている人間関係・法律関係が成り立たなくなるだろうと推測されるという以上のことは誰にもいえないのです。

さらに，ここで，抽象的危険犯の代表例である**現住建造物等放火罪**（108条）を例にとって考えてみましょう（このケースは，総論講義ですでに検討したものなのですが〔総論111頁〕，これを再び取り上げたいと思います）。

〈ケース2〉

甲は，Ａが夏の間だけ使用しているＡ所有の別荘（木造家屋）に火をつけ，これを全焼させた。この別荘は，人里離れた場所にあり，草木などを含めて付近に燃焼可能な物はまったく存在しなかった。なお，その別荘は，放火当時，Ａにより現に使用されていたが，甲は，人身に害が及ぶことを嫌って，Ａの留守中を狙い，Ａが家屋内にいないことを十分に確かめてから火を放ったのであった。

第 7 講　危険犯

　まず，ここでは**現住建造物等放火罪がいかなる意味における抽象的危険犯で**
あるのかを明らかにしなければなりません。本罪はその法定刑に死刑を含む重
い犯罪なのですが，「二重の意味で抽象的危険犯性をもつ」[13]といわれます。
すなわち，①行為が周囲の建造物等に延焼するなどして不特定または多数の
人々の生命・身体・財産を侵害する抽象的危険をもつと同時に，それに加えて，
②客体が現住または現在の建造物等であるからには，その内部にいる人の生
命・身体に対する抽象的危険をもつのです（法定刑に死刑が含まれているのは，
まさにこの②の危険に注目するものと考えられます）。**処罰の理由・処罰の根拠が**
二重（あるいは二階建て）**になっている**ということができましょう。

　〈ケース 2〉について見ますと，甲は，①と②のいずれの危険との関係でも，
一般的・類型的には危険な行為を行ったことになります。他人の住む家に火を
つける行為は，一般的・類型的には①と②の危険の両方をもつ行為なのです。
たしかに，具体的事情の下では，周囲の建造物等への延焼の危険はなく，かつ，
放火の時点において建造物内に人はいないので，内部にいる人の生命・身体に
対する危険も存在しないのですが，通説的理解による抽象的危険犯は，そのこ
とにより成立を妨げられません。

　これに対し，具体的状況下における現実的危険の発生を要求する学説（した
がって，危険が排除されている状況では本罪は成立しないとする見解）によります
と，〈ケース 2〉のように，付近の建造物等への延焼可能性も，建造物内部の
人の生命・身体への危険性も，いずれもまったく存在しないとき（危険の発生
が排除されているとき）には，放火罪としての重罰の根拠を欠く（二重の根拠の
いずれをも欠く）ということになります。したがって，この見解によれば，①
と②を処罰根拠とする現住建造物等放火罪ばかりでなく，**①を処罰根拠とする**
非現住建造物等放火罪（109 条 1 項）の成立も否定され，ただ，建造物損壊罪
（260 条）が認められるにとどまることになるのです[14]（すなわち，社会的法益に
対する罪としての処罰根拠は否定されて，個人の財産への侵害のみが問題とされる
ことになるわけです）。

---

　13)　西田・各論 299 頁。
　14)　このような結論を認めるのは，高橋・各論 450 頁，松原・各論 400 頁以下，山口・各論 376
頁以下，379 頁以下，山中・各論 526 頁以下などです。

137

しかし，このような考え方には疑問があるといわなければなりません。まず，条文の解釈として無理があります。すなわち，108 条には，「現に人がいる」建造物（現在建造物）等と区別する形で，「現に人が住居に使用」する建造物（現住建造物）等が客体となっているのですから（すなわち，現にそこに人がいなくても，人が住居として使用している建造物等であれば本罪の客体となる，とするのが刑法の趣旨なのですから），人の現在することを現住性の要件とすることはできないのです[15]。

　また，実質的に考えても，人が起居の場所として日常的に使用している場所（それが現住性の意味するところです）であれば，かりに留守と思われてもどこかに人が現在するかもしれず，またいつ何時，居住者や来訪者が建造物内に立ち入るかもしれません。すでに，そのことだけでその種の放火行為を一般的に強く禁止する根拠たりうるというべきなのです。また，〈ケース 2〉のように，客観的に危険が排除されている場合に違法な放火行為であることを否定するのであれば，客観的には危険であっても，行為者が危険を基礎づける事情（すなわち，内部にいる人の存在）を認識していなかったというケースでは，故意の阻却を認めざるをえないでしょう[16]。

　このようにして，現住建造物等放火罪との関係でも，具体的事情の下における現実的な危険性の有無・程度は問題としない解釈（ここでいう通説的理解）がとられるべきものと考えます。ただし，前述のように，抽象的危険犯であっても，その行為が法益を害するのに適した性質をもつこと（その種の行為が一般的に放任されたときには法益が害されるであろうと考えられること）は要求されなければならないのですから，通説的理解とこれに批判的な実質説との間の距離は決して大きくないことに注意する必要があります（→ Column「**抽象的危険犯規定のメリット**」141 頁）。

---

　15)　西田・各論 299 頁を参照。

　16)　いいかえますと，ここでは，建造物内や付近に人が存在するかもしれないという「状況的な不確実性」を犯人側と被害者側のどちらのリスクとして負担させるべきかが本質的な問題なのです。行為が一般的・類型的に高度の危険性を有する場合，このリスクを行為者の側に負担させることは決して不当ではありません。現住建造物への放火は（およそ例外を許さず）強く禁止するという 1 つの政策的立場は十分な合理性をもちうるばかりか，反対説のそれと比べてより妥当であると思われるのです。

第 7 講　危険犯

Ⅲ　具体的危険犯について

　次に，具体的危険犯に目を向けることにしましょう。具体的危険犯とは，抽象的危険犯とは異なり，**具体的状況下において行為から現実に保護法益に対する侵害の危険が発生することが犯罪成立の要件となっている犯罪**です。

　実は，異論なく具体的危険犯とされている犯罪はそれほど多くありません。その一例として，往来危険罪（125 条）を挙げることができます（それは故意犯の規定ですが，129 条により**過失行為も処罰**されます）。この罪は，「鉄道若しくはその標識の損壊」，「灯台若しくは浮標の損壊」または「その他の方法」により，汽車・電車・艦船（船舶）の「往来の危険」を生じさせたときに成立します。**往来の危険**（すなわち交通の危険）の意義が問題となりますが，本条の罪を犯した結果として，「汽車若しくは電車を転覆させ，若しくは破壊し，又は艦船を転覆させ，沈没させ，若しくは破壊した」場合について結果的加重犯が予定されている（127 条を参照）ことからすれば，衝突，脱線，転覆，沈没等の危険のある事態が生じたときに往来の危険が生じたと考えることができます。

　具体的危険犯は，危険のある事態の発生を結果（危険結果）として要求する**結果犯**です。結果とは客観的な事態のことであり，たとえば，殺人罪における生命侵害の結果のように，誰がどう見ても結果が発生したかどうかがはっきりと決まるようなものでなければならないと考えることもできます。そうであるとすれば，往来の危険についても，衝突，脱線，転覆，沈没等の危険が現実にはなかったが，現場にいた一般通常人には危険が感じられたというにとどまるときには，危険結果は発生しておらず，本罪の未遂犯（128 条・125 条）にとどまると考えることもできましょう。しかし，およそ実害発生の客観的・物理的可能性がないときでも，一般通常人の認識を基礎として危険な事態が発生したときには，その場にいる人が危険や恐怖を感じたり，それに応じた種々の対応を迫られたりする以上，往来の危険の結果が生じたと理解することも可能な解釈といわなければなりません（→ Column「**往来の危険の意義**」143 頁）。

　さて，この往来危険罪のように，法文上，危険の発生が要求されている場合については，それを具体的危険犯と解することが自然ですが，そういう場合ばかりでなく，**構成要件解釈により危険の発生を要件に加える**ことでその犯罪が具体的危険犯と解されることもあります[17]。ある犯罪を抽象的危険犯と解す

139

るか，それとも具体的危険犯と解するかは，**主観的要件との関係で大きな意味**をもつことに注意しなければなりません。すなわち，具体的危険犯においては，具体的危険の発生が構成要件要素となることから，それについての故意（危険故意）が要求されるのです[18]。これに対し，抽象的危険犯においては（少なくとも，前述のような通説的理解による抽象的危険犯においては），危険の発生は構成要件要素ではないので，危険を発生させようとする故意も必要とされません。

たとえば，往来危険罪においては，往来の危険を生じさせることについての故意が必要です（故意がなければ，過失往来危険罪〔129条〕となるにすぎません）。ただし，もし人の現在する電車等を転覆させたり，破壊したりすることまでの故意（少なくともその未必の故意）があれば，たとえその結果が生じなくても，より重い汽車転覆等罪の未遂犯（128条・126条）となります。そこで，往来危険罪が成立するためには，往来の危険についての故意（危険故意）はあるが，実害発生についての故意はない（その未必の故意もない）という（いささか微妙な）心理状態が認められなければならないのです[19]。

なお，学説により具体的危険犯として理解されている自己所有の非現住建造物等放火罪（109条2項）および建造物等以外放火罪（110条）をめぐっては，この故意の問題を含めてさまざまな論点が存在します。これらについては，放火罪をテーマとする第8講の中で取り上げることにいたします。

---

17) さらに，付け加えますと，そもそも侵害犯か危険犯か，また，具体的危険犯か抽象的危険犯かは，法益をどのような内容として考えるかにより相対的に決まる面があります。簡単にいえば，法益を抽象的に規定すればするほど，抽象的危険犯が具体的危険犯へと，危険犯が侵害犯へと「格上げ」されることにもなるのです。

18) 故意があるといえるためには，構成要件に該当する事実の認識がなければなりません。故意における事実認識の対象は，**構成要件の客観的要素にあたる事実のすべて**です。ある事情が（客観的）構成要件要素であるとき，その事情を認識しなければ，故意があるとはいえないのです。この点については，総論146頁を参照。

19) なお，もし汽車等の転覆，破壊，沈没の結果が発生し，その点につき故意を欠くときは，結果的加重犯である往来危険による汽車転覆等罪（127条・126条）が成立します。

第7講　危険犯

抽象的危険犯規定のメリット
Column

　抽象的危険犯は，処罰のためのハードルを低くし，処罰の早期化と処罰範囲の拡大をもたらすものではありますが，他方，法益の保護をより充実させることに加えて，次のようなメリットも持っています。すなわち，侵害犯の処罰規定においては，犯罪が成立するかどうかが，法益侵害の発生・不発生という，多分に偶然的な要因に依存することとなります。それは，行われた行為自体の評価から（ある程度）離れたところで，犯罪の成立・不成立が決まることへの不均衡感・不公平感を生み出すことになるのですが，抽象的危険犯においてはそれがないという側面があるのです。

　一例をあげますと，飲酒して自動車を運転し，交通事故を起こした結果として，人を死亡させるに至れば，過失運転致死罪（自動車運転致死傷5条）が成立します（→36頁以下）。それは侵害犯であり，同時に過失結果犯の処罰規定です。他方，道路交通法は，酒に酔い，アルコールの影響により正常な運転ができないおそれがある状態で自動車車両を運転したとき，それを処罰の対象としています（道交117条の2第1号・65条1項。なお，その程度に至らない酒気帯び運転に対しては，より軽い刑が規定されています。道交117条の2の2第3号・65条1項）。このように，道交法は，交通事故の前段階にあたる飲酒運転行為それ自体を処罰の対象としているのですが，それは刑事犯たる抽象的危険犯として把握されるべき犯罪類型だといえましょう。

　法益侵害結果の発生まで待つことは，処罰範囲の限定という大きな長所をもつことは事実です。しかし，他方において，処罰の不公平さ（偶然的な処罰），結果責任の傾向の助長，行動基準の不可視性というマイナス面を持たざるをえません。逆にいえば，このようなマイナス面を（ある程度）解消できるところに抽象的危険犯規定のメリットがあるのです。

〈ケース3〉

　甲は，生後3か月の子Aの育児と世話に疲れ，捨子することにした。甲は，Aをベビーカーに乗せたまま路傍に置き，物陰にかくれて誰か来てくれないかとこっそりうかがっていた。そして，通りかかった主婦Bがこれに気づき，ベビーカーを押して交番の方向に進み始めたのを確認した後に，安心してその場を立ち去った。

141

先ほど，抽象的危険犯か，具体的危険犯かは，構成要件解釈によって決まると述べました。そこで，法文上は明確ではなく，解釈としてどちらに分類されるべきかが争われている各則規定が多いのです。たとえば，遺棄罪（217条以下）がその一例です。

　〈ケース3〉では，甲の行為が保護責任者遺棄罪（218条）にいう「遺棄」にあたるかどうかが問題となります。遺棄罪を**具体的危険犯**として理解するとき，この事例においては，Aの生命・身体に対する具体的な危険は発生していないという理由で，本罪の構成要件にあたらないという結論が導かれることになります。しかしながら，この種のケースにおいても，被害者が保護されることがいまだに確実でない限り，被害者（この事例のA）に対する刑法的保護は継続すべきではないでしょうか。しかも，具体的危険犯説によれば，軽はずみにもう大丈夫だと考えた行為者について故意なしとすることになりますが，それも妥当ではないと思うのです（また，遺棄罪を具体的危険犯と解するとき，その故意〔生命に対する危険故意〕と，殺人罪の故意〔生命に対する侵害故意〕との区別が困難になるという問題も生じるでしょう）。このように考えるとき，遺棄罪は**抽象的危険犯**として理解されるべきこととなります[20]。

　ただ，ここで抽象的危険犯説によるとしても，およそ危険の発生が排除されている具体的事情の下では，構成要件の予定する「遺棄」という行為にあたらないと解することは可能でしょう。たとえば，幼児の父親がその子の世話を妻にまかせて突然に家出するとか，産科で出産した母親が嬰児を置いたまま病院を出て行ってしまうとかは，親としての扶養義務違反ではありますが，およそ遺棄にあたると解すべきではありません。このような解釈を行う際に，具体的な事情の下における被害者の生命・身体への危険の有無・程度が重要な考慮の

---

　20)　大審院時代の判例ですが，単純遺棄罪（217条）が**生命・身体に対する抽象的危険犯**であることを明示したものがあります（現代文に書き改めました）。すなわち，「刑法217条の罪は，扶助を要すべき老者・幼者・身体障害者または病者を遺棄することによって直ちに成立し，その行為の結果が現実に生命・身体に対する危険を発生させたかどうかは問うところではない。けだし，法律は上のような行為をもって当然に被害者の生命・身体に対して危険を発生させるおそれあることを想定して，これを処罰の理由としたものであるから，遺棄の事実について判示すれば足り，特に危険発生のおそれある状態の存在について説示することを要しない」というのです（大判大正4・5・21刑録21輯670頁）。これに対し，最近の大阪高判平成27・8・6裁判所ウェブサイトは，遺棄罪における遺棄とは「対象者の生命・身体に具体的な危険を生じさせるに足りる行為であることを要する」としている。

第7講　危険犯

往来の危険の意義

Column

　往来の危険の意義に関し，最高裁判例（最決平成15・6・2刑集57巻6号
749頁）は，それは「汽車又は電車の脱線，転覆，衝突，破壊など，これらの
交通機関の往来に危険な結果を生ずるおそれのある状態をいい，単に交通の妨
害を生じさせただけでは足りないが，上記脱線等の実害の発生が必然的ないし
蓋然的であることまで必要とするものではなく，上記実害の発生する可能性が
あれば足りる」とするとともに，本件当時，国鉄職員および工事関係者らがき
わめて危険な状態にあると一致して認識しており，その認識は現場の状況から
して相当な理由があり合理的なものであったといえることなどに照らすと，実
害の発生する可能性があったと認められるとしました。
　原審の高等裁判所は，物理的な実害発生の可能性の有無を問わず，一般通常
人が実害発生の可能性があると認識し，かつそのように認識するにつき相当な
理由があるときには，往来の危険が発生したものと認められるという解釈をと
りました。これに対し，この最高裁決定は，本件事案においては実害発生の可
能性があったと認められるということから，往来の危険の発生を肯定したので
す。したがって，最高裁が，実害発生の客観的・物理的可能性がないケース
で，一般通常人の認識を基準にすると危険が肯定できる場合につき，どのよう
に判断するかは明らかではありません。

要素になることは認められるのです。

Ⅳ　終了のチャイムが鳴る前に

　本日の講義も，そろそろ終わりの時間が近づいたようです。最後に，今回述
べたことに関係する重要な論点について補足しておきたいと思います。刑法学
において正面から**危険概念とその判断方法**が問われるのは，刑法総論において，
未遂犯成立の限界が議論される場面です[21]。とりわけ，その行為が可罰的な
未遂犯となるか，それとも不可罰的な不能犯にすぎないかを区別しなければな
らないときにそのことが問題とされるのです（簡単には，総論133頁以下を参

---

　21)　危険の概念は，そのほか，正犯と共犯の区別，正当防衛における侵害の急迫性，緊急避難に
おける危難の現在性といった論点との関係でも重要な意味をもちます。

143

照）。殺人（既遂）罪は侵害犯ですが，その未遂犯は，生命という法益との関係での危険犯にほかなりません。したがって，未遂犯も危険犯として分類することが可能なのです。

　そこで問題となるのは，**未遂犯はどういう種類の危険犯**であるのか，すなわち，具体的危険犯であるのか，抽象的危険犯であるのか，それともそのどちらにもあたらない特殊な危険犯であるのかということです[22]。ただ，およそ未遂犯が具体的危険犯か，それとも抽象的危険犯かという問題のたて方には意味があるとはいえません。〈ケース1〉で問題となった偽造文書行使罪のような抽象的危険犯については，既遂犯でさえ抽象的危険犯なのですから，その未遂犯も保護法益との関係では抽象的危険犯であることが明らかであるからです[23]。これに対し，**侵害犯である殺人罪**の未遂犯が，保護法益との関係で具体的危険犯であるのか，それとも抽象的危険犯であるのかは必ずしも明らかでなく，検討する価値のある問題なのです。

　そこで，ここでは，殺人罪の未遂犯がどのような意味で危険犯といえるのかについてだけ考えてみたいと思います。実はこれは大変難しい問題です。未遂犯をどのような犯罪として把握するかという**未遂犯の本質**（ひいては**犯罪の本質**）と切り離すことのできない問題なのです。もし殺人罪の未遂犯の成立のために，法益たる生命が現実的な危険にさらされたという「危険結果」を要求する一種の結果犯として把握するとすれば（→総論134頁以下），それは生命に対する具体的危険犯として理解されることになるでしょう。これに対し，危険結果と呼びうる客観的事態の発生までは要求せず，具体的な事情の下で一般通常人を基準として危険な行為が行われれば足りるとする見解をとるとすれば（→総論135頁），これを具体的危険犯と呼びうるかどうかは微妙な問題となります（この見解を「具体的危険説」といいますので，ちょっと紛らわしいですね）。前述したように，一般通常人の認識を基礎として危険な事態が発生したときには，それも一種の危険結果であると理解するならば，これを具体的危険犯と呼ぶこ

---

　22)　未遂犯論に関する最新の研究書である佐藤拓磨『未遂犯と実行の着手』（慶應義塾大学出版会，2016年）は，この問題についても詳細な検討を行っています。

　23)　ただし，法益との関係での危険性ではなく，「既遂に到達すること」との関係での危険性に注目して，どのような危険があることが犯罪成立の要件となるかを検討することには意味があるかもしれません。でも，それは「危険犯」という言葉の通常の使用法に合致しないでしょう。

とも可能でしょう[24]。

　次の第8講では，危険犯の典型例として，本講の中でもしばしば登場した放火罪について詳しく見ていきたいと思います。不特定または多数の人の生命・身体・財産を脅かす犯罪のことを**公共危険犯（公共危険罪）**といいますが，放火罪はその代表です。凶悪犯の1つに数えられ，数多くの論点を含む重要な犯罪類型です。

---

24)　他方，ここでは，具体的事情の下で一定程度の危険性をもった行為が要求されているのですから，これを抽象的危険犯に含めることはできません。抽象的危険犯は**具体的事情の下での法益への危険性を問題としない**ところに特色があるのです。

Introductory Lectures
in Criminal Law
Specific Offences

第**8**講

放火罪

I　はじめに

　本講では，放火罪という犯罪を取り上げることにします。これまでの講義の中でも何度か登場した，重要な犯罪類型です。例によって，条文を見るところからはじめましょう。刑法典第2編「罪」（すなわち，刑法典の各則）の中で，**第9章から第11章までに規定された犯罪**（学説によっては，これに第8章「騒乱の罪」も含めます）が**公共危険犯**[1]と呼ばれる犯罪グループの中核です[2]。そのうちの（公共危険犯の代表ともいえる）放火の罪（108条以下）と，出水の罪（119条以下）とは，相互に比較しますと，条文の書き方がきわめて類似していることがわかります。この2つの犯罪は，兄弟（ないし姉妹）の関係にあるのです。

　読者の皆さんは，ボン・ジョヴィというロック・グループがお好きですか。私は，よくリーダーのジョン・ボン・ジョヴィにそっくりといわれるのですが

　1）　公共危険犯（公共危険罪）とは，不特定または多数の人の生命・身体・財産を脅かす罪のことをいいます。「不特定または多数」という言葉に示されているように，特定者であっても数が多ければ，これに含まれ，逆に，少数の人しか脅かされなくてもそれが不特定の人であれば，これに含まれることになります。特定かつ少数の人（のみ）が被害者となりうるケースでは，むしろ個人的法益の保護が問題となるのであり，それは公共危険犯が予定している場面ではないのです。

　2）　刑法典の外にある特別刑法の規定にまで視野を広げると，重要な一連の公共危険犯が存在します。これらについては，本講の最後のところで触れるつもりです（→ 164頁以下）。

147

（笑），彼らのある曲の中に，

You can't stop a fire burning out of control.

という一節があります。さすがボン・ジョヴィ，放火罪の本質を的確にいい当てています。「火」は燃えると「制御不能」になり，もはや人の手に負えない事態に発展するおそれがあるのです。この点では，「水」もまた「火」と同様の危険性をもっているところから，立法者は「火」と「水」をパラレルに扱うこととし，そこから相互に類似した規定となったのです。

さて，放火罪は，火を用いて**建造物またはその他の物**を毀損することを直接的な行為の内容としています。したがって，放火罪が行われるとき，建造物との関係では 260 条の建造物損壊罪，その他の物との関係では 261 条の器物損壊罪という**個人的法益に対する罪**にあたる行為が行われることになります[3]。しかし，それがほかならぬ「火」を手段として行われるところに，通常の毀棄行為との決定的な違いがあります。ここでは建造物を客体とする場合についてだけ見ることにしますが，建造物損壊罪の法定刑が「5 年以下の懲役」であるのに対し（260 条前段），「火」が使われると，刑は格段に重くなります。すなわち，それが「現に人が住居に使用せず，かつ，現に人がいない建造物」（これを**非現住建造物**といいます）であるときには「2 年以上（20 年以下）の有期懲役」に（109 条 1 項），それが「現に人が住居に使用し又は現に人がいる建造物」（これを**現住建造物・現在建造物**といいます）ですと，「死刑又は無期若しくは 5 年以上の懲役」にまで引き上げられるのです（108 条）[4]。

このように重い刑が科せられるべき理由（したがって，放火罪の処罰根拠）は，特定の個人の財産が侵害されるところにあるのではなく（それのみでは懲役 5 年までの刑しか正当化できません），**放火行為のもつ，不特定または多数の人々の生命・身体・重要財産に対する危険性**に求められます。「火」が手段として用いられることにより，単に直接的な建造物へのダメージにとどまらず（それだけに尽きるのであれば，建造物の私的な所有権への侵害のみに注目した個人的法

3）これらの罪は，同時に成立する放火罪に吸収されることになります。**法条競合のうちの吸収関係**については，総論 245 頁を参照。

4）現住建造物等放火罪（108 条）は，構成要件の内容に死亡結果の招来が含まれていないのに，法定刑として死刑が定められている数少ない犯罪の 1 つです（刑法典の罪としては，他に，77 条・81 条・82 条の罪があるだけです）。

益に対する罪にとどまることになります），**制御不能な形で燃え広がることによる社会公共への危険性**が考慮された結果として，これだけ刑が重くなっているわけです。この意味において，放火罪は**社会的法益に対する罪**であり，公共危険犯として性格づけられるのです[5]（→ Column「**社会的法益に対する罪と被害者の同意**」151 頁）。

　ただし，ここで注意すべきことがあります。たしかに，放火行為のもつ公共への危険こそが重罰の根拠になっているのですが，規定の上では，「公共の危険」はごく例外的にしか顔を出しません（特に，109 条 2 項および 110 条 1 項を参照）。このことは，放火がその行為の性質として一般的・類型的に公共への危険をもつことを理由に処罰されていること，したがって，放火罪が**原則として抽象的危険犯**であることを示しているのです（抽象的危険犯については，130 頁以下を参照）。

Ⅱ　放火罪の客体

1　「建造物等」とそれ以外の物

　108 条以下の放火罪の規定を理解しようとするとき，いちばんのポイントは，**刑法が行為の客体**を，**建造物等**（108 条・109 条）と，**それ以外の物**（110 条）とに分け，大きく区別して取り扱っているということです。前者の「建造物等」を燃やすことの方がずっと重く処罰されますし，しかも**未遂も**（さらには**予備も）可罰的**です。これに対し，後者の「建造物等以外の物」（110 条 1 項にいう「前 2 条に規定する物以外の物」）については，焼損の結果として「公共の危険」を生じさせない限り，放火罪による処罰の対象にはならないのです[6]。このことを理解することが，放火罪規定の解釈論を学ぶにあたっての出発点です。

　5）　なお，109 条 1 項の罪に比べて，108 条の罪がさらに重くなっている理由については，135 頁を参照。109 条 1 項の非現住建造物等放火罪は，そこにいう「①の危険」のみを処罰の根拠とするのですが，108 条の現住建造物等放火罪は，それに加えて，「②の危険」をも含む犯罪なのです。

　6）　建造物等以外の物といっても，少量の紙くずやタバコのように，それ自体の焼損により公共の危険が発生することがない物については，そこから除外されるとする見解もあります。このような限定的解釈は，公共の危険についての認識不要説（→ 163 頁）をとるときに重要性をもちます。山口・各論 392 頁を参照。

建造物等（すなわち，108条または109条1項に規定する客体）を燃やせば，同時に，建造物等の内外に存在する「その他の物」も火力により毀損されることでしょう。そのときでも，建造物等放火罪のみで包括的に処罰され，建造物等以外放火罪は独立には成立しません。

2　特に「建造物」

とりわけ注意すべきことは，刑法は，それが建造物等であるにせよ，それ以外の物であるにせよ，**それぞれの客体に火をつけて焼損することを処罰の対象**としていることです（建造物等については，未遂段階にまで処罰が拡張されていますが〔112条〕，それはまた別論です）。建造物等放火罪について見ますと，現住建造物等放火罪（108条）の客体は，「現に人が住居に使用」する，または「現に人がいる」建造物，汽車，電車，艦船，鉱坑です。また，非現住建造物等放火罪（109条1項）の客体は，「現に人が住居に使用せず」，かつ「現に人がいない」建造物，艦船，鉱坑です（ここでは，汽車と電車が客体から除外されています）。**建造物**とは，建造物損壊罪（260条）のそれと同じですが，家屋その他これに類似する建築物をいい，屋根があり壁または柱により支持されて土地に定着し[7]，少なくともその内部に人が出入りできるものとして定義されています[8]。この定義にあたる**建造物そのものを焼損**しない限り，建造物放火罪は既遂にはならないのです。

〈ケース1〉

　甲は，4階建てのマンションの1階にあるAの部屋を訪れ，睡眠薬をコーヒーに混ぜてAに飲ませて眠らせるとともに，Aが自らの失火に基づく火事により焼死したように見せかけるため，可燃物をAの周囲に集めてライターで点火し，火勢が強くなったことを確認して，そのまま逃走した。不審な様子に気づいた隣室の住人により火は早期に消し止められたが，書類や書籍などの可燃物がよく燃焼し，Aは酸欠死するに至った。火は，カーテンやカーペットにも燃え移ったが，壁や床や天井には燃え移らなかった。

7）　なお，この**定着性**の要件をめぐっては議論もあります。これを厳格に要求すると，たとえば，トレーラーハウスやエアードーム等についても建造物ではないことになります。この点につき，伊東・現代社会307頁以下を参照して下さい。

第 8 講　放火罪

社会的法益に対する罪と被害者の同意

Column

　社会的法益に対する罪の 1 つの特色として，**被害者の同意が法的意味をもたないということ**があります。個人的法益に対する罪である建造物損壊罪や器物損壊罪については，物の所有者が損壊に同意する限り，犯罪が成立することはありません。個人的法益については，被害者の同意が犯罪の成立をブロックするのが原則なのです（詳しくは，43 頁以下を参照）。これに対し，放火罪について見ると，そもそも誰が被害者であるかが問題ですが，それは，建造物等の燃焼により，危害を受ける不特定または多数の人々であるといえましょう。これらの人々がみな同意するという事態は考えられませんし，かりにそのようなことがあったとしても，そのときには同意が法的に有効であるかどうかに疑いが生じます。

　ただ，放火罪は，**副次的に個人の所有権の保護をも考慮**しています。この点については，II-4 で説明するところですが（→ 157 頁），刑法は，「建造物等」と「その他の物」のいずれの客体についても，それが**他人の所有物**である場合と，**犯人自身の所有物**である場合とで大きく区別しているのです。たとえば，**109 条 1 項**は，他人所有の非現住建造物等に放火するケースを予定しています。そして，その **2 項**は，犯人じしんがその非現住建造物等の所有者である場合について，法定刑を大幅に軽くし，かつ公共の危険が発生しなかったときは処罰しないとしています。1 項の場合がより重く扱われている理由は，建造物等の持ち主の所有権の保護に求めるほかはないでしょう。このような規定の下では，もし非現住建造物等の所有者が放火行為に同意しているときは，もはや所有権保護の必要はないのですから，1 項ではなく，2 項が適用されると考えるのが当然なのです。

　以上は一例にすぎませんが，放火罪においては，**物の所有者の同意が，適用法条を変化させる**という効果をもつことに注意することが必要です。

　〈ケース 1〉では，殺人罪（199 条）のほか，現住建造物放火罪の未遂（112 条・108 条）が成立することは疑いありませんが[9]，**建造物そのものが焼損されていない以上，その既遂にはなりません。**「建造物……を焼損した」（108

---

8)　西田・各論 283 頁を参照。

9)　まったくの余談ですが，犯行後，犯人が逃走するケースを試験に出すと，ときたま，逃走罪が成立するという答案に出くわします。しかし，一度でも条文（97 条以下）を読んだ人であれば，そういう誤解はしないはずでしょう。

151

条・109条1項）というためには，机，本，家具，カーテン，畳，カーペット，雨戸などが燃えただけでは十分ではなく，柱や天井，壁や床そのものが焼損されなければならないのです（ここでは，あまりにも当然のことを強調していると思うかもしれませんが，放火罪のケースでは，人的被害や公共の危険が発生していると，既遂を認める方向に誘導されがちなのです）。

ただ，ドアとか窓のように，果たして**建造物の一部であるのかどうか**につき，疑問の生じるものがあります。その場合の判断基準は，従来，「毀損しなければ取りはずすことのできない状態にある」かどうかというものでした（すなわち，壊さなくても取りはずすことができれば，建造物の一部ではなく，壊さなければ取り外せないものは，建造物の構成部分であるというのです）[10]。しかし，近年では，技術の進歩により，複数の部分から組み立てられていて容易に取り外せないが，工具等を用いれば毀損しなくても取り外しが可能であるものがしばしば使われます。このようなものについては建造物の一部と認めてよいことから，少し基準を緩和して，「容易には取り外すことのできない状態にある」かどうかにより決めるべきものとされるようになっています[11]。

このように，建造物そのものの構成部分かどうかが問題となる理由は，放火した箇所が建造物の一部とされれば，その部分を焼損すれば**ただちに建造物放火罪の既遂**となるのに対し，放火した箇所が建造物の構成部分ではないとされれば，かりに建造物に延焼させる目的があったとしてもせいぜい建造物放火罪の未遂にすぎず，火が建造物に燃え移ってはじめて既遂犯の成立が認められる

---

10) たとえば，団藤・各論196頁以下を参照。なお，**マンション内のエレベーターのかご**について，最決平成元・7・7判時1326号157頁の原審判決である札幌高判昭和63・9・8高等裁判所刑事裁判速報集昭和63年214頁は，収納部分から取りはずすためには，最上階でかごから重りを外した後，最下階に移した上，解体してエレベーター扉から搬出するなど，作業員約4人がかりで1日の作業量を要するのであるから，「毀損しなければ取り外すことができない状態」にある場合に該当し，108条の適用上も，建造物たるマンションの一部を構成するものというべきであるとしました。

11) なお，最決平成19・3・20刑集61巻2号66頁は，建造物損壊罪の客体としての建造物に関して，建造物に取り付けられた物が建造物損壊罪の客体にあたるか否かは，当該物と建造物との接合の程度のほか，当該物の**建造物における機能上の重要性をも総合考慮**して決すべきものであるとしました。建造物損壊罪は個人的法益に対する罪であり，そこでは，個人の所有権保護の見地から客体の一部かどうかを判断すべきでありますから，その部分のもつ機能上の重要性を考慮すべきであるとする考え方は納得できるものです。ただ，その趣旨は，社会的法益に対する罪である放火罪の解釈にただちに及ぶものではないでしょう。

ことになるというところにあります。そこで，同様のことは，次のようなケースでも問題となります。隣接する建造物のＡとＢとがあり，かりにＡは住居として用いられていない非現住建造物で，Ｂは住居として用いられている現住建造物だとしましょう。放火犯人がＡに火をつけて焼損したが，まだ火はＢには燃え移っていないという場合，もしＡとＢとを一体の建造物（すなわち，1個の現住建造物）として捉えることができれば，すでに現住建造物放火罪の**既遂**となりますし，もしそれぞれが別個の建造物だとすれば，せいぜい現住建造物放火罪の**未遂**にすぎない（既遂に達した非現住建造物放火罪はそれに吸収される）のです。このような場合においては，**建造物の一体性**をどのような基準により判断するかが問われることになります。

〈ケース2〉
　建設用機械の製造販売を営むＡ製作所の機械仕上工場では，Ｂら3名が夜を徹して作業中であった。Ａ製作所社長にうらみをもつ甲は，機械仕上工場に隣接し，その時点では無人の木工場を焼損する目的で，木屑にマッチで点火した。火は燃え広がり，木工場は焼損したが，ガードマンＣがただちにこれを発見し，消火に努めたため，機械仕上工場に延焼することはなかった。なお，木工場と機械仕上工場との間には木材でできた簡素な渡り廊下があり，トタンの屋根で雨を防ぐようにしてあった。

〈ケース2〉では，108条の放火罪の既遂犯が認められるかどうかが問題となります。もし木工場と機械仕上工場がそれぞれ別個の建造物であるとすれば，甲は，（現に人が住居に使用せず，かつ）現に人がいない建造物（＝木工場）を焼損したということで，109条1項の放火罪の刑事責任を負うことになります（ただし，もし機械仕上工場に延焼することについて甲に故意があったとすれば，108条の放火罪の未遂犯が成立する可能性があります）。これに対し，木工場と機械仕上工場とがあわせて1個の建造物だとすれば，その建造物内には人が現在しますので，それを焼損した甲には，すでに108条の放火罪の既遂犯が成立するということになるのです。

　建造物の一体性に関する最高裁判例によれば，一体性の判断は，物理的観点と機能的観点という2つの観点から具体化されます[12]。**物理的一体性**とは，延焼の可能性を考慮の要素としつつ，その一部に放火されることによって全体

に危険が及ぶほどに物理的に一体の構造かどうかという基準であるといえましょう。**機能的一体性**とは，全体が一体として使用されているかどうかという判断です。なぜ，物理的一体性に加えて，機能的一体性も考慮されなければならないのかといいますと，それは複数の建造物部分が一体として利用されることにより，人がそこに居合わせて火災の危険にさらされる可能性が増加するからであると考えられます。

　このうち，本質的な基準は物理的一体性であり，機能的一体性はあくまでもそれを補完する，従たる判断要素にすぎないというべきでしょう[13]。たとえば，学校の宿直室が，校舎と隣接する別個の建造物の中にあり，その間を構造的につなぐ木造の渡り廊下などがないという場合に，夜間に校舎の方を焼損したというような事例では，せいぜい 108 条の放火罪の未遂犯となるにとどまる（延焼の可能性もあり，機能的一体性も強く認められるという理由で建造物としての一体性を肯定することはできない）と解されるのです。〈ケース 2〉については，木工場と機械仕上工場とは，木材でできた渡り廊下でつながっていることから，延焼が可能な形で物理的に一体化した構造であり，それに加えて，機能的一体性も強く認められることから，建造物として一体性を肯定できるものといえましょう。甲には，108 条の放火罪の既遂犯が成立するということになります（→ Column「**不燃性・難燃性建造物とその一体性**」155 頁）（なお，東京高判昭和 31・7・31 高等裁判所刑事裁判特報 3 巻 15 号 770 頁は，〈ケース 2〉のような構造をもつ一連の建造物のうちの木工場の部分を焼損しようとして未遂に終わった事案について，**建造物の一体性を肯定**した上で，108 条の放火罪の未遂犯の成立を認めました）。

---

　12)　最決平成元・7・14 刑集 43 巻 7 号 641 頁（平安神宮事件）は，被告人が，平安神宮の本殿等を焼損しようと決意し，午前 3 時すぎ頃，東西両本殿，祝詞殿，内拝殿，齋館，そして宿直員等が就寝していた社務所および守衛詰所等が，廻廊・歩廊によって接続している構造の平安神宮社殿の一部である祭具庫西側板壁付近にガソリン約 10 リットルを散布した上，これに点火して火を放ったというケースにつき，「右社殿は，その一部に放火されることにより全体に危険が及ぶと考えられる一体の構造であり，また，全体が一体として日夜人の起居に利用されていたものと認められる。そうすると，右社殿は，物理的に見ても，機能的に見ても，その全体が一個の現住建造物であったと認めるのが相当であるから，これと同旨の見解に基づいて現住建造物放火罪の成立を認めた原判決の判断は正当である」としたのです。

　13)　すなわち，機能的一体性は，物理的一体性が弱いときに，それを補う形で考慮されるべきであり，機能的一体性が強く認められても，およそ物理的一体性がないというのであれば，建造物としての一体性は否定されるべきであると考えるのです。

第 8 講　放火罪

不燃性・難燃性建造物とその一体性

Column

建造物の一体性をめぐる 1 つの問題として，いわゆる**不燃性・難燃性建造物であるマンション**の一室が，独立した建造物と認められるかどうか，というものがあります。構造としては全体が 1 つの大きな建造物なのであり，居室のそれぞれは独立していないのですが，1 つの居室に放火したときに，他に延焼する可能性がないというのであれば，建造物放火罪との関係では，マンションのそれぞれの部屋を相互に独立した建造物として把握することも不可能ではありません。そのように考えるとすれば，仮にマンションの空き部屋に放火してその部屋を焼損したとしても，109 条 1 項の放火罪となるだけで，人が現住する他の部屋への延焼の可能性がないという限りにおいて，108 条の放火罪は成立しない（さらにはその未遂にもならない）という結論を出すこともできそうなのです。

しかしながら，1 つの区画に放火した際に，火が他の区画に及ぶ危険性をまったく排除できるのか（窓や換気扇等を通して，火の粉が飛ぶようなこともありうるでしょう），さらに，有毒ガスや煙などによる他の区画への影響の可能性があるとき，そのことを考慮しなくてよいのかという問題があります。こうして，現在では，不燃性・難燃性建造物であるマンションについても，全体を 1 個の建造物として理解する見解が一般的です。

3　現住性・現在性

建造物等は，さらに **2 つに区分**されます。まず，108 条の**現住建造物等放火罪**は，「現に人が住居に使用」し，または「現に人がいる」建造物，汽車，電車，艦船，鉱坑をその客体とするものです。前者を**現住建造物等**，後者を**現在建造物等**と呼びます。そのどちらかであれば，同条の客体となりうるのです。後者の「現に人がいる」ということの意味ははっきりしていて，それ以上の説明は不要でしょう。これに対し，前者の「現に人が住居に使用」する建造物等の方はそう簡単ではありません。

現住性は，判例によれば，犯人以外の者[14]が起居（起臥寝食）の場所とし

---

14)　犯人が 1 人で住んでいる家に火をつける行為は，非現住建造物放火罪となり，また，他の居住者（全員）の同意を得て放火する行為も，非現住建造物放火罪になると考えられています。しかし，後者の点については，自己の生命に危険を及ぼす行為に同意したとしても，その同意は無効になると考えられること（203 条・202 条を参照）からすると，なお疑問の余地があるといえましょう。

155

て日常使用する建造物等について認められます。居住者の生活の本拠である必要はなく，建造物の主たる目的が他に存在してもよく，また昼夜間断なく人の現在することまで要求されず，住居としての使用が断続してもかまわないといわれています。判例により現住建造物とされた例としては，宿直室のある学校校舎，楽屋に人が寝泊まりしている劇場，待合業を営む家の離れ座敷，社務所や守衛詰所に人が寝泊まりする神社社殿などがあります。このように，大きな建造物の一部に現住部分があれば，その全体が現住建造物とされるのです。

　ちなみに，「住居」という文言は，住居侵入罪を規定する130条にも出てきます。ただ，**住居侵入罪の客体**は住居であれば足り，放火罪の場合と異なり，それが建造物である必要はありません。したがって，建造物の中の区画された一部分（集合住宅の一部屋など）であっても住居侵入罪の客体となりますし，前述した「建造物」の定義にあたらない場所を住居として用いているとき（たとえば，キャンピングカーを利用しているとき），それは現住建造物放火罪の客体にはなりませんが，そこに侵入すれば，住居侵入罪は成立するということになります。

　さて，109条の**非現住建造物等放火罪**は，「現に人が住居に使用せず」，かつ「現に人がいない」建造物，艦船または鉱坑を焼損することで成立します。たとえば，夜中で誰もいない倉庫や工場，犯人のみが居住する建造物などがこれにあたります。特に学習上，記憶しておく価値があるのは，犯人がその家の居住者を全員殺した上で，その家屋に放火するというケースです。こういう場合には，現住性が否定され，非現住建造物放火罪（109条1項）が成立すると考えられています。違和感をもつ読者もいるかもしれませんが，居住者がすべて死亡した後の家屋は，もはや「現に人が住居に使用」する建造物とはいえないのですから，その結論は正しいといわざるをえないでしょう15)。

　同様に，いわば「現住性の終期」が問題となるのは，居住者が転居しすでに新しい家で生活をはじめたというときです。残した家財道具を取りに旧居に立ち入る可能性が大きいとしても，また転居のことを知らない知人が来訪する可能性が少なくないとしても，もはやそれを現住建造物ということはできないでしょう。

---

15)　この結論に対し，疑問がありうるとするのは，団藤・各論197頁。

第8講　放火罪

〈ケース3〉

　甲とその妻Aとは，緊迫した離別の危険をはらむ夫婦生活の破綻状態に
あった。Aは，甲を逃れ，別れ話などを相談すべく2人の子供を連れてB方
に赴き，B方の従業員の運転する自動車で，甲と同居していた住居から，Aと
子供の衣類，調度品等の大半を運び出し，Bの計らいで用意されたアパートの
一室にこれらを運搬した。その数時間後，もうAが帰ってこないと思った甲
は，自暴自棄になって住居に放火してこれを全焼させた。なお，Aとしては，
甲に愛想をつかし，離婚のことを真剣に考慮する反面において，甲が酒を慎し
み，乱暴をやめて，まじめに仕事をしてくれるならば，再び甲のもとに戻って
もよいとする考えを気持ちの中に残していた。

　〈ケース3〉のような事案では，数時間前に家出をしただけで住居としての
使用形態の変化は決定的ではなく，居住を継続する意思もまだ残っていた以上，
現住性が否定されることにはなりません[16]。同様のケースに関する高裁判例
も，現住建造物放火罪の成立を認めています[17]。

4　他人の物か自己の物かによる区別

　刑法が「建造物等」と「その他の物」とを大きく区別している理由は，前者
の社会的重要性と規模の大きさに基づく燃焼の際の高度の危険性に求められる
べきでしょう。このような区別には合理性が感じられます。しかし，刑法は，
同時に，そのいずれの客体についても，**他人の所有物**である場合と，**犯人自身
の所有物**である場合とで大きく取扱いを区別しています。109条の1項と2項，
110条の1項と2項とを比較すると，法定刑の重さがずいぶん違います。それ
ばかりか，109条2項は，犯人自身がその非現住建造物等の所有者であるとき
（自己所有非現住建造物等放火罪），同条1項の場合とは異なり，具体的事情の下

　16）　この種のケースで現住性喪失の判断基準となるのは，抽象的には，起居の場所としての使用
形態にすでに変更が生じたかどうかであるとされています（最決平成9・10・21刑集51巻9号755
頁）。具体的には，新居での生活が本格的に開始されているか，家財道具の重要部分が運び出された
かどうか等の客観的事情が重要ですが，居住者がその建造物をなお起居の場所として使用する可能性
を残しているかどうかという意味での「居住の意思」の有無も考慮されるでしょう。

　17）　東京高判昭和54・12・13判タ410号140頁。

157

で「公共の危険」が生じなければ罰しないとしているのです[18]。

　このような取扱いの違いは，物の所有者の受けた財産的利益の侵害を根拠とするものであり，ここに**放火罪のもつ財産侵害犯的側面**があるといわれるのです[19]。ただ，今日の講義の冒頭で見たように，放火罪の重罰根拠は放火行為のもつ公共的危険性にあり，109 条 2 項の罪も，110 条 2 項の罪も，「公共の危険」が発生してはじめて処罰されるのですから，それにもかかわらず，それぞれ 1 項の罪と比較して，これだけ刑を大幅に軽くすることに合理性があるのかどうかは，立法論としては疑問であるといえましょう。

Ⅲ　放火罪の行為と結果

1　放火行為

　条文には，「放火して……焼損し〔た〕」とありますが，放火罪の構成要件においては，放火行為が実行行為（構成要件該当行為）であり，焼損が結果（構成要件的結果）です[20]。放火罪は，一種の**結果犯**としてこれを把握することができるでしょう。ここにいう**放火行為**とは，客体の焼損に原因を与える行為のことであり，媒介物に点火して目的物を燃焼させる行為や，目的物にガソリンをかけてそれに点火する行為などがこれにあたります[21]。すでに発火した目的物の燃焼を助長させる行為（油を注ぐことなど）も含まれるとされます[22]。また，放火行為は**不作為**（→総論 113 頁以下）**によっても実行可能**だとされています。火災発生時において他人に不作為を強制すること，たとえば，他人の消

---

18)　ただし，非現住建造物等放火罪についても，建造物等以外放火罪についても，その客体が自己の所有に係るものであったとしても，「差押えを受け，物権を負担し，賃貸し，又は保険に付したもの」であるときは，「他人の物」を焼損したとして扱われます（115 条）。見落としがちな条文なので気をつけて下さい。

19)　西田・各論 296 頁，山口・各論 375 頁などを参照。

20)　現住建造物等放火罪（108 条）および他人所有非現住建造物等放火罪（109 条 1 項）は，**抽象的危険犯**です。そのことのもつ意味については，第 7 講「危険犯」において述べました（→ 130 頁以下）。なお，これら両罪についてのみ，未遂（112 条），さらには予備（113 条）が処罰されます。

21)　108 条と 109 条 1 項の建造物等放火罪については**未遂も処罰**されます（112 条を参照）。実行の着手（→総論 136 頁以下）は，点火行為が行われる時点で認められるのが原則でしょうが，自動発火装置や爆発物を準備した場合や，火をつける前に目的物にガソリンをかける場合などには，火がつく以前であっても危険性が高くそれだけで実行の着手が認められる場合もあるでしょう。

22)　団藤・各論 190 頁。

158　Introductory Lectures in Criminal Law : Specific Offences

第 8 講　放火罪

不作為による放火

Column

　不作為による放火に関する重要な判例としては，次の 3 つがあります。
　〈判例 1〉　養父とのケンカの末，これを殺害した被告人が，死体の始末について思案していたところ，ケンカの際に養父が投げた燃木尻の火が住宅内の庭のわらに飛散し，燃え上がるのを見たが，罪跡を隠すためにそのまま放置し，住宅等が焼けたというケースにつき，消火すべき法律上の義務を有しかつ容易に消火できる地位にある者が，既発の火力を利用する意思をもって鎮火に必要な手段をとらない不作為は放火行為にあたるとして放火罪（109 条 2 項）の成立を肯定した（大判大正 7・12・18 刑録 24 輯 1558 頁）。
　〈判例 2〉　火災保険が付けられている自己所有の家屋において，神棚のロウソクに火をつけたが，そのロウソクが傾斜して神符に火がつき，さらに家屋に延焼する危険があることを知りながら，火災になれば保険金がとれると考えて，そのまま放置して外出し，家屋が焼けるに至ったというケースについて，家屋が燃焼する危険がある場合に，その危険の発生を防止することが可能であるにもかかわらず，その危険を利用する意思をもって消火に必要な措置をとらなかったときも放火行為に該当するとして放火罪（109 条 1 項・115 条）の成立を認めた（大判昭和 13・3・11 刑集 17 巻 237 頁）。
　〈判例 3〉　会社の事務室で残業していた被告人が，机の下に不用意に置いた火鉢から机等に引火して燃え上がっている状態を発見しながら，自己の失策の発覚をおそれて放置して立ち去ったため，営業所の建物等が焼けたというケースについて，自己の過失により物件が燃えつつあるのを目撃しながら，その既発の火力により建物が燃えるのを認容する意思をもって，あえて被告人の義務である必要かつ容易な消火措置をとらない不作為により，建物についての放火行為（108 条）をなしたということができるとした（最判昭和 33・9・9 刑集 12 巻 13 号 2882 頁）。

火活動を妨害することが，消火妨害罪（114 条）を成立させるにとどまらず，放火罪（108 条〜110 条）そのものを構成する場合も考えられるでしょう（→ Column **「不作為による放火」** 159 頁）。

2　焼　損

　放火罪の既遂時期は，客体が焼損[23]に至ったときです。109 条 2 項の罪と

---

23)　1995（平成 7）年の刑法一部改正以前は，「焼燬」という難しい文言が使われていました。

110条の罪については，焼損に達したとしても「公共の危険」が発生しない限り，処罰されませんが，その点については，すぐ次のところで述べることにします（→ 161 頁）。**焼損の意義**[24]に関し，判例は，大審院時代から一貫して**独立燃焼説**をとっています。これによれば，火が媒介物を離れ，目的物たる客体が独立に燃焼を継続しうる状態になれば焼損の段階に達したものであり，既遂になります。この見解の根拠になっているのは，客体が独立に燃焼を継続しうる段階に至れば，とりわけ木造家屋の多い日本では，すでに公共の危険が生じる段階に至ったと見ることができるとする考え方だといわれます。

　独立燃焼説に対しては，既遂になるのが早すぎるとする批判があります。既遂時期の認定が早くなりすぎ，中止未遂（43 条ただし書）が認められる範囲が狭くなってしまい（既遂に到達して以降は，たとえ犯人が翻意して消火に努力したとしても，せいぜい量刑で考慮されるだけなのです），法定刑も重いので，処罰において過酷な場合が出てくる，というのです（ただし，現在では，もっとも重い現住建造物等放火罪〔108 条〕についても，酌量減軽〔66 条以下〕を行えば，刑の執行を猶予すること〔25 条以下〕は可能です）。

　独立燃焼説にとってより深刻な問題は，**不燃性・難燃性建造物が客体である**とき，建造物そのものは独立燃焼することなく，しかし火力によって建造物の効用が害されたり，有毒なガスや煙の発生により建造物内の人々が危険にさらされるという事態が生じた場合，それでも未遂にとどまることになるが，それでもよいかということです[25]。

　最高裁の判例は，不燃性・難燃性建造物との関係でも，独立燃焼説の基準が適用可能であるとしています。すなわち，12 階建て集合住宅であるマンション内部に設置されたエレベーターのかごの中で火を放ち，その側壁として使用されている化粧鋼板の表面約 0.3 平方メートルを燃焼させたというケースについて，焼損を認めているのです[26]。ただ，この事案では，可燃部分が燃焼を

24）　焼損の意義に関する判例と学説については，星周一郎『放火罪の理論』（東京大学出版会，2004 年）において詳しく検討されています。

25）　また，独立燃焼説の基準によるとき，壁や天井や窓枠の一部にたまたま可燃物が用いられており，その部分が燃焼するに至れば，既遂を肯定することもできるでしょう。しかし，たまたま建造物の一部に可燃部分があったかどうかで区別することは理由のないことであるように思われます。

26）　前掲注 10)最決平成元・7・7。

160　Introductory Lectures in Criminal Law : Specific Offences

開始したとはいえ，放置すればただちに自然鎮火する状況にあったと見られ，従来の独立燃焼説の基準にいう「燃焼を継続・維持しうる段階」に至ったといえるかどうかについては疑問がないではありません。

　もし独立燃焼説を維持したまま妥当な結論を得ようとするのであれば，炎を上げて燃えなくても熱の作用で焼ければ足りるとし，その継続性も要求しないというところまでその要件を緩和することも必要になるでしょう[27]。このようにして，刑法は，**客体たる建造物（それ自体）の燃焼に基づき公共の危険が発生**するところに放火罪の本質があると見ていたと思われるのですが，現在の建築事情の下では，客体が燃焼することなく，しかし公共の危険が発生するという事態が生じているのであり，これはもはや現行の放火罪規定が社会の現実に対応できなくなっていることの現れということさえできるのです。

3　公共の危険

　自己所有非現住建造物等放火罪（109条2項）および建造物等以外放火罪（110条）については，**公共の危険の発生**がなければ処罰されません。学説は，これを構成要件要素として位置づけ，既遂になるために，焼損に加えて要求される，もう1つの構成要件的結果であると理解しています。そうであるとすれば，これらの罪は**具体的危険犯**であり，公共の危険の発生との関係で，故意も要求されることになるのです（→140頁）。したがって，行為者において，公共の危険の発生の認識を欠くときには，器物損壊罪（他人所有物の場合）や**失火罪**（116条2項・117条の2）が成立するにとどまることになります。

　判例は，このような考え方をとっておらず，すぐ次に述べるように，他人所有建造物等以外放火罪（110条1項）につき，公共の危険の発生を行為者が認識することを要しないとしています。判例の考え方は，109条2項と110条における公共の危険の発生は，構成要件要素ではなく，犯罪の成否とは無関係な**客観的処罰条件**[28]にすぎないとするものでしょう。実は，このような解釈に

---

　27)　なお，判例の独立燃焼説に対し，学説においては，効用喪失説，重要部分燃焼開始説，毀棄説が主張されてきました（これらの見解については，どの教科書にも説明のあるところです。たとえば，井田・各論382頁を参照）。ただ，これらの見解も，少なくとも独立燃焼という事態が発生しなければ既遂としないという点で共通していたといえましょう。すなわち，これらの諸説も，客体の独立燃焼が認められない限り既遂とできないという点では独立燃焼説と同じなのです。

は，文理上の根拠があります。すなわち，刑法は，具体的危険犯としての公共危険犯を条文化するにあたっては，たとえば，往来危険罪（125条）のような規定の仕方を選んでいます。これと比べると，109条2項は，「ただし……」という書き方をしており，110条1項は，「よって」という文言（結果的加重犯の場合に使われる文言）を挿入していて，かなり異なっています。そこには，「公共の危険」を故意の対象から除外し，処罰条件にすぎないものとする趣旨がうかがわれるのです。公共の危険を構成要件要素として位置づけ，109条2項の罪と110条の罪を具体的危険犯として把握するのは，あくまでも学説の解釈にすぎないということに注意しなければなりません。

さて，公共の危険とは，不特定または多数の人々の生命・身体・財産に対する危険のことですが，より具体的には，108条および109条1項に規定する客体に対する延焼の危険に限定されるのではないかが論点となります。かつての判例および実務においてはそのような限定的理解も有力だったのですが，最高裁は，110条1項の公共の危険に関し，108条および109条1項に規定する建造物等に対する延焼の危険に限定されるとする見解（**限定説**）を斥け，それに加えて，不特定または多数の人の生命，身体または建造物等（108条・109条1項の客体）以外の財産に対する危険も含まれるとしています（**非限定説**）[29]。たしかに，たとえば，自己所有非現住建造物を燃やしたところ，それにより付近を通りかかった人が火傷する危険が生じた場合（109条2項のケース）や，多数の乗客が乗車中のバスを燃やし，乗客が火傷を負ったり一酸化炭素中毒となる危険を生じさせた事例（110条1項のケース）でも公共の危険の発生を肯定して，放火罪の成立を認めるべきものと考えられるのです。

公共の危険の判断方法に関し，危険とは実害発生の物理的・客観的可能性のことをいうのか，それとも，放火現場における一般通常人が感じるであろう危険のことをいうのかも問題となります[30]。

---

28) 客観的処罰条件については，総論79頁を参照。

29) 最決平成15・4・14刑集57巻4号445頁。

30) 私自身は，放火現場に置かれた一般通常人，すなわち通常の判断力をもった者が感じるであろう危険のことをいうと考えています。延焼の物理的可能性がなくとも，放火の現場に置かれた一般通常人が退避し，または消火の措置をとることを強く動機づけられるような状況があれば，そこから退避や消火活動などにともなう生命・身体への現実的危険が発生しうる以上，放火罪による処罰の理由はあるとしなければならないでしょう。この点については，139頁以下も参照。

第 8 講　放火罪

Ⅳ　放火罪の故意

　放火罪の故意の要件をめぐっては，自己所有非現住建造物等放火罪（109 条 2 項）および建造物等以外放火罪（110 条）における公共の危険の発生に関し，行為者にその認識があることが必要かどうかをめぐり，判例と学説の間に対立があります。学説は，公共の危険の発生を構成要件要素と解し，**認識必要説**を主張しています。これに対し，判例は**認識不要説**の立場をとっています。

〈ケース 4〉

　甲は，暴走族集団のリーダー格であったが，かつての仲間の A・B らがグループを離脱し，別のグループを形成したことに立腹し，A・B らのグループのオートバイを焼損するなどして破壊しようと企て，乙に対し，「A らの単車を潰せ」「燃やせ」「俺が許可する」「B の単車でもかまわない」「皆に言っておけ」などといい，乙もこれを承諾し，乙は，その後，丙らに対し甲の指示を伝え，これを承諾させた。乙および丙らは，B のオートバイのガソリンタンクからガソリンを流出させ，これに点火してオートバイを燃やそうと謀議し，丙らは，C 方南側の庭に赴き，同所において，C 方 1 階応接間南側のガラス窓から約 30 センチ離れた軒下に置かれた B 所有の自動二輪車（時価約 41 万円相当）のガソリンタンクのコックレバーをフリーにした上，ガソリンゴムホースを外し，同タンク内からガソリンを流出させてこれに所携のライターの火で点火し，この自動二輪車に火を付け，同車のサドルシートなどを順次炎上させた上，C 方家屋に延焼させた。

　〈ケース 4〉は，認識不要説の立場を明らかにした最高裁判例[31]の事案です。ここでは，他人所有建造物等以外放火罪（110 条 1 項）の成否が問題となるのですが，建造物等以外の物（自動二輪車）を焼損し，C 方家屋に延焼させているのですから，108 条の客体に延焼させる危険が生じていたことになり，公共の危険は（前述の限定説によっても，非限定説によっても）文句なく肯定できることになります。

---

31)　最判昭和 60・3・28 刑集 39 巻 2 号 75 頁。

163

その上で，公共の危険は（構成要件要素ではなく）処罰条件にすぎず，故意における認識の対象にならないとする認識不要説によれば，甲には**器物損壊の故意**しかなく，オートバイがどこで燃やされるかを知らず，公共の危険が発生するであろうことについて認識がまったくないとしても，他人所有建造物等以外放火罪の刑事責任を負うことになります。最高裁は，「刑法110条1項の放火罪が成立するためには，火を放って同条所定の物を焼燬する認識のあることが必要であるが，焼燬の結果公共の危険を発生させることまでを認識する必要はないものと解すべきである」として，甲は建造物等以外放火罪の共謀共同正犯（→総論221頁）になるとしたのです。

　これに対し，学説の認識必要説の立場からは，甲には器物損壊の故意しかなかったのであり，それは放火罪の故意として重い違法・責任を基礎づけうるものとはいえないという批判が可能でしょう[32]（→ Column「**その他の放火罪規定について**」166頁）。

Ⅴ　終了のチャイムが鳴る前に

　本講で比較的詳しく紹介してきた放火罪は，公共危険犯の代表です。放火罪と近い関係にある罪として，水の破壊力を利用して公共の危険を生じさせる**出水の罪**（119条以下）があることは，すでに冒頭のところで述べました。公共の交通機関または交通施設に対する侵害行為により人々を危険にさらす**往来を妨害する罪**（124条以下）も，重要な公共危険犯です（それは，現代風の呼び方をすれば，交通妨害罪・交通危険罪ということになるでしょう）。現在では，**騒乱の罪**（106条・107条）も，公共危険犯のグループに属するものとして理解されています[33]。**飲料水に関する罪**（142条以下）や，さらに，**あへん煙に関する**

　32）　ただ，認識必要説においては，公共の危険の発生について故意があるということは，とりもなおさず108条または109条1項の客体に延焼することについて故意があるということにほかならず，そうだとすると，延焼する客体についての（少なくとも未必の）故意があることになるから，むしろただちに108条または109条1項の罪の未遂罪が成立することになるはずだ（したがって，実際上，109条2項または110条の罪が成立する余地がなくなるのではないか）という問題もあります。

　33）　以前は，騒乱の罪は，より観念的・抽象的に，社会の治安・秩序を脅かし，法秩序によって保護されているという公衆のもつ安心感を害する犯罪として，放火罪等とはいささか性格を異にするものとして理解されていたのです。大塚・各論358頁，団藤・各論171頁などを参照。

罪（136条以下）も，公共危険犯の一種に含められることがあります。

　公共危険犯は，**組織犯罪集団によるテロ行為への対応**が国内外において重要な刑事政策的課題となるにつれて，ひときわ大きな意味をもつようになってきました。刑法典の外には，このような観点から見て重要な刑罰法規が存在します。たとえば，古くから存在し，現行の法律としての効力を認められ，かつ現在でもしばしば適用される**爆発物取締罰則**（明治17年太政官布告第32号。爆取〔バクトリ〕と略して呼ばれることもあります）に規定された処罰規定がそれです[34]。そのほか，サリン等による人身被害の防止に関する法律（平成7年法律第78号），化学兵器の禁止及び特定物質の規制等に関する法律（平成7年法律第65号），放射線を発散させて人の生命等に危険を生じさせる行為等の処罰に関する法律（平成19年法律第38号）等に規定された犯罪も公共危険犯です。

　次の第9講では，文書偽造罪（154条以下）を取り上げることにします。刑法各論を学ぶにあたり，一連の偽造罪規定（刑法典第16章から第19章まで）は，財産犯と双璧をなすほど重要な犯罪類型ですが，その中でも，文書偽造罪は，その理論上・実務上の重要性という点で，ダントツの存在です。この刑法入門講義も，いよいよ最後の難関にさしかかったようです。教壇に立つ私としても，心して臨みたいと思っております。

　34）　爆発物取締罰則においては，爆発物の使用に対し死刑を含む重刑で臨むとともに（1条），爆発物使用の教唆，せん動，共謀等にとどまる場合も独立して処罰の対象としており，最高で10年の懲役・禁錮を予定しています（4条）。爆発物の製造や所持を行った者が，加害目的等の犯罪目的がなかったことを証明できない場合にも最高で5年の懲役を科しうるとされています（6条）。他人が犯罪目的で爆発物を製造したり所持したりしているのを認知したのに警察に届け出ない不作為に対し5年以下の懲役・禁錮を科す規定（真正不作為犯の処罰規定）も存在します（8条）。ここには，**処罰の早期化**（→135頁）**の顕著な例**が見られ，また，刑事裁判の原則の例外（**被告人への挙証責任の転換**）を認める規定も置かれているのです。

その他の放火罪規定について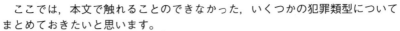

　ここでは，本文で触れることのできなかった，いくつかの犯罪類型についてまとめておきたいと思います。

　まず，**結果的加重犯**である**延焼罪**の処罰規定があります。自己所有非現住建造物等放火罪（109条2項）を犯し，よって（故意なしに）108条または109条1項に規定する客体に延焼させたとき，または，自己所有建造物等以外放火罪（110条2項）を犯し，よって（故意なしに）108条または109条1項に規定する建造物等に延焼させたときには，111条1項の延焼罪となります。自己所有建造物等以外放火罪（110条2項）を犯し，よって（故意なしに）110条1項に規定する物に延焼させたときには，111条2項の延焼罪となります。ちなみに，111条1項の罪の法定刑の下限が懲役3月であり，なぜか基本犯である109条2項の罪の法定刑の下限（懲役6月）よりも軽くなっているのは不可解なことです。

　放火罪については，**過失犯**も処罰されます。これを**失火罪**といいます（116条）。業務上必要な注意を怠ったことによるとき（業務上失火罪），または重大な過失によるとき（重失火罪）には，刑が重くなります（117条の2）。

　現住建造物等放火罪（108条）および他人所有非現住建造物等放火罪（109条1項）については，未遂が処罰されるばかりでなく（112条），**予備も処罰**されます（113条）。これに対し，自己所有非現住建造物等放火罪（109条2項）および建造物等以外放火罪（110条）については，予備も未遂も処罰されません。

　消火妨害罪は，火災の際に，消火用の物を隠匿もしくは損壊し，またはその他の方法により，消火を妨害する行為を行ったときに成立します。

　そのほか，放火罪類似の犯罪として，**激発物破裂罪**（117条・117条の2）と**ガス漏出罪**（118条）が存在します。

Introductory Lectures
in Criminal Law
Specific Offences

第**9**講

文書偽造罪

I はじめに

　刑法学，特に刑法各論を学ぶことの大きなメリットの1つは，普段はなかなかそこまで目が届かない，今の社会のあり方の一側面に気づかされることです。本講のテーマである文書偽造罪（それは刑法典第17章・154条以下に規定されています）を勉強すると，刑法上「**文書**」と呼ばれるものが，われわれの社会においてきわめて重要かつ広範なはたらきをしていることを再認識させられます。

　海外旅行をするときには，航空会社のカウンターで，プリントアウトしたeチケットを見せて搭乗券をもらい，パスポート（旅券）を示して出国手続をすることでしょう。大学生が企業への就職を希望するときには，履歴書を提出したり，大学の在学証明書や成績証明書，健康診断書，資格試験の合格証などを提出したりすることでしょう。いずれも，自分についてのさまざまな情報に関する「証拠」を出して，それらの事項を簡易に証明するためです。これらの例に示されるように，人は，この社会で生きていく上で，**経済取引などの人間相互の交渉や関わり合いを迅速・円滑に進めるため**，いろいろな**証明手段（証拠）**を用います。文書とはそうした証明手段（の1つ）にほかならないのです[1]。

　1）　この点について，川端526頁以下を参照。

167

もし，これらの証明手段がもはや信用できないものということになったらどうなるでしょうか。それぞれの事項を証明するために大変な時間と労力を費やさなければならないこととなり，取引や交渉の迅速性・円滑性は決定的に損なわれるはずです。このような事態が生じることを避けるため，刑法は文書の証明力に対する信頼を害するおそれのある行為（すなわち，その抽象的危険性を有する行為）を処罰することにより，**文書のもつ公共の信用**（という**社会的法益**）[2]を保護しようとするのです[3]。

　文書の証明手段としての特色とは何でしょうか。いうまでもなく証明手段（証拠）の中には文書でないものがいくらでも存在します。文書の特色は，それが**人の意思・思想・観念など**（要するに，人の頭の中にある一定の情報の内容）**を表示したもの**というところにあります。簡単にいえば，**ある人**（後述のように，この人のことを「作成名義人」といいます）**が思っていること・考えていること・知っていること**を，文字などを用いて表示したものが文書であり，まさにそこに文書の文書たるゆえんがあるのです。

　たとえば，殺人犯人が現場に残した指紋や足跡は証拠ですが，人の意思内容・思想内容を表示したものではありません。したがって，それは文書にはあたりません。そんなことは「当たり前だのクラッカー」（古い！）といわれそうですが，これが怪傑ゾロが悪党をやっつけた後で現場に残していく「Z」のマーク（これまた古い！）になりますと，ゾロの頭の中の意識内容を表示したものといえるので，文書性が出てきます[4]。パスポートや履歴書などは，人の頭の中にある情報を表示したものにほかなりませんから，文書の典型例という

　2）　伊東・刑法講義302頁は，文書偽造罪の保護法益を，文書への信頼やその証拠としての能力に基づいて成立している諸々の制度の機能の円滑性・適正性として把握すべきだとしています。

　3）　この種の証明手段（社会的信用性を有する技術的手段）は，文書だけではありません。刑法典の第16章（148条以下）から第19章（164条以下）に規定された犯罪類型は，こうした**さまざまな証明手段のもつ公共の信用を刑法により保護しようとするもの**です。それには，文書のほか，通貨，有価証券，支払用カードを構成する電磁的記録，印章・署名があり，148条以下は，これらの証明手段のもつ公共的信用性という社会的法益に対する罪を規定するものなのです。ただ，一連の偽造罪を理解する上で，もっとも重要な意味をもつのは文書偽造罪です。犯罪に関する統計を見ると，文書偽造罪は，各種偽造罪の中でも，認知件数・検挙件数ともに際立って多いのです。解釈論上も，文書偽造罪の理解が，偽造罪全体の理解の鍵となります。文書以外の通貨，有価証券，電磁的記録，文書・署名はいずれも，最広義における文書に含まれるものないしは文書に準ずるものと位置づけることができるのです（この点につき，平野・概説253頁以下を参照）。

168　Introductory Lectures in Criminal Law : **Specific Offences**

ことになります。

〈ケース1〉

　A県に住む甲は，警察手帳に酷似したものを作成してこれを販売しようと思い立ち，アパートの自室内で，家庭用印刷機と金色インクを用いて，無地の手帳の表紙に，日章の記号および「A県警察」の文字を金色で表示するなどして，本物の警察手帳に酷似したもの1冊を作成し，これを「本物そっくり」の触れ込みでインターネットオークションに出品した。

〈ケース1〉においては，手帳の表紙上の記載が，警察という公務所の作成すべき「文書」であるのか（155条1項），それとも，「公務所の署名」または「公務所の記号」のいずれかであるのか（165条または166条か）が問題となります。それが文書であるというためには，ある人がまとまった意思内容・思想内容を表示したものでなければなりません。警察手帳の表紙の記載は，警察であることのしるしにとどまり，いいかえれば，**主体の同一性を表示するもの**にすぎず，その**証明内容は主体の同一性のみに限定**されますから，文書ではなく，公務所の署名か記号かのいずれかにすぎないとされています[5]。

ちなみに，後述するように，現行法上は，文書の記載の中に，表示主体（作成名義人）の同一性を証明する印章または署名が加えられている文書は**有印文書**として，そうでない**無印文書**よりも手厚く保護されています（155条1項・2項は有印公文書偽造罪，同条3項は無印公文書偽造罪の処罰規定であり，159条1項・2項は有印私文書偽造罪，同条3項は無印私文書偽造罪の処罰規定です）。

さて，文書偽造罪という犯罪を考える上で，大きな問題となるのは，刑法が文書のもつ公共の信用を保護しようとするとき，具体的に**文書のどの部分に向**

4）　文書というためには，特定の人が一定のまとまった意思内容・思想内容を表示したものとして客観的に理解できるものでなければなりませんから，その点では文書性に疑問が生じます。ただ，簡略化されていること自体は，文書性を否定する理由にはなりません（いわゆる**省略文書**）。たとえば，郵便局で切手のところに押す消印（日付印）も文書であるとするのが判例・通説です（以前は公文書でしたが，郵政民営化以降は私文書となりました）。

5）　それが公務所の署名（公署名）にあたるか，それとも公務所の記号（公記号）であるのかをめぐっては，見解の対立があります。東京地裁は，〈ケース1〉の事例について，公記号偽造罪（166条1項）が成立するとしています（東京地判平成14・2・8判時1821号160頁）。なお，このケースでは，その手帳を「本物そっくり」のニセ物としてオークションに出品するために作成したのでしたが，それでも「行使の目的」を肯定できるのかどうかも争点となります。

169

けられた社会の信頼を保護すべきかです。このことを明らかにすることが文書偽造罪の規定の解釈にあたっての根本的課題です。本日の講義は，まずこの大きな問題の検討からはじめることといたしましょう（→ Column「**文書の意義**」171 頁）。

Ⅱ　保護法益をめぐって

1　文書のもつ 2 側面と 2 種類の信頼

　文書偽造罪という犯罪を理解しようとするときのいちばんのポイントは，次のことです。すなわち，**人々が文書に寄せる信頼には 2 つの異なった種類のものがあることを踏まえて，現行刑法がいかなる種類の信頼の保護をより本質的なものと考えているかをしっかり見極めることです。**

　ここでは，読者の皆さんにとりイメージしやすいと思われる，大学の成績証明書を例にとってお話ししましょう。前述したように，文書とは，ある人の意思・思想・観念の表示であることを特色とする証明手段です。大学の成績証明書についていえば，それは大学（の教学部門）を代表する学長が表示の主体（**作成名義人**）となり，特定の学生の成績についての情報を（内容の正確性について責任を負いつつ）公に表示する文書であり，いいかえれば，大学という学校法人がその学生が一定の成績を取得したという事実を証明する文書です[6]。

　この種の文書への信頼には，まず，表示された内容が真実に合致していることへの信頼があります。たとえば，その成績証明書に記載されているように，当該の学生が本当に刑法について評点 A を得たこと，全体として 3 分の 2 の科目で A の成績を取ったことなどへの信頼です。これを**内容的真実（実質的真実）に対する信頼**と呼びます。記載内容が事実に合致しないとき，その意味における，文書に向けられた信頼は裏切られることになるのです。

　次に，これとは区別されたものとして，文書に表示された意思・思想・観念の主体（作成名義人）が記載などからうかがわれる通りであるという点につい

---

　6)　公文書と私文書の区別については，すぐ次に述べますが，作成名義人が国公立大学法人（またはその代表）であれば公文書（155 条・156 条など），私立大学（またはその代表）であれば私文書（159 条など）ということになります。

文書の意義

　刑法における「文書」の一般的定義によれば，それは文字（またはそれに代わる可読的符号）を用いて，人の意思または観念を確定的かつ多少とも継続的に表示したもので，法律関係または社会生活上重要な事実関係に関する証拠となりうるもののことをいいます。この定義の本質的・中核的な部分は**「人の意思または観念の表示」**というところであり，また，**その表示の主体（作成名義人）が誰かを特定**できることも，刑法による文書保護のための重要な要件となります。なお，155条以下の規定を見ますと，文書とならんで**図画**も客体に含まれています。図画（これは「ずが」ではなく「とが」と呼ぶのがふつうです）とは，文字などの可読的・発音的符号ではなく，地図や絵や写真のように，象形的表現方法を用いて人の意思・観念を表示したものを指します。広義で文書というときには，図画をも含ませます。

　表示された内容は，必ずしも紙の上に書かれている必要はありません。黒板に白墨で書かれたものも文書となりえます。しかし，少なくとも，それが物体上に書かれ，または記載される形で**固定されたもの**でなければこれを文書と呼ぶことはできません（したがって，パソコンのモニターに表示されたものは文書ではありません）。そして同時に，**表示内容の可視性・可読性**も必要です。マイクロフィルムは文書となりえますが，表示内容を「読む」ことのできない録音テープや，電磁的記録に係る記録媒体は文書にあたらないということになります。

　しかし，コンピュータおよび通信技術の発展により，それまでは文書が果たしてきた情報の利用・保存・管理・伝達という機能を，今では磁気テープ，磁気ディスク，CD-ROM，USBスティックなどに記録された**電磁的記録**が果たすようになっています。そこで，コンピュータ犯罪に対応するための1987（昭和62）年の刑法一部改正により，電磁的記録にも文書と同様の刑法的保護を与えるための規定の補充・追加が行われたのでした（157条1項・158条1項・161条の2を参照して下さい。また，**7条の2**において，電磁的記録の定義が示されました）。文書については「偽造・変造」ですが，電磁的記録については「不正に作る」という用語（不正作出）が使われ，文書についての「行使」に代えて，「用に供する」という文言（供用）が用いられています。

　さらに，2001（平成13）年の刑法一部改正により，現代の社会生活において支払手段としてますます重要な機能を営んでおり，またそれだけに不正使用のケースも急増している支払用カード（クレジットカード，プリペイドカード，デビットカードおよびキャッシュカード），とりわけ**その電磁的記録の部分**が，通貨に次ぐ手厚い刑法的保護を受けるようになりました（刑法典第18章の2・163条の2以下）。これらの処罰規定の保護法益は，支払用カードを構成する電磁的記録の真正に対する公共の信用，ひいては支払用カードを用いた支払システムに対する社会的信頼です＊。

> ＊　なお，電磁的記録を客体とする犯罪として，2011（平成23）年の刑法一部改正により，コンピュータウイルス（不正指令電磁的記録）作成罪などの処罰規定が追加されました（刑法典第19章の2・168条の2および168条の3〔→135頁〕）。保護法益は「電子計算機のプログラムに対する社会一般の人の信頼」とされますが，一連の偽造罪とはかなり罪質の異なる犯罪です。

ての信頼があります。そこに示された大学長がその内容を表示したその人である（したがって，その内容の正確性について責任を負ってくれる）という点に対する信頼です。それは，内容的真実とは別個の問題として，人々がその文書を見たときに，表示の主体として理解するであろう特定人としての**作成名義人**（上の例では当該の大学長）が本当に表示の主体として間違いがないということに対する信頼であり，文書の内容がその表示主体に帰せられる外観をもっているという，文書の形式面に関わる信頼です。これを**形式的真正（作成名義の真正）に対する信頼**と呼びます。

2　形式主義と実質主義

　それでは，現行刑法は，内容的真実と形式的真正（それぞれに対する信頼）のうちのどちらを保護しているのでしょうか。結論を先にいえば，片方だけというのではなく，その両方を保護しているのですが，ウエイトははっきりと後者の保護に置かれており，それが基本であると考えられるのです。立法論として，内容的真実の保護を方針とするものを**実質主義**の立場といい，形式的真正の保護を方針とするものを**形式主義**の立場と呼ぶのですが，現行刑法は，**形式主義を基本としつつ実質主義により補充を行っている**のです[7]。この点については，少し説明を必要とするでしょう。

　ここで，刑法の文書偽造罪に関する諸規定を見て下さい。154条以下の規定のうち，行為の結果として内容的真実性が害されること，したがって内容虚偽の文書（または図画）が作られることを構成要件の内容としているように解されるものは，156条・157条・160条だけです。これらは作成名義人じしんに

---

7)　山口・各論435頁は，「限定的な実質主義の併用」という言い方をしています。

172　Introductory Lectures in Criminal Law : **Specific Offences**

よる**虚偽文書の作成**を処罰の対象とする（実質主義に立脚する）規定です。これに対し，それ以外の条文，たとえば155条や159条は，できあがった文書の内容が虚偽であるかどうかを問題とせず，文書（または図画）を偽造・変造する限り，それを処罰の対象としています。判例・学説は，ここにいう**偽造と変造**を文書の形式的真正を害する行為として理解し（「偽造」と「変造」の意義の詳細については，後述します〔→178頁以下〕），これらの規定は，**文書の形式的真正（への信頼）を保護**するもの（形式主義に立脚する規定）だと考えるのです。ここでは，もし内容が真実に合致する文書が作成されたとしても，作成名義が偽られる限り，処罰の対象となります[8]。

　文書偽造罪に関する現行刑法の規定を理解するためには，もう1つの重要な区別をわきまえる必要があります。刑法は，文書（への信頼）を保護するにあたり，**公文書と私文書とを区別**しています。この区別は，文書からうかがわれる表示主体，すなわち作成名義人が公務所または公務員（それぞれの意義については，**7条**を参照）であれば公文書であり，そうでなければ私文書であるというものです。公と私の区別が流動化している時代において（キーワードとしての「民営化」），公文書と私文書の区別についても根本的な見直しが必要になっているはずですが，とにかく現行刑法は，公文書については私文書と比べてより手厚い保護を図っており，公文書の信用を害する行為については処罰の範囲が広く，かつ刑もより重くなっているのです。

　ここでまず，155条と159条を比較してみて下さい。前者は公文書（そして公図画）の偽造および変造を処罰し，後者は私文書（そして私図画）の偽造および変造を処罰しており，いずれも文書の**形式的真正を保護**するための規定です。これらは，条文として類似した構造をもっているのですが，2つの点で違いがあることに注目する必要があります。1つは，公文書偽造罪の方がその法定刑がずっと重いことです[9]。もう1つは，私文書については「権利，義務若しくは事実証明に関する」[10]文書または図画でなければいけないというように

　8）　なお，条文をざっとながめればわかるように，偽造と変造についても，虚偽文書の作成についても，それらは**行使の目的**をもって行われた場合にのみ犯罪となります（**目的犯**）。たとえば，他人に見せるつもりはなく，自己満足のために，本物そっくりの，オールAの成績証明書を作成したとしても，文書偽造罪を構成しないのです（→総論108頁，116頁）。

一定の制限があるのですが，公文書についてはそのような限定がなく，刑法は
およそ公文書であればただちに刑法的保護に値すると考えているように読める
ことです。

　しかし，**公文書と私文書の扱いの違いがより明確**になるのは，文書の**内容的
真実の保護**の場面なのです。すなわち，公務員じしんによる虚偽文書の作成を
処罰する 156 条は，保護する公文書の範囲に制限を設けず，あらゆる公文書に
ついて虚偽文書の作成を処罰の対象としています。これに対し，160 条（虚偽
診断書等作成罪）は，私人による虚偽文書の作成を処罰するものですが，特殊
な文書についてのきわめて例外的規定であり，そこで，**私文書については内容
的真実への信頼は原則として保護されていない**といえるのです。したがって，
作成名義人じしんが文書を用いてウソをついても，原則として犯罪にはならな
いということになります。

3 作成名義人

　以上，刑法が形式主義を基本的立場とし，**文書の形式的真正の保護を何より重
視**していること（公文書，私文書を問わず，形式的真正を保護しており，文書の内容
的真実については私文書では原則として保護していないこと）を明らかにしました。
　形式的真正の保護とは，**文書からうかがわれる表示の主体，すなわち作成名
義人**に間違いがないことの保護であり，作成名義人が存在し，それが文書を見
る人に認識可能であることは，刑法による文書の保護の大前提です。その文書
を見たときに，表示の主体たる作成名義人が誰であるのかが明らかでないもの，

　9）　そうすると，たとえば，国公立大学法人の成績証明書を偽造すれば，私立大学の成績証明書
を偽造するよりも重い刑が適用されるという点で不可解な結論となります。ただ，同様の「差別的」
取扱いは，国公立大学法人の教職員の職務との関連では贈収賄罪（197 条以下）が成立するが，私立
大学の教職員については成立しないこと，国公立大学法人の教員の授業は公務であり，これに対して
は公務執行妨害罪（95 条）が成立するが，私立大学の教員の授業についてはせいぜい業務妨害罪
（233 条・234 条）しか成立しないという点にも表れています。

　10）　159 条にいう**権利，義務に関する文書・図画**とは，権利・義務の発生，変更または消滅の要
件となるもの，またはその原因となる事実について証明力をもつものをいいます。たとえば，売買契
約書，借用証書，銀行預金通帳，婚姻届出書などをあげることができます。**事実証明に関する文書・
図画**とは，権利や義務に準じて考えることのできる程度に社会生活上重要な事実の証明に関する文
書・図画であり，たとえば，履歴書，私立大学の卒業証明書や成績証明書がこれにあたるといえま
しょう。

174　Introductory Lectures in Criminal Law : Specific Offences

したがって責任の所在が明らかでない文書（「怪文書」といわれるものがそうです）は，証拠としての信用性の根拠を欠き，刑法による文書保護の対象とはならないのです。

　ここでも，いくつかのことに注意する必要があります。まず，**作成名義人の認識可能性**についてですが，作成名義人は，書面上に明記されていることは必ずしも必要ではありません。文書の内容，形式，筆跡，付属物から明らかになれば足りるとされています[11]。また，作成名義人は，必ずしも実在者・実在の機関である必要はなく，一般人をして実在すると誤信させうるものである限り，死亡者・架空人（虚無人）・架空の機関でもよいとされています（この点をめぐり，かつては見解の対立があったのですが，現在では異論がありません）。

　このように考えてくると，文書の形式的真正を害する行為とは，文書を見たときにＡが表示の主体であると認識できるのに，現実にはそれをＢが作成したという場合のように，作成名義人と現実の作成者とが一致しない文書を作成する行為であるとすることができます。ただ，社長（作成名義人）が秘書に口述筆記をさせ，秘書がこれをワープロ文書として完成させたという場合，文書の実質的な作成者は社長じしんであり，作成名義人と作成者は一致するというべきでしょう。また，作成名義人と，現実に文書の内容を物体上に記載した作成者とが異なっていても，名義人が作成者に作成権限を与え，作成者がその作成権限に基づいて文書を作成したのであれば，それも実質的には作成名義人じしんが作成した文書といえ，形式的真正を害する行為ではありません。むしろ，**作成名義人と実質的な作成者とが一致しない文書**こそが問題であり，そのような文書を作ることが文書偽造であるといえるのです[12]。ここから文書偽造とは，**作成権限がないのに他人名義の文書を作ること（作成名義の冒用）**として（＝従来からの定義），または，作成名義人と実質的な作成者との間で**人格の同一性にそごを生じさせること**として（＝近年の判例がしばしば用いる定義）理解されるのです[13]。

---

11)　西田・各論355頁。

12)　作成者の概念をめぐっては，学説上の見解の対立があります。事実説（行為説），意思説，効果説，帰属説などが主張されているのです。詳しくは，山口・各論436頁以下を参照。

13)　伊東・刑法講義310頁は，後者の定義の方が「思考パターンないし過程としての明確性・検証可能性が高い」としています。

175

〈ケース2〉
　学校法人Aの理事会は，議案のうち，理事任免および理事長選任に関する件については結論が出ないまま解散した。しかし，同理事会のメンバーであった理事の甲は，「理事会決議録」と題する文書を作り，理事会において甲を理事長に選任し，かつ甲を理事会議事録署名人とすることを可決したなどと虚偽の内容をそこに記載し，その末尾に，単に「理事録署名人甲」と書き，甲じしんの印を押した。

　〈ケース2〉は，最高裁判例の事案です[14]。ここでは，私文書偽造罪（159条）の成否が問題となりますが，果たして「理事会決議録」という私文書（それは「事実証明に関する文書」にあたります）の形式的真正が害されたといえるでしょうか。甲は，自分の名義で文書を作成しているのであり，作成名義の冒用はなく，内容虚偽の文書を作ったにすぎない（前述のように，**虚偽私文書の作成は160条にあたらない限り不可罰**ですので〔→174頁〕，このケースでは犯罪にならない）ともいえそうなのです。

　しかし，理事会の議事録は，理事会により代表権限を与えられた人が作成することにより，理事会（ひいては学校法人）に法的効果が帰属する文書です。いいかえれば，その人が表示したことが本人たる理事会が表示したことになる文書なのです。そこで，判例・通説は，この種の**代表名義や代理名義の場合の作成名義人**は（法的効果が帰属する）本人であると解しています[15]。〈ケース

14）　最決昭和45・9・4刑集24巻10号1319頁。

15）　〈ケース2〉の事案に関する前掲注14）最決昭和45・9・4は，「他人の代表者または代理人として文書を作成する権限のない者が，他人を代表もしくは代理すべき資格，または，普通人をして他人を代表もしくは代理するものと誤信させるに足りるような資格を表示して作成した文書は，その文書によって表示された意識内容に基づく効果が，代表もしくは代理された本人に帰属する形式のものであるから，その名義人は，代表もしくは代理された本人であると解するのが相当である」としました。なお，学説の中には，代理名義・代表名義の文書の作成名義人の理解について，判例・通説とは異なった見解もあります。その見解によれば，代理名義・代表名義の文書については，「A代理人甲」ないし「A株式会社代表取締役甲」が作成名義人なのであり，代理権限・代表権限のない甲がそのような名義（合一名義）を用いるところに作成名義の冒用が認められると考えるのです。この見解によれば，〈ケース2〉の事案における「理事会決議録」の作成名義人は「理事録署名人甲」であり，甲は理事録署名人ではありませんから，そこに人格の同一性のそごが肯定されることになります。

第9講 文書偽造罪

2〉の理事会の議事録における作成名義人は理事会であるということになり，甲は，理事会から権限が与えられていないのに，理事会名義の議事録を作成したのであって，偽造行為により，文書の形式的真正を害したということになるのです。

4 有印文書と無印文書

〈ケース2〉については，もう1つ問題が残っています。有印私文書偽造罪（159条1項）が成立するのか，それとも，無印私文書偽造罪（159条3項）となるのかです。前にも触れたところですが，刑法は，作成名義人の印章または署名を用いたかどうかにより[16]，**有印文書と無印文書**とに分け，それぞれに異なった刑を規定しています。

ここでは，「印章」と「署名」の意義が問題となりますが，印章とは，人格の同一性を証明するために物体上に顕出された文字または符号の影蹟（印影）のことをいいます。そして，署名には，自署のみならず，**記名**（すなわち，代筆や印刷などによる場合）も含まれるとするのが判例・通説です。署名に記名も含まれるということになると，無印文書とは，印章もなく，**作成名義人の記名さえもない文書**ということになるでしょう。他方で，前述のように，「文書」といいうるためには，少なくとも**作成名義人の認識可能性**が必要なのです。そうなると，無印文書とは，文書そのものには作成名義人の名の記載がまったくないが，文書の付属物や周囲の状況から作成名義人が誰かを認識可能な文書ということになります。

そのような文書はほとんど考えにくいのですが，〈ケース2〉がその稀な実例ということになります。理事会議事録上には，学校法人Aの印章も署名（記名）も記載されていないことから，それは無印私文書であり，ここでは無印私文書偽造罪が成立するということになるのです（→ Column **「形式主義の根拠」** 179頁）。

---

16) 作成名義人の印章・署名を用いる場合の中には，①真正の印章・署名を権限なく用いる場合と，②偽造の印章・署名を用いる場合とがあります。

177

Ⅲ 偽造，変造，行使

1 「偽造」の意義

ここで，ようやく「偽造」の意義を明らかにできる段取りとなりました。偽造という用語は多義的です[17]。もっとも狭義では，155条や159条に「偽造」と書かれている場合のそれを指し，「変造」と区別します。ただ，この「偽造」と「変造」とをあわせて偽造という言葉を使う場合が多いのです（あえてその趣旨を明確にするために「偽変造」という用語を使うこともあります）。ここではまず，この意味における偽造について見ていきましょう。

この意味における偽造は，文書の形式的真正を害する行為であり，作成権限がないのに他人名義の文書を作り出すこと（作成名義の冒用）[18]，または，文書の作成名義人と実質的な作成者との間で人格の同一性にそごを生じさせることとして定義されます。この意味の偽造は，形式面における偽りがある文書を作る行為であり，作成名義人みずからが文書の内容的真実を害する行為である虚偽文書の作成（156条・160条など）と区別されます。そこで，一般に，前者を**有形偽造**といい，後者を**無形偽造**といいます（形式面における偽りがあるか，それがないかの区別なのです）。

有形偽造は，前述の形式主義が処罰対象とする偽造であり，無形偽造は実質主義が処罰対象とする偽造です。現行刑法が形式主義を基本としているというとき，そのことは，有形偽造については公文書と私文書を通じてこれを処罰の対象とするが，無形偽造については私文書に関する限りこれを原則として不可罰としているということを意味します。

2 偽造と変造

偽造と変造の区別は，権限のない者が他人名義の文書を新たに作り出すか

---

17) 大塚・各論444頁以下は，「偽造」について，最広義，広義，狭義，最狭義の4つの意義を区別しています。

18) 作成権限（たとえば，代理権や代表権）がある限り，その権限を濫用し，自己または第三者の利益を図るために行為したとしても，ここにいう偽造にはなりません（ただし，背任罪が成立する可能性はあります）。権限なく，または権限の範囲を越えて他人名義の文書を作成すれば，偽造となるのです。

形式主義の根拠

Column

　なぜ，現行刑法は形式主義を基本とし，何よりもまず文書の形式的真正を保護すべきであると考えているのでしょうか。その理由についての定説はありません。すぐに思いつくのは，文書の記載からその作成者を間違いなく特定できれば（いいかえれば，文書の記載を頼りにして，記載をなした人に間違いなく到達できれば），かりに表示内容が虚偽であっても，その人に責任を追及できることから，私文書については不可罰を原則としてよい（これに対し，作成名義に偽りがあれば，責任を追求する手がかりさえも得られず，文書を信頼した者は途方に暮れることになる）とするものです。

　しかし，現在の判例は，そのような考え方をとっていません。**作成者の特定ないし作成者への到達**の可能性が存在するときであっても（いいかえれば，作成者がその文書から生じる責任を進んで受け止めつつ，しかし，その属性ないし資格についてウソをついたにすぎない場合でも），**文書の作成者が真の人格を隠し，別の人格に成り済ますケース**においては，最高裁判例は文書偽造として処罰の対象としているのです＊。判例の形式主義は，**文書を見る者をして作成者の人格とは別人格を認識させるところに処罰根拠を認める**ものといえましょう（すなわち，法的に重要な属性を偽ることにより，別人格を観念させれば，別人への成り済ましが行われたことになり，したがって処罰に値すると考えるのです）。

　＊　その趣旨が最も明らかなのは，最決平成5・10・5刑集47巻8号7頁と最決平成11・12・20刑集53巻9号1495頁です。これらのケースでは，作成者の特定可能性・作成者への到達可能性は存在しているのですが，行為者は社会生活上，別人格を装っており，他人格への成り済ましが行われているのです。

（偽造），それとも，他人名義の既存文書の非本質的部分に権限なく改変を加え，証明力に変更を生じさせるか（変造）の区別です。ゼロから新たに作り出すか，それとも既存文書に手を加えるかの違いですが，とはいえ，いったん無効となった文書に手を加えて有効であるかのように改めることはもちろんとして，既存文書の本質的部分に変更を加えて，実質的には新たな文書を作り出すことも，もはや変造ではなく，偽造にあたることになります。伝統的には，既存の銀行預金通帳や郵便貯金通帳の額を改ざんして増加させる行為が変造の典型例とされてきたのですが，かなり額が違うときにはもはや変造ではなく偽造にあたるという理解も有力となっています（ただ，偽造か変造かは，どちらにしても刑の重さが変わるわけではなく，本質的な重要性はありません）。

3 行 使

　文書は，それが現実に使用されてはじめて，公共の信用が害されるおそれが生じます。その意味では，文書の行使こそが，もっとも法益侵害に近いところにある危険な行為なのであり，行使を目的とした文書の偽造は，その準備段階の行為であるといえましょう。刑法が，文書については，**行使罪の未遂を処罰**しながら（158条2項・161条2項を参照），偽造罪の未遂までは処罰しないのは，偽造の未遂まで処罰すると処罰の開始が早くなりすぎるという考慮に基づくものと考えられるのです。

　行使とは，真正な文書または内容の正しい文書のように見せかけて呈示・交付し，または閲覧に供し，事情を知らない他人がその内容を認識できる状態に置くことをいいます。行使の相手方は，その文書が偽変造された文書または内容虚偽の文書であるという事情を知らない人でなければなりません。何らかの利害関係が必要かどうかという議論がありますが，文書に関して社会生活上何らかの利害関係をもち，文書を信頼して何らかの具体的な行為に出ることが予想されるような相手方であることが必要でしょう[19]（行使の相手方に限定はないとする見解も主張されますが，およそ利害関係のない通行人に見せたとしても，それは行使罪となりえないでしょう）。

　前述のように，行使罪については未遂も処罰されますが，偽造した運転免許証（これは有印公文書です）の行使につき，運転中にそれをただ携帯しているにとどまり，まだ警察官に呈示していない段階では，行使の未遂にもならないとした有名な判例があります[20]。

　罪数・犯罪競合の問題との関係で重要なことは，文書偽造罪と偽造文書行使罪とは（住居侵入罪と窃盗罪の場合とならんで）**牽連犯**（54条1項後段）の代表例だということです[21]。もし，文書を偽造して，その偽造文書を行使し，それを手段として相手から財物を騙し取ったという場合，文書偽造罪，偽造文書

---

　19)　判例は，交際中の相手方である女性から将来のために貯金してくれるように懇請されたため，偽造した郵便貯金通帳を同女に交付したという事案について偽造公文書行使罪の成立を認め（大判昭和7・6・8刑集11巻773頁），父親を満足させるだけの目的で，公立高校の卒業証書を偽造し，父親に見せた場合でも，偽造公文書の行使にあたるとしました（最決昭和42・3・30刑集21巻2号447頁）。なお，郵便貯金通帳は，現在では私文書です。

　20)　最大判昭和44・6・18刑集23巻7号950頁。

第 9 講　文書偽造罪

行使罪，詐欺罪（246条1項）という3つの罪が成立し，それぞれが牽連犯の
関係に立つことになります。

〈ケース3〉
　甲は，県立高校の校長であったが，同校への入学を希望するAの父親から
Aを合格させてほしいとの依頼を受けた。甲は，Aを合格させる方法として，
入学試験におけるAの答案を改ざんし，その成績を引き上げようと考えた。
甲は，試験終了後，校長室の金庫に保管中の解答用紙を取り出し，Aが作成
した解答用紙4通について，消しゴムで原記載を消去して鉛筆で正しい答えを
記入し，元に戻しておいた。

〈ケース3〉では，私文書偽造罪（159条）と公用文書毀棄罪（258条）の成
否が問題となります。解答が記載された用紙は，受験生Aの頭の中にあるも
のの表示であり，それがAの学力を証明するための資料となるという点で
「事実証明に関する文書」（159条1項）ということが可能でしょう[22]。作成名
義人はAであり，その名前が記されていますので，有印私文書ということに
なります[23]。このように，答案用紙は私文書にあたりますが，それと同時に，
公立学校の入試業務で使用される文書ですので，258条にいう「公務所の用に
供する文書」，すなわち公用文書にあたることになります。「キミがやってもボ
クシング」であり「俺が行っても御前崎」であり「あなたが漕いでもわたし

---

　21)　そればかりか，現行刑法が牽連犯という制度を導入したのは，偽造罪と行使罪とを（併合罪
ではなく）一罪とするためであったともいわれるのです。この点について，高田卓爾『注釈刑法(2)の
II総則(3)』（有斐閣，1969年）616頁を参照。
　22)　最決平成6・11・29刑集48巻7号453頁は，159条1項の「事実証明のための文書」とは
「社会生活に交渉を有する事項」を証明する文書であるとする判例の解釈を前提として，**入学試験の
答案**は，「試験問題に対し，志願者が正解と判断した内容を所定の用紙の解答欄に記載する文書であ
り，それ自体で志願者の学力が明らかになるものではないが，それが採点されて，その結果が志願者の
学力を示す資料となり，これを基に合否の判定が行われ，合格の判定を受けた志願者が入学を許可さ
れるのであるから，志願者の学力の証明に関するものであ」り，「社会生活に交渉を有する事項」を
証明する文書にあたるとしています。なお，〈ケース3〉と類似の事例についての神戸地判平成3・
9・19判タ797号269頁は，試験を受けた者が「いかなる解答を記載したかを客観的に証明するも
の」としていますが，そのように解するとすれば，事実証明に関する文書があまりに無限定なものと
なるおそれがあると思われます。
　23)　なお，仮にそれがマークシート式であったとしても，可読的符号を用いたものといえますの
で，図画ではなく文書です。

181

船」であるように，**私文書であっても公用文書となる**ということに注意する必要があります。私文書を改ざんし公務所をしてその正しい使用ができないようにしたのですから，公用文書毀棄罪が成立するのです。

　私文書偽造罪が成立するかどうかについて検討しますと，私文書については無形偽造（虚偽文書の作成）は 160 条の場合をのぞいて不可罰であり，有形偽造が認められなければ犯罪とならないのでした。有形偽造とは，前述のように，「作成権限がないのに他人名義の文書を作ること」，または「作成名義人と実質的な作成者との間で人格の同一性にそごを生じさせること」として定義されますが，〈ケース3〉における甲は，まさに勝手に答案を書き換えたのですし，作成名義人（A）と作成者（甲）との間に人格の同一性のそごを生じさせたのですから，文句なく有形偽造を行ったことになるのです。

　1 つ疑問となるのは，甲の行為が偽造なのか，変造なのかです。偽造か変造かは，前述のように，新文書をゼロから作り上げるか，それとも既存文書に手を加えるかにより決まりますから，既存文書を改ざんした本件の行為は変造罪（159 条 2 項）にあたるものといえそうです。ただ，既存文書に手を加える場合でも，本質的なところまで変えてしまえば偽造となると考えると，試験の解答欄の記載を正答に変えるというのは本質的な改変であると解して，偽造とすることも可能です [24]（→ Column「コピーの偽造」183 頁）。

Ⅳ　各犯罪類型の概観

　文書偽造罪に関する基本的な概念の説明を終えたところで，文書偽造罪の全体を概観することといたしましょう。

　詔書偽造罪（154 条）は天皇名義の文書の有形偽造（偽変造）を処罰の対象と

---

[24]　〈ケース3〉に近い事例についての前掲注 22）神戸地判平成 3・9・19 も，これを偽造にあたるとして，有印私文書偽造罪（158 条 1 項）の成立を認めました。なお，〈ケース3〉では，改ざんした答案を入試委員会が検討できる状態におくに至れば，それにより偽造有印私文書行使罪（161 条 1 項）も成立することになります。さらに，私文書偽造罪（ないし変造罪）の罪数も問題となります。この種のケースにおける罪数は，改ざんされた項目の数で決めるか，解答用紙の枚数で決めるか，全体として 1 個とするかが問題となるのです。同判決は，解答用紙ごとに 1 つの偽造罪を認めています。

182　Introductory Lectures in Criminal Law : Specific Offences

第 9 講　文書偽造罪

コピーの偽造

Column

　原本たる公文書の正確なコピーに見せかけて使用する目的で，**内容虚偽のコピー（複写機によるコピー）**を作成した場合，たとえば，国立大学法人の成績証明書，公認の技師の免状，旅券（パスポート）などのニセのコピーを作った場合に，公文書偽造罪を構成するかどうかが問題となります＊（これまで，主として公文書について議論されてきましたが，私文書，たとえば私立大学の成績証明書，各種検定試験の合格証などについても，異なって理解する理由はないでしょう）。

　以前の解釈では，文書は原本でなければならないとされ，手書きの写しは刑法上の文書としては保護されないとされました。手書きの写しにおいては，証明内容は「そのような内容をもった原本が存在すること」であり，現実に筆写した人が直接的な表示主体（作成名義人）となりますから，それは原本とは別個の文書なのです（もし誰が写したのかが明らかでないとすれば，表示主体が不明の書面として，写しとしての文書性を否定されることになります）。

　しかしながら，複写機によるコピーは原本を機械的に正確に再現するものであり，社会生活上，原本の代用ないし原本に準ずるものとして用いられています。そこで，判例は，原本の写しであっても，原本と同一の意識内容を保有し，証明文書として原本と同様の社会的機能と信用性を有するものは文書に含まれるとし，写真コピーは，原本の内容のみならず，筆跡，形状まで機械的かつ正確に再現するという点で，原本がコピー通りに存在していることについてきわめて強力な証明力をもち得るのであり，それゆえに，公文書の写真コピーが実生活上原本と同程度の社会的機能と信用性を有するものとされている場合が多いという理由から，有印公文書の写真コピーも，原本作成名義人作成名義の有印公文書（155 条 1 項）にあたるとしました（最判昭和 51・4・30 刑集 30巻 3 号 453 頁。さらに，最決昭和 54・5・30 刑集 33 巻 4 号 324 頁など）。これは，コピーを原本そのものと同視する形で文書の概念の中に含める（したがって，原本の作成名義人を作成名義人とする文書として認める）解釈であるといえましょう。ただ，学説上は，消極説も有力に主張されているところです。

　また，原本たる文書をファックスにより相手側に送信するに際して，受信側において虚偽の内容が現出するように細工し，相手側にはそのような内容の文書が現存するように誤信させたというケースで，文書偽造罪および偽造文書行使罪が成立するかどうかも問題とされるに至っています。このような**ファックス書面の文書性**の問題は，コピーの文書性の延長線上にある問題です。

　＊　なお，ここでは，あくまでもコピーをコピーとして用いる目的で内容虚偽のコピーを作成する場合が問題とされています（原本のコピーを利用して原本そのものに見せかける場合が文書偽造にあたることは当然であり，異論の余地がありません）。また，原本の写し・謄本としての認証文言が付されている公文書については，写しの部分も認証文言の部分と一体となって 1 つの文書となります。したがって，ここで問題とされているのは，原本たる公文書のコ

183

> ピーを，認証文言のない単なるコピーとして使用する場合に，これを公文書と解しうる
> かどうかです。

するものですが，**公文書偽造罪**（155 条）は，天皇の文書以外の一般の公文
書・公図画の有形偽造をカバーするものです。客体は，公務所または公務員の
作成すべき文書または図画（公文書または公図画）であり，公務所または公務
員（その意義については 7 条を参照）が，その名義をもって，法令や内規・慣例
に基づき職務の範囲内において作成する文書または図画です。有印公文書偽造
罪（1 項および 2 項）と無印公文書偽造罪（3 項）とが区別されています。偽造
罪の全体に通じてあてはまることですが，偽造・変造は，**行使の目的**をもって
行われることが必要です（目的犯）。

虚偽公文書作成等罪（**156 条**）は，**公文書の無形偽造・無形変造**を包括的に
処罰する犯罪類型です。公文書については，私文書の場合のように客体を限定
することなく，作成権者による虚偽文書の作成を広く処罰しています（虚偽私
文書の作成を処罰する 160 条と比較して下さい）。客体が通常の公文書・公図画で
あれば（有印か無印かを区別して）155 条と同一の刑が法定刑となり，詔書など
の天皇の文書であれば 154 条と同一の刑が法定刑となります[25]。

公正証書原本等不実記載罪（**157 条**）は，私人の申告に基づいて作成される
特定の種類の公文書（および公電磁的記録）について，その内容の正確性を確
保することを処罰の目的としています。**権利・義務に関する公正証書の原本**と
は，公務員がその職務上作成する文書であって，権利・義務に関する事実を公
的に証明する効力をもつものを広く含みます（単に事実証明に関するにすぎない
ものはこれにあたりません）[26]。なお，本条 2 項では，私人が申立てをして交付

25）　虚偽公文書作成等罪は，公文書・公図画を作成する権限を有する公務員が，文書に虚偽の内
容を記載する罪です。それは真正身分犯（65 条 1 項）であり，公務員でない者や，たとえ公務員で
あっても当該の文書を作成する権限をもたない者は，本条の主体とならないと解されます（それらの
者が作成名義を冒用して公文書を作成したときは，公文書偽造罪〔154 条または 155 条〕となりま
す）。ただし，判例は，作成権限者たる公務員の職務を補佐して公文書の起案を担当する公務員が，
内容虚偽のものを起案し，情を知らない作成権限者に署名・捺印させ，内容虚偽の公文書を作成させ
た場合には，虚偽公文書作成等罪の間接正犯になるとしている（最判昭和 32・10・4 刑集 11 巻 10 号
2464 頁）ことに注意しなければなりません。

を受ける形態の特定の公文書につき，虚偽の申立てをして不実の記載をさせた場合につき，1項より軽い刑を規定しています。旅券（パスポート）もそこに含まれています。

公文書につき，**行使罪**（そして供用罪）を処罰するのが158条です。すなわち，偽造公文書・公図画，虚偽公文書・公図画，不実の記載ないし記録のある公正証書原本等を行使（電磁的記録については供用）することが処罰されます。行使罪（供用罪）については，158条2項により未遂も処罰されます。同条1項に「同一の刑に処する」とあるのは，その客体に応じて，前4条のそれぞれの刑と同じ刑が法定刑となるという意味です。

私文書偽造罪（159条） を見ますと，客体は「権利，義務若しくは事実証明に関する文書若しくは図画」に限定されています。さまざまな私文書のすべてがただちに刑法的保護に値するとはいえず，特に重要なものに限られるとする趣旨です。公文書の場合と同じく，有印私文書の偽造・変造はより重く（159条1項・2項），無印私文書の偽造・変造はそれよりも軽く（同3項）処罰されます。私文書偽造罪における偽造・変造とは，有形偽造・有形変造のことであり，私文書については，作成権者による虚偽文書の作成（無形偽造）は原則として処罰されません。私文書の無形偽造を罰する例外的な規定が，**虚偽診断書等作成罪**の処罰規定（160条）です。偽造・変造の私文書の行使（とその未遂）の処罰については，161条に規定があります（→ Column「電磁的記録の不正作出と供用」188頁）。

Ⅴ 終了のチャイムが鳴る前に

現行刑法が，文書の社会的信用性を保護するため，中心的な処罰の対象としているのは，文書の形式的真正（作成名義の真正）を害する行為であり，いいかえれば，文書を見た人にとりＡが表示の主体であるように思える文書をＢ

---

26) 判例により，権利・義務に関する公正証書の原本にあたるとされたのは，例示として条文にあげられている登記簿と戸籍簿のほか，公証人の作成する公正証書，土地台帳，住民票，外国人登録原票，船籍簿などです。また，公正証書の原本として用いられる電磁的記録（電磁的公正証書原本）の例としては，自動車登録ファイル，特許原簿ファイル，不動産登記ファイル，住民基本台帳ファイルなどがあります。

が勝手に作成する行為です。すなわち，作成名義人と作成者とが一致しないという意味で人格のそごないし分裂を生じさせる行為であり，本当の自分（真の人格）を隠して，そこに他人格を現出させる行為なのです。したがって，文書による**他人格への成り済まし**が認められる事例は，有形偽造の中核的な事例です[27]。

　有形偽造と無形偽造の区別は，私文書については処罰の可否に直結するため（無形偽造は160条にあたる場合しか処罰されません），きわめて大きな意味をもっています。近年，盛んに議論され，いまだ学説において見解の対立が見られるのは，道路交通法違反を犯した甲が，警察官により違反を現認されたその現場で，あらかじめ**同意**を得ていた（違反者ではない）乙の名前を使い，「違反したことは相違ありません」という内容の供述書（違反者乙名義の私文書）を作成する行為が有形偽造となるか（したがって，私文書偽造罪を構成するか）という問題です[28]。ここでは，その文書を見た人が認識する表示主体は「乙」であり，現実の作成者は「甲」ですから，そこに人格の不一致が生じています。ただ，乙という名義の使用については，乙が甲に対し同意を与えているのです。実質的作成者は「乙」と解して，有形偽造であることを否定する学説も有力に主張されています。

　これに対し，最高裁判例は，このケースについて有形偽造を認めるのですが，その結論を正当化するためには，そこに**人格の同一性のそご**が生じていることを論証しなければなりません。1つの考え方は，違反者じしん以外の名前を書き込むことは法令上予定されておらず，違反者でない乙に文書の予定する効果を帰することが法的に認められていないところから，「乙」（作成名義人）と「甲」（作成者）との間で人格の同一性のそごが生じると解するものです（最高裁判例はこのような考え方によっているといえましょう）[29]。ただ，もう1つの考

---

27)　最高裁が有形偽造を認めた事例は，このような考え方により説明できるものといえましょう。たとえば，最判昭和59・2・17刑集38巻3号336頁，最決平成5・10・5刑集47巻8号7頁，最決平成11・12・20刑集53巻9号1495頁などを参照。

28)　判例と学説について詳しくは，井田良「名義人の承諾と私文書偽造罪の成否」西田典之ほか編『刑法判例百選II各論〔第6版〕』（有斐閣，2008年）204頁を参照。

29)　なお，判例は，これ以外のケースでも，たとえば，運転免許申請書・一般旅券発給申請書・私立大学の入試答案・消費者金融業者が設置する自動契約機を利用して極度借入基本契約締結等を申し込む際の申込書などの文書について，たとえ作成名義人の同意があるとしても，その名義を用いて他人が作成する行為は有形偽造にあたるとしています。

え方も可能です。この種の文書では，違反者として現認された者による作成のみが予定されていることから，ここでは「違反者として現認された甲」（作成者）という真の人格が隠され，「違反者として現認された乙」（作成名義人）という別人格が現出させられており，そこに人格の同一性のそごが生じていると解するのです[30]。

　この後者の考え方によれば，前者に比べて，有形偽造の成立範囲はさらに拡大することになりましょう。たとえば，〈ケース3〉の事例において，かりに受験生A本人が，入学試験終了後，答案の保管場所に侵入し，自己の答案を取り出して正答に書き直したという場合でも，それは有形偽造とされることになるでしょう。ここでは，「A」（作成名義人）と「A」（作成者）とで人格の同一性のそごは生じていないようにも思われますが，「試験場で答案を作成したA」とそうでないAとの間に人格のずれが認められるからです。

　このようにして，有形偽造の概念は，形式主義を基本とする現行刑法の下では決定的に重要なものなのですが，それをめぐり，かなり深刻な理解の相違がまだまだ存在しているのです。

　さて，次の第10講では，社会的法益に対する罪の最後のグループとして，風俗犯を取り上げたいと思います。そこにおいては，保護されるべき法益の実体が必ずしも明らかではなく，解釈論の次元においてのみならず，立法論・政策論のレベルでも，刑法による介入が行き過ぎたものとなっていないかをめぐりさまざまな議論のあるところです。

---

30)　たとえば，西田・各論374頁以下は，このような見解をとります。

電磁的記録の不正作出と供用

Column

　刑法典第17章「文書偽造の罪」の最後には，電磁的記録の不正作出と供用を処罰する規定が置かれています（161条の2）。これは，文書の概念に含ませることはできませんが，しかし文書と実質的に同じ機能を果たしている電磁的記録（→171頁）に，文書と同様の刑法的保護を与えようとするものです。公文書と私文書の区別に対応して，公電磁的記録（同条2項）と，その他の私電磁的記録（同条1項）とを区別して法定刑に差をつけています。ただし，**本規定によって保護される電磁的記録**は，「権利，義務又は事実証明に関する」ものであることを要し（コンピュータ・プログラムはこれに含まれません），かつ他人の事務処理の用に供せられるものでなければなりません。なお，支払用カード（クレジットカードなど）の磁気情報の部分は，支払用カード電磁的記録に関する罪（163条の2以下）により保護されます。

　電磁的記録については，偽造・変造の代わりに，「不正に作る」（不正作出）という用語が使われ，行使の代わりに，「用に供する」（供用）という文言が用いられています。「行使の目的」の代わりに，「人の財産上の事務処理を誤らせる目的」が要件とされています。なお，権限なく電磁的記録の内容を消去・撹乱するような行為（＝文書毀棄に対応する行為）は，電磁的記録毀棄罪（258条または259条）を構成することになります（さらに，電子計算機損壊等業務妨害罪に関する234条の2の処罰規定も参照）。

　私電磁的記録不正作出については，作出権者により不実の記録が行われても不可罰となるとされますが，これは私文書の無形偽造（原則として不可罰）に対応しています。これに対し，公電磁的記録の不正作出については，作出権者による不実の記録でも処罰の対象となります。これは，公文書の無形偽造（可罰的）に対応するものです。そうであるとすると，「不正作出」は，文書の有形偽造に対応する行為を捕捉する概念であると同時に，公電磁的記録については無形偽造に対応する行為をもカバーする概念ということになります。

188　Introductory Lectures in Criminal Law : Specific Offences

第**10**講

Introductory Lectures
in Criminal Law
Specific Offences

風俗犯

I はじめに

今日の講義では，風俗犯（風俗に対する罪）を取り上げます。このグループに属する犯罪類型については，そもそもその処罰を正当化できるのかどうかをめぐり大いに議論のあるところです。風俗とは，結局のところ，道徳（モラル）や倫理と呼ばれているものに帰着し，刑法による保護の対象とするのにふさわしくないのではないかという強い疑問が出されているのです。

風俗とは，その社会において健全なもの・善良なものとして広く承認されている行動様式や生活秩序のことを指す言葉です[1]。しかし，それは，定義というにはあまりに曖昧模糊としています。「その社会において」という限定は，風俗が場所と時間を越えた普遍的なものではないことを示しています（これに対し，個人の生命や身体，財産などは普遍的価値をもつといえ，これを刑法的保護の対象としない社会の存在はおよそ考えにくいのです）。「健全なもの・善良なもの」というのもきわめて漠然とした表現ですし，「広く承認されている」行動

---

1) 風俗は，「公序良俗」の構成部分として民法の規定に登場する概念です（民 90 条）。民法の教科書を見ますと，これを「社会的妥当性」という言葉で説明した上で，違反事例を類型化しています。たとえば，内田貴『民法 I 〔第 4 版〕』（東京大学出版会，2008 年）281 頁以下，四宮和夫＝能見善久『民法総則〔第 8 版〕』（弘文堂，2010 年）265 頁以下などを参照。

189

様式や生活秩序という部分は，別の意見をもつ少数者の存在を前提とした上で，多数者が承認してきた既存の社会のあり方を優先させる保守的な思想を含むものといえましょう。

　ただ，ここで，現行刑法典の個々の犯罪類型が保護しようとする，**風俗と呼ばれるものの特殊な局面のそれぞれ**を見ますと，モラルの保護のために刑罰を用いるものであって正当化されない，という一言で片付けられるほど，事柄は単純でないことがわかります。これまで，風俗に対する罪に分類されてきたのは，とりわけ，①わいせつの罪（174条以下），②賭博および富くじに関する罪（185条以下），③礼拝所および墳墓に関する罪（188条以下）という3つのグループですが，これらについての個別的な検討が必要です。

　これら3グループの処罰規定は，**秩序維持の観点から最低限のルールを示す**（踏み越えてはならない一線を明らかにする）ものといえましょう。そういう言い方をすると，いかにも道徳・倫理の違反を処罰するもののように聞こえるのですが，しかし，問題とされている行為のそれぞれを見ますと，**社会に対して一定の実害を及ぼしうるものであることが確認**できるのです。まず，礼拝所および墳墓に関する罪にあたる行為の例としては，公然と，礼拝所に置かれた崇拝の対象物につばを吐きかけたり，墓地の墓石に放尿したりする行為（188条1項），礼拝やミサや葬儀などを妨害する行為（同条2項），死体を傷つけたり捨て去る行為（190条）があります。これらの行為が行われると，宗教者であれば信仰を否定され，宗教活動を害されたと受け取るでしょうし，ふつうの人であっても，強い嫌悪感・不快感を抱くに違いありません。それらの罪は特定人の感情を害することを成立の要件としてはいませんが（特に，死体損壊・遺棄罪については，それが公然と行われなくても，犯罪が成立するのです），そこでは，信仰の自由と宗教活動を害し，また，一般通常人の宗教的感情（とりわけ死者への敬虔の念・その安息を願う気持ち）を傷つけるおそれある行為（少なくともその抽象的危険性ある行為）が処罰の対象とされていると考えることができるのです。この種の行為の処罰の正当性に対しては，おそらく異論は生じないでしょう。

　わいせつの罪（174条と175条の罪）についても，公道上で性器を露出する行為（174条）を典型例とするように，そこに居合わせた通行人に「見たくないもの」を見せつけて嫌悪感・羞恥心を抱かせることは，**性的自由に対する侵**

害[2]であり，処罰に値する行為なのです。ただ，現行刑法典のわいせつ罪の規定は，このようなケースに処罰の対象を限定してはおらず，性的自由の侵害の認められない場合にも犯罪の成立を認めています。たとえば，わいせつなショーを期待する観客を相手にストリップショーを行うこと（174条）や，わいせつな動画を記録したDVDを希望者に販売すること（175条）は，成人の間においてお互いに納得の上で行われれば，誰かの性的自由を侵害するものではないのですが，それでもこれらの罪は成立するとされ，ここにおいては性道徳の意味における風俗に反することが処罰の理由となっているように見えるのです[3]。

　しかし，その種の行為が，本当に社会的実害をもたらすものでないと言い切れるかどうかは1つの問題です。とりわけ，性表現を自由化したとき（すなわち，成人の間でその同意の下に行われる限りは許容することとしたとき），それが性に関する商業主義と結びついて，「見たくない人」の権利が脅かされたり，青少年（18歳未満の男女）がそれらに容易にアクセスできる「環境」が形成されることが危惧されるのです。現行法のように一律に規制するか，それとも，刑法を改正し原則的に自由化した上で，そのような環境が形成されないようにきめ細かな規制を行うか（こちらの方がずっと手間とコストがかかるでしょう）のどちらがよいかは，そう簡単に答えを出すことのできない問題だといえましょう。

　賭博・富くじに関する罪は，経済活動ないし労働の場面における健全な生活観念（勤労の美風）の維持をねらいとしているといわれるのですが，はたしてそのようなものを刑法の任務とすべきであるかどうかについては疑問も生じてきます。しかし，賭博・富くじにより，射幸心をあおられ，一攫千金を夢見て，結局は搾取される人々がいることを考えると，それらの行為には（薬物のもつ中毒作用にも似た）**社会的な有害性**があるといえましょう。むしろ，賭博罪・富くじ罪の問題は，そのような処罰根拠の説明が，公営競技（いわゆる公営

---

　2)　ここにいう**性的自由（性的自己決定権）**には，①意思に反して性的表現に接することを強制され，性的羞恥心ないし性的嫌悪感を抱かせられない自由と，②意思に反して性的行為を強制されない自由の両方が含まれます。①は174条・175条の規定により保護され，②は176条から181条の規定により保護されるのです。

　3)　これらのケースでは，誰の法益も具体的に侵害されておらず，したがって被害者は存在しないとも考えられます。「法益の保護のための刑法」という考え方（→総論28頁）を徹底するとき，この種の**被害者のない犯罪**は，処罰の対象からはずすべきだ，すなわち**非犯罪化**すべきだということにもなります。

ギャンブル）等の存在により説得力を失っているところにあります（ちなみに，競馬の勝馬投票券や宝くじは，刑法上の富くじ〔187条〕にあたります）。私の周りに実際にそういう人はいませんが，競馬にハマって借金を繰り返したあげくに夜逃げしたというような話はよく聞くところです。そのような現実を踏まえると，刑法による原則的禁止は，「より大なる悪を避ける」ところに，すなわち，賭博や富くじ販売にあたる行為を公的な監督の下で行わせることにより，人々の射幸心を過度にあおったり，詐欺的な運営が行われるなどの悪用が生じたり，暴力団の資金源になることを防ぐところに真の意味があるといえそうです[4]。

　ここまで見てきたところからしますと，いわゆる風俗犯に属する犯罪の処罰の根拠については，個別的な吟味が必要であり，抽象的な風俗の観念を理由に処罰を正当化することも，また逆に，それは刑法上の保護に値する法益ではなく，それを根拠とした処罰は正当化されないと単純に決めつけてしまうことも，いずれも正しくないといえるでしょう。

　以下では，これまで述べてきたことを前提として，3つのグループの犯罪類型について，その基本的な内容を見ていくことにしたいと思います。

Ⅱ　わいせつの罪

1　わいせつの意義

　刑法は，第22章（174条から184条）において性的事柄に関わる犯罪をひとまとめにして規定しているのですが，このうちの176条から181条までの罪は，個人的法益としての性的自由に対する罪であり，風俗犯ではありません[5]。風俗犯としての「わいせつの罪」としては，公然わいせつ罪（174条）とわいせつ物頒布等罪（175条）とがあります[6]。

　2つの犯罪に共通するのは，「わいせつな」という要件です。**わいせつ**とは，

---

　4)　この点について, Bernd Heinrich, in: Arzt/Weber/Heinrich/Hilgendorf, Strafrecht, Besonderer Teil, 3. Aufl. 2015, S. 821 f. を参照。なお, 賭博についての非犯罪化の主張として, 西原春夫『刑法の根底にあるもの〔増補版〕』（成文堂，2003年）87頁以下, 吉岡一男『日本における犯罪現象』（成文堂，2006年）190頁以下などがあります。
　5)　個人的法益としての性的自由（性的自己決定権）に対する罪としての強制わいせつ罪（176条）および強制性交等罪（177条），そしてその結果的加重犯（181条）については, 70頁以下を参照。

判例の定義によりますと、「いたずらに性欲を興奮または刺激させ、かつ、普通人の正常な性的羞恥心を害し、善良な性的道義観念に反するもの」です[7]。この定義は3つの要素からなりますが、いずれの要素も規範的評価ないし価値判断を本質的な内容としており、この定義により文言の意味内容がそれほど客観化・明確化されるわけではありません（ただ、この定義の下で多くの事例を集めて類型化することにより、具体的判断のためのガイドラインを作ることは可能でしょう）。この定義を手がかりとして、個別のケースでわいせつ性が肯定されるかどうかの結論を予測することは困難であって、刑罰法規の明確性の要請に反するという批判もあります[8]。また、その評価と判断は、時の流れの中でも大きく変化するものであり、上の抽象的なわいせつの定義は長い間そのまま維持されているものの、その具体的適用は、かりに10年の単位で見たとしても以前と同列に論じることはできないでしょう[9]。

　とりわけ大きな争点となるのは、175条によるわいせつ物の規制と、**表現の自由、特に芸術や文学の分野の表現の自由**との関係をどのように調整するかです。この点をめぐっては最高裁判例に変遷が見られます。**チャタレイ事件**判決は、性行為の非公然性の原則を宣言し、かつ高度の芸術性も作品のわいせつ性を解消するものとは限らないと述べていたのですが[10]、**悪徳の栄え事件**判決では、文書のもつ芸術性・思想性が性的描写による性的刺激を減少・緩和させ、文書のわいせつ性を解消させる場合があることを認め、また、文書の個々の章

---

6)　ちなみに、刑法典第22章には、営利の目的で、淫行の常習のない女子を勧誘して姦淫させる犯罪である淫行勧誘罪（182条）、配偶者のある者が重ねて婚姻をしたときに成立する重婚罪（184条）の処罰規定も含まれますが、実際的な意味はありません。ちなみに、かつて刑法は、その183条において婚姻外の性交を行った妻とその相手方を処罰する**姦通罪**の規定を設けていましたが、1947(昭和22)年の刑法一部改正によりこの規定は削除されました。

7)　最判昭和26・5・10刑集5巻6号1026頁、最大判昭和32・3・13刑集11巻3号997頁（**チャタレイ事件**）などを参照。

8)　刑罰法規の明確性の原則は罪刑法定主義の一内容であり、**憲法31条**の要求するところです。この点について、総論48頁以下を参照。ただ、判例は、175条が要求される明確性を欠くものではないとくり返し判示しています。

9)　ロレンスの小説である『チャタレー夫人の恋人』の翻訳は、1950年代にわいせつ文書とされました。私は、ロレンス研究家・武藤浩史氏の新訳（筑摩書房、2004年）でこの本を読みましたが、性欲を興奮・刺激させられることもなく、性的羞恥心を害されることもありませんでした。今日では、この本を出版することが犯罪として禁止されなければならなかった、当時の日本社会の「風俗」のレベルを具体的に想像することは決して容易なことではないでしょう。

10)　前掲注7)最大判昭和32・3・13。

句の部分は，全体としての文書の一部として意味をもつものであるから，その章句の部分のわいせつ性の有無は，文書全体との関連において判断されなければならないとしました[11]。さらに，**四畳半襖の下張事件**判決では，より具体的な基準を示し，「当該文書の性に関する露骨で詳細な描写叙述の程度とその手法，……〔その〕描写叙述の文書全体に占める比重，文書に表現された思想等と……〔その〕描写叙述との関連性，文書の構成や展開，さらには芸術性・思想性等による性的刺激の緩和の程度」等の観点からその文書を全体として見たときに，「主として，読者の好色的興味にうったえるものと認められるか否かなどの諸点を検討することが必要」であるとしたのです[12]（→ Column「**わいせつ性と表現の自由**」195 頁）。

　構成要件の客観面における不明確さは，その主観面の要件（故意）における不明確さに対応しています。「わいせつ」を含む構成要件要素（「わいせつな行為」や「わいせつな物」）は，**規範的構成要件要素**の典型例ですが，これについての**故意の内容**が問題となるのです[13]。公然わいせつ罪もわいせつ物頒布等罪も故意犯ですが，行為や物のわいせつ性につき，判例の定義を踏まえた正確な認識などは要求されず，「卑わいな行為」の類いであるとか「性的刺激のある写真集」であるという，客体の意味ないし性質に関する素人的理解があればそれで十分とされています（これを**意味の認識**といいます）。したがって，行為者が，この程度の（世にありふれた）いやらしさでは条文にある「わいせつ」とまではいえず，処罰の対象にはならないと信じていたとしても（このような錯誤のことを**あてはめの錯誤**といいます），故意は阻却されません。まったく性質の異なる書物（たとえば，純粋の医学書）と思い込んでいたとか，書物中のわいせつな記載部分の存在自体を知らなかったという場合に限り，故意が否定されることになります。

2　公然わいせつ罪とわいせつ物頒布等罪

　公然わいせつ罪（174 条）は，公然と，わいせつな行為をすることによって

---

11)　最大判昭和 44・10・15 刑集 23 巻 10 号 1239 頁。
12)　最判昭和 55・11・28 刑集 34 巻 6 号 433 頁。
13)　この点については，総論 147 頁を参照。

わいせつ性と表現の自由

Column

　かつての学説においては，「侵害される利益」と「実現される利益」との衡量によって決めようとする**利益衡量説**も有力に主張されました。しかしながら，法律家が文学作品の価値を決めた上で，それをわいせつ性と比較衡量するというのは妥当な考え方とはいえないでしょう。チャタレイ事件判決が述べたように，芸術性とわいせつ性とは別異の次元に属するというべきです。とはいえ，芸術作品や学問的著作物の一部を全体から切り離してそのわいせつ性を判断すべきではないと思われます。悪徳の栄え事件判決以降の立場に見られるように，文書が全体としてもつ芸術性・科学性が個々の部分のわいせつ性を希薄なものとし，さらには処罰の対象とするのに適さない程度に解消させることを認めるべきでしょう。具体的な判断基準としては，四畳半襖の下張事件判決において示されたものが参考になると思われます。

　なお，**頒布・販売等の相手方や方法のいかんというような付随事情**によって，わいせつ性の評価が異なりうるとすべきかどうかも問題となります。これを肯定する**相対的わいせつ文書**の理論も，かつては有力に主張されました。この考え方は，売り方が悪いためにわいせつでないものがわいせつ物になる（逆に，売り方がよいから，わいせつなものがそうでなくなる）というのはおかしいという理由で，現在では一般に否定されています。ただ，「見たくない人」の性的自由の保護や青少年の健全育成の見地から，相手方の意思に反する場合や相手方が青少年である場合には，より性的刺激の少ないものでも禁止の対象とし，見ることを望む成人のためにはかなりの程度に自由化することが考えられるとすれば，行為の付随事情の違いに応じてわいせつ性の判断を相対化することはなお説得力をもつように思われます。

　さらに，現在では，**埋め合わせる価値がまったくない端的な春画・春本類のみ**がわいせつ物であるとする見解も有力です。これは性的表現の自由を保障する上でもっとも進んだ見解ですが，芸術性・科学性を装う限り，どのようなものでも許容されることになりかねない点に問題を残しているといえましょう。

成立します。「わいせつな行為」の典型例は，性器の露出行為や，性交等の性行為です。ここに「公然」とは，刑法典のほかの規定における用語法と共通であり，不特定または多数の人が認識できる状態のことをいいます[14]。

　わいせつ物頒布等罪を規定する 175 条ですが，2011（平成 23）年の刑法一部改正により，大きく書き改められたことに注意する必要があります。新規定によれば，①わいせつな文書，図画，電磁的記録に係る記録媒体その他の物を頒

布し，または公然と陳列した者，②電気通信の送信によりわいせつな電磁的記録その他の記録を頒布した者，③有償で頒布する目的で，これらの物を所持しまたは電磁的記録を保管した者が処罰されます。**本罪の客体**は，有体物であるところの，わいせつな**文書，図画，電磁的記録に係る記録媒体，その他の物**（わいせつ文書，わいせつ図画，わいせつな記録媒体は，わいせつ物の例示ということになります）と，無体物であるところの，わいせつな**電磁的記録およびその他の記録**です。文字で書かれた本や冊子であれば「文書」ですし，写真や写真集であれば「図画」です。DVDやコンピュータのハードディスクは「電磁的記録に係る記録媒体」に，性器をかたどった模型などは「その他の物」，わいせつな画像や動画のデータそのものは「電磁的記録」（その意義については，7条の2に規定があります）にあたります。

　本罪の行為態様について見ると，頒布，公然陳列，所持，保管があります。**頒布**には，無償の頒布のみならず，有償の頒布（したがって，販売や賃貸）も含まれます（175条2項の文言を参照）。なお，頒布とは，有体物の占有の移転（交付）のことをいうのがふつうですが，ここでは，電気通信の送信という方法による，**無体物**としての電磁的記録やその他の記録についての支配の設定を含むものとされています（同条1項後段を参照）。たとえば，画像や動画のデータ（電磁的記録）を電子メールの添付ファイルとして送付することや，ファックス送信の方法でわいせつな内容の文書を相手方に送ること（「その他の記録」の頒布）がこれにあたることになります（→ Column「**刑法一部改正による175条のリニューアル**」199頁）。

　本罪の行為態様のうち，特に重要な意味をもつのが**公然陳列**です。陳列とは，日常的な意味としては，人に見せるために並べて置くことをいいます。しかし，このような文理解釈によると，わいせつな写真を目の前に並べて置いて見せると処罰され，スライドにしてスクリーンに映し出して見せると処罰されないこ

　14）　不特定または多数の人が**認識**できる状態があればよいことから，誰かが現に見ていることは要件になりません。判例の中には，わいせつ行為が海水浴場近くの海岸で行われ，現実には通行人がなく，海上約300メートルの地点を遊覧船1隻が通過したにすぎないとしても，公然性が認められるとしたものがあります（東京高判昭和32・10・1東高刑時報8巻10号352頁）。礼拝所不敬罪に関する後述の〈ケース2〉も参照。

とになりますが，それは合理的な区別とはいえないでしょう。そこで，判例・通説は，以前から，「公然と陳列した」の語を**拡張解釈**して，「**不特定または多数の者が認識できる状態に置くこと**」を意味するとしているのです。そうすると，映画フィルムの上映も公然陳列にあたることになります（ここでは，陳列という言葉のもつ「並べる」という要素は軽視されるのです）。

〈ケース 1〉

甲は，インターネット・サービスを提供するプロバイダーであったが，アメリカ合衆国のプロバイダー乙と提携し，アメリカにあるコンピュータのハードディスク装置に記憶・蔵置された，わいせつ動画のデータに多数の会員がアクセスすることを可能とした。

〈ケース 1〉において，175 条の罪の成立を認めるためには，何よりまず，**何が本罪の客体にあたるのか**を確認する必要があります。判例・通説の見解によれば，画像データが記憶・蔵置されている媒体，すなわち，ふつうはハードディスク装置（またはそれを内蔵するコンピュータそのもの）が客体です（新規定の下では「電磁的記録に係る記録媒体」にあたるものといえましょう）。わいせつ物といえるためには，直接的な物理的外形そのものがわいせつ性を感じさせるものであることは要求されません。再生機で再生してはじめてわいせつな動画を見ることができる DVD が本罪の客体にあたるように，〈ケース 1〉におけるハードディスク装置も，わいせつ動画を見せることを可能にするものですから，175 条にいうわいせつ物にあたると解することが可能なのです。

次に，通信回線を通じて不特定または多数の人にわいせつ画像を見せる行為が，**公然陳列**にあたるかどうかが問題となります。前述のように，それを「不特定または多数の者が認識できる状態に置くこと」として理解するとすれば，〈ケース 1〉の甲と乙の行為も公然陳列にあたるといえるでしょう。たとえば，不特定または多数の人を一室に集めてコンピュータのディスプレイを示し，そこにハードディスク内に記憶されたわいせつ画像を写して閲覧させれば，ハードディスク装置（またはそれを含むコンピュータ）というわいせつ物（前述したように「電磁的記録に係る記録媒体」）の公然陳列にあたることに疑問は生じないでしょうが，回線を通じて個人個人に閲覧させることはこれと本質的に異な

る行為ではないと解されるからです。

　最高裁判所は，インターネットのホームページが問題となったケースではありませんが，パソコン通信を開設し運営していた被告人が，ホストコンピュータのハードディスクにわいせつな画像データを記憶，蔵置させて，不特定多数の会員がこのわいせつな画像を閲覧することを可能な状態を設定したという事案について，ハードディスクというわいせつ物を公然と陳列したことにあたるとする結論を示しました[15]。

　〈ケース1〉では，甲と乙が共同正犯（60条）として実行した公然陳列行為について日本の刑法を適用して処罰できるかどうかも問題となります。**属地主義**の原則により，日本国内で罪を犯したすべての者（外国国籍の者を含む）に日本刑法が適用されますが（1条），犯罪地の決定に関する**遍在説**[16]によりますと，構成要件該当事実の一部が日本国内で生じれば日本が犯罪地となります。わいせつ物公然陳列罪についていいますと，インターネットを通じて日本国内において国外にあるわいせつ物たるハードディスク装置を閲覧できるのですから，「犯罪の結果」が日本国内で発生することになり，犯罪地は日本ということになります[17]。そこで，甲と乙の行為について175条の適用を認めることは可能なのです[18]。

---

　15)　最決平成13・7・16刑集55巻5号317頁。実は，〈ケース1〉のような事案において公然陳列を肯定することには，違和感が生じないではありません。会員たちは，サーバーのハードディスクの画像を直接に見ているのではなく，自己のパソコンを使用して画像データを1度ダウンロードした上で，それを自分で再生して閲覧するのだからです。厳密には，そこにはサーバーのハードディスクというわいせつ物を直接に「見せている」という関係はないといえるかもしれません。この点について，最高裁は，会員が行う操作は「ホストコンピュータのハードディスクに記憶，蔵置された画像データを再生閲覧するために通常必要とされる簡単な操作にすぎず，会員は，比較的容易にわいせつな画像を再生閲覧することが可能であった」ことを理由として，ハードディスクに記憶，蔵置された画像データを不特定または多数の者が認識できる状態に置いたといいうるとしました。

　16)　通説である遍在説によりますと，構成要件に該当する事実の一部でも国内で行われれば，日本が（も）犯罪地となります（→総論71頁）。

　17)　この点について，西田・各論399頁を参照。

　18)　なお，これは逆の関係にある問題ですが，**有償頒布目的の所持と保管の処罰**（175条2項）は，日本の法益を保護するため，日本国内で頒布が行われることを阻止しようとするものです（国外犯処罰を規定する2条および3条にも，175条はあげられていません）。そこで，日本国外で有償頒布する目的で所持・保管を行う場合には，処罰の対象とならないのです（最判昭和52・12・22刑集31巻7号1176頁）。

第 10 講　風俗犯

刑法一部改正による 175 条のリニューアル

Column

　2011（平成 23）年の刑法一部改正前の規定は，電磁的記録を客体に含めていませんでした。そこで，わいせつな画像や動画のデータそのもの（電磁的記録）をわいせつ物等の概念に含ませることが可能かどうかが議論の対象となり，判例・通説は，**無体物を有体物に含めて理解することは無理**であることから，現行法の解釈論としてこれを否定していたのです。

　そこで，ファックス送信の方法でわいせつな内容の文書等を相手方に送ることや，電子メールの添付ファイルとしてわいせつな画像データを送信することは，旧規定の下では，わいせつ文書や図画の頒布や販売として捉えることができず，処罰は困難とされたのでした。2011 年の改正により，これらの行為も処罰することが可能になりました。

　なお，従来は，「頒布」を無償の場合に限定するという解釈が多数説であり，それによれば，有償の交付，たとえば賃貸の場合（わいせつビデオや DVD のレンタルなど）を処罰できないという問題がありました。そこで，2011 年の改正にあたり，頒布は有償か無償かを問わないこととし，同時に，旧規定にあった「販売」の文言を削ったのです。

3　公然わいせつ罪とわいせつ物頒布等罪の区別

　公然わいせつ罪とわいせつ物頒布等罪の区別は，「人の行為」と「物」の区別に対応するだけのように見えますが，刑法は，公然わいせつ罪よりもわいせつ物頒布等罪の方をずっと重く処罰しています。なぜそのような差別的扱いをしているのかの根拠が明らかにされなければなりません。

　その根拠として，公然わいせつ罪においては，主として個人による露出症的な行為が想定されているのに対し，わいせつ物頒布等罪においては，利欲目的・営利目的のケースが想定されている（そのことは，175 条の罪の法定刑の中に，多額 250 万円という高額の罰金が含まれていることにも示されている）ことを指摘できそうです。しかし，もしそれが立法者のねらいであったとすると，そこには見込み違いも含まれていたといわざるをえません。というのは，公然わいせつ行為の中にも，ストリップショーのような利欲犯・営利犯の性格を強くもったものが存在するからです[19]。写真や動画の形でわいせつな内容の表現物を公然と示せばより重く，ストリップショーなどにおいて「実物」を直接に公然と示すとより軽く処罰されるというのは，評価において逆転しているという批

199

判も不可能ではありません。

　むしろ両罪の区別の根拠は，公然わいせつ行為はその場の一過的な出来事であるのに対し，わいせつ物頒布等罪にあっては，客体にわいせつ性が固定され，広く伝播される可能性があり，その意味で法益侵害性が強い[20]というところに求めるべきでしょう。ただ，それにしても，一過的なものか，それを再現可能とする何らかのものが残るかという区別は，それほど本質的な区別であるかどうかは疑問です。インターネットを通じて行う生中継と録画放送とを区別する理由がどれだけあるかは明らかでありません。

Ⅲ　賭博罪と富くじ罪

　刑法典第23章（185条以下）は，賭博罪と富くじ罪を処罰しています。賭博を開催（賭場を開張）する行為および富くじを販売する行為を懲役刑を用いて重く処罰し，賭博を行う者（185条）・富くじを購入する者（187条3項）の方は罰金・科料により軽く処罰しています。前者は搾取する側の行為であり，後者は搾取される側の行為なのです。そうであるとすると，搾取される側（いわば被害者）を処罰することが正当化されるかどうかは問題となりえます。ただ，本罪は個人的法益に対する罪としての財産犯ではなく，偶然的方法による財産の得喪を原則的に禁止するところにねらいをもつ社会的法益に対する罪であるとすれば，単純な賭博行為者や富くじ購入者もそのようなルールを害した者として処罰される理由があるといえましょう[21]。

　賭博とは，「偶然の勝ち負けによって財産の得喪を争うことをいう」と一般に定義されます。「**偶然の**」というところが1つのポイントですが，将来において結果が明らかになる，現在のところ不確実な事実について賭けをする場合だけでなく，すでに客観的には結果がいずれかに決まっていても，**当事者の両**

　19）　なお，わいせつなストリップショーが行われたとき，舞台に立ったストリッパーは公然わいせつ罪の実行共同正犯ですが，興行主についてはその共謀共同正犯の成立を認めることができるでしょう。

　20）　山口・各論508頁。

　21）そればかりでなく，現実のケースにおいては，「加害者側」と「被害者側」の区別は決して容易ではないのです。また，単純な賭博行為者や富くじ購入者を処罰しないとすれば，賭博開催行為と富くじ販売行為の処罰もそれだけ説得力を欠いたものとなるおそれがあるでしょう。

方にとってそれが不明であれば，その限りで「偶然」といえるので賭博となります。ドイツの著名な刑法学者でロクシン（Claus Roxin）という人がいますが[22]，たとえば，私とロクシン教授とで，現段階での「モーニング娘。」のメンバーが12人を超えるか，12人以内かで10万ユーロの賭けをするとすれば，それは立派な賭博罪（185条）を構成します。ただ，当事者の一方が結果を知っているときには賭博にはなりません。ロクシン教授は私と違って博識ですので，メンバーの数を知っていて，私に賭けを持ちかけたとすれば，彼にはむしろ詐欺（未遂）罪が成立する可能性があります（私については，賭けに応じたとすれば，賭博未遂の理論的可能性はありますが，賭博罪は未遂を処罰しないので，いずれにしても不可罰です）。なお，勝敗が当事者の力や技量の差のために最初からはっきりしているときには賭けになりませんが，多少とも偶然性が認められる限りは賭博にあたるとされています。

　賭博は，財産（したがって，財物または財産上の利益）の得喪を争う場合のことをいいます[23]。また，参加者は自分の財産を提供することが必要です。自分の財産を失うリスクと引き替えに，大きな利益が得られるチャンスが出てくるところに，誘惑的な作用が生じ，そこに社会的実害が生じる理由があります。他人が提供した財産の分配をめぐって争うことも賭博になるとすると，賞金を争ってプレーするテニスやゴルフの選手も犯罪者ということになってしまうでしょう。

　注目されるのは，**185条ただし書**です。そこには，「**一時の娯楽に供する物を賭けた**にとどまるときは，この限りでない」とあります。たとえば，負けた人は勝った人にカツ丼をおごることを約束してトランプゲームをしたという場合がこれにあたります。まず，この規定の法的性質が問題となりますが，形式的には賭博の概念には該当するものの，実質的な違法性が皆無であるか，または軽微であることを理由に，**構成要件の範囲を制限**したものと解することがで

　22）　ロクシンについては，総論217頁および井田良「ロクシン」法教135号（1991年）60頁以下を参照。

　23）　実は，現在の185条には単に「賭博をした」としか書かれていないのですが，規定を平仮名書きとし表現を平易化することを目的とした1995（平成7）年の刑法一部改正以前の賭博罪規定には「財物ヲ以テ」と明記されていたのです。ただし，その解釈として，そこには財産上の利益も含まれるとされていたのでした。

きるでしょう24)。より重要な解釈問題は,「一時の娯楽に供する物」とは何かということです。一般にそれは,「すぐに飲食するなどして消費するもので,価格も低いもののことをいう」とされています。いちばん問題となる金銭については,判例は金額の多寡にかかわらずこれにあたらないとするのですが,学説上は,飲食物の代金程度の少額であれば「一時の娯楽に供する物」に含めてさしつかえないとする見解が多数であるといえましょう(→ Coffee break「**犯罪の成立と犯人の訴追・処罰**」203 頁)。

ここで**賭博罪の諸類型**を概観することにします。「搾取される側」による賭博行為の類型には,単純賭博罪(185 条)と常習賭博罪(186 条 1 項)とがあります。後者は,賭博を反復累行する習癖のある者が賭博をすることにより成立する犯罪であり,刑法典においてはただ 1 つ,**常習者**による犯罪を通常より重く処罰するものです。判例は,行為者が常習者であることが明らかにされる限り,かりに反復して賭博行為を行ったという事実がなくても,1 回の賭博行為が常習賭博罪を成立させうるとします。これは,常習性を「行為者の属性」として把握するものです25)。

「搾取する側」による賭博罪の類型としては,次のものがあります。賭博場開張図利罪(186 条 2 項前段)は,賭博の場所を開設・主宰して利益を図る犯罪であり,博徒結合図利罪(同後段)は,博徒(すなわち,常習的・職業的に賭博を行う者)の集団を組織して利益を図る犯罪です。条文に「利益を図った」とあるのは,利益を得る目的で行為することをいい,現実に利益を得たことまでを犯罪成立の要件とするものではありません。

富くじ罪に目を転じることにします。**富くじ**(187 条)とは,発売者が番号等を記した札を発売し,購買者から金銭その他の財産を集め,抽せんまたはこれに準ずる偶然的方法により,購買者に不平等な金額等を分配することをいい

---

24) 可罰的違法性を阻却するものという見解もありますが,そうすると,一時の娯楽に供する物を賭けたときでも,つねに一般的違法性は具備するということになりかねません(→総論 173 頁以下)。185 条ただし書にあたる場合の中には,①およそ行為が適法である場合と,②違法ではあるが可罰的違法性を否定されるにとどまる場合の 2 つがあるというべきでしょう。両方の場合を含めて,構成要件該当性が否定されると理解するのがもっとも適切です。

25) 学説上は,本罪における常習性を「行為の属性」として理解する見解もあります。それによれば,行為者が反復して賭博行為を行ったときにはじめて,その全体が本罪を構成すると解することになりましょう。

第 10 講　風俗犯

> ### 犯罪の成立と犯人の訴追・処罰
>
> Coffee break
>
> 　読者の皆さんの知り合いの中には，賭けマージャンをして，飲食物の代金以上の金銭のやりとりをしている人がいるかもしれません。それらの行為は，犯罪として捜査の対象になったり，事件として立件されたりすることはないでしょう。しかし，そのことは，それらの行為が賭博罪にあたらない（犯罪として成立していない）ことを意味しないのです。
> 　現在の法制度の下では，**実体法と手続法とが区別**されており，（観念的な）犯罪の成立と，（現実的な）犯人の訴追と処罰とはひとまず別の次元の問題です。**軽微犯罪**といわれるものの中には，犯罪にあたる行為があっても，せいぜい誰かにきびしくとがめられるだけで，警察に届けられる以前に解決されることもきわめて多いのです。警察による捜査が行われ，検察官が裁判所に起訴し，そこで有罪判決を言い渡される行為のみが犯罪というのではなく，逆にそれは犯罪のごく一部なのです（→ 5 頁）。
> 　たとえば，朝の電車の中でトラブルが起こり，乗客の間で乱暴な行為が行われたとき，それが立派に暴行罪（208 条）に該当する行為であるとしても，ただちに警察の捜査が始まったり，事件として立件されるようなことはないでしょう*。賭けマージャンについても，基本的にはこれと同じです。
>
> 　＊　そして，それは正当なことです。刑事司法機関による犯罪への対応には大きなコストがかかり，また，公権力の介入はさまざまなマイナス効果をともないます。軽微な法律違反にいちいち対応していたら，警察も裁判所もパンクしてしまうでしょうし，それはまた，不当な結果をも生じさせることでしょう。

ます。判例によると，賭博と比較したときの富くじの特色は，①抽せんまたはこれに準じる方法が用いられること，②集められた財物等が提供と同時に発売者の所有に帰属すること，③購買者だけがその危険を負担し発売者は危険を負担しないことにあります。富くじ罪には，富くじ発売罪（187 条 1 項），富くじ取次ぎ罪（同条 2 項），富くじ授受罪（同条 3 項）があり，その順番に刑が軽くなっています。

　特別法には，富くじの発売等を許容するものがあります。競馬における勝馬投票券（馬券）や競輪における勝者投票券（車券），宝くじは，富くじにほかなりません。特別法である，競馬法，自転車競技法，モーターボート競走法，当せん金付証票法（宝くじ法），スポーツ振興投票の実施等に関する法律（サッ

203

カーくじ法）などにより，富くじの販売や授受等にあたる行為は，富くじ罪の構成要件に該当するとしても，**法令による行為**（35条前段）として違法性が阻却されることになります。

なお，注意すべきことは，かりに競馬の馬券等の販売が刑法上の富くじの販売にあたる行為であるとしても，もし数人で，競馬等の公営競技のレースを観ながら勝敗を予想してお金を賭けるとすれば，その行為は賭博罪（185条・186条）にあたるということです。

Ⅳ 礼拝所および墳墓に関する罪

1 礼拝所不敬罪など

刑法典第24章（188条以下）は，「礼拝所および墳墓（ふんぼ）に関する罪」として，いくつかの犯罪類型を規定しています。まず，188条を見ると，そこには，礼拝所不敬罪（1項）と説教等妨害罪（2項）とが定められています。それらは，宗教的活動に必要な平穏，一般通常人のもつ宗教的感情，とりわけ死者への敬虔感情とその安息を願う気持ちを保護法益とし，それらを害する危険性をもつ行為を処罰するものといえましょう。

〈ケース2〉

甲は，深夜午前2時頃，誰もいない共同墓地内で，複数の墓碑を順次押し倒した。その共同墓地は，県道につながる村道に近接した場所にあり，他人の住家も遠からぬ位置に散在していたが，行為当時には，墓地内には人はおらず，村道などに通行人はなかった。

〈ケース2〉の事案では，個人的法益に対する罪としての器物損壊罪（261条）が成立することに異論の余地はありません。それに加えて，社会的法益に対する罪としての**礼拝所不敬罪**が成立するかどうかが問題となります。この罪は，神祠，仏堂，墓所その他の礼拝所に対し，公然と不敬な行為をすることにより成立します。墓碑を押し倒す行為は，墓所に対する不敬な行為にあたります。**公然**といえるためには，行為当時，不特定または多数の人がその場に居合わせたことは必要でなく，「不特定または多数の人の覚知しうる状態のもとに

おける行為」であればよいとされています[26]。〈ケース2〉の場合であれば，県道につながる村道に近接した場所にあり，他人の住家も遠からぬ位置に散在していたのですから，行為の時点で誰かがその様子を認識する可能性はあったことになり，公然性は認められることになります[27]。

　説教等妨害罪は，説教，礼拝または葬式を妨害するに足りる行為を行うことにより成立する犯罪です。ただ，現実にその遂行が妨害ないし阻止されたことまでは必要でないとされています。

2　死体損壊罪など

　次に，189条から191条までには，一般通常人が有する，死者に対する敬虔感情とその安息を願う気持ちを害する犯罪が規定されています。**墳墓発掘罪**（189条）は，墳墓を発掘することで成立します。器物損壊罪も同時に成立し，また，公然性の要件をみたせば，礼拝所不敬罪（墓所不敬罪）も成立し，これらの犯罪は観念的競合となるでしょう。**死体損壊等罪**（190条）は，死体，遺骨，遺髪または棺に納めてある物（棺内蔵置物）を損壊，遺棄，領得する犯罪です。典型的事例としては，犯人が被害者を殺害した後，事件の発覚を困難にするため，死体を山中に投棄したり（死体遺棄），バラバラにしたり焼却したりする場合（死体損壊）があります。殺人が行われた後に，しばしば死体遺棄・死体損壊が行われることは，テレビのニュースなどでもおなじみのところでしょう[28]。しかし，罪数の問題としては，死体遺棄罪ないし死体損壊罪とこれに先行する殺人罪とは，牽連犯（54条1項後段）ではなく，併合罪（45条以下）とされるのが実務の確立した扱いであることに注意することが必要です。また，死体損壊等罪の客体としての死体，遺骨，遺髪，棺内蔵置物については，これを領得したとしても本罪のみが成立し，あわせて財産犯（たとえば，窃盗罪）は成立しないとするのが多数の見解です。なお，死体遺棄罪については，

---

　26)　〈ケース2〉の事案についての最決昭和43・6・5刑集22巻6号427頁は，公然性をこのように定義した上で，その共同墓地が，県道につながる村道に近接した場所にあり，他人の住家も遠からぬ位置に散在するという状況にあったということから公然性を肯定しました。

　27)　このケースでは，器物損壊罪と礼拝所不敬罪が成立し，両罪は観念的競合の関係に立つことになりましょう。ちなみに，前者の方が法定刑は重くなっています。

　28)　犯罪捜査にあたっても，まずは死体遺棄・死体損壊の捜査からはじまって，その後に本来目ざすところの殺人の捜査に移行するというのが常道です。

これを作為のみならず不作為により実行することも可能だとされており，葬祭をなすべき義務のある者が，死体をそのまま放置するときには，不真正不作為犯としての死体遺棄罪となりうるとされます（判例には，葬祭義務のある者について不真正不作為犯（→総論114頁）としての死体遺棄罪の成立を認めたもの，死体の埋葬・監護義務のない者につきこれを否定したものがあります）。

〈ケース3〉

　救急車により県立病院に搬送されたＡは，クモ膜下出血と診断され，集中治療室（ICU）内で人工呼吸器を取り付けられた上，点滴治療を受け始めることとなった。数日後，主治医甲は，Ａの家族に対しＡが脳死の状態にあり延命措置は無意味であると告げた。次いで，治療とは無関係の別の医師乙が，家族に対し腎臓の提供の意思があるかどうかを尋ねたところ，近親者の間で意見が分かれた。病院側は，それにもかかわらず，移植のための腎臓の摘出を行うことにし，近親者の一部が反対し続けたにもかかわらず，甲は，脳死の判定後，人工呼吸器の１回換気量を減量してＡを心停止に至らせ，その直後，乙は，近親者の一部が同意していないことを知りつつ，Ａの身体から腎臓を取り出した。

〈ケース3〉において，乙がＡの死体から腎臓を取り出した行為は，死体損壊罪の構成要件に該当します。ただ，臓器移植のための行為であることから，「臓器の移植に関する法律」（臓器移植法）の要件に従ってこれが行われれば（→ 19頁），法令による行為（法令行為）としての違法性阻却事由の存在が認められることとなります29)。現行臓器移植法によれば，心停止後の死体から移植用臓器を摘出するためには，「死亡した者が生存中に当該臓器を移植術に使用されるために提供する意思を書面により表示している場合及び当該意思がないことを表示している場合」以外の場合であれば，**遺族が臓器の摘出について書面により承諾**していることが必要です（同法6条1項2号）。しかし，遺族の承諾があるというためには，「原則として，配偶者，子，父母，孫，祖父母及び同居の親族の承諾を得るものとし，これらの者の代表となるべきものにおいて，……『遺族』の総意を取りまとめるものとすることが適当であること。た

---

29)　そのほか，死体損壊罪について問題となる違法性阻却事由として，死体解剖保存法に基づいて行われる解剖などがあります（それも，法令〔による〕行為〔35条〕としての違法性阻却事由です）。

だし，前記の範囲以外の親族から臓器提供に対する異論が出された場合には，その状況等を把握し，慎重に判断すること」とされているところ[30]，〈ケース3〉においては，近親者の間で意見が分かれており，承諾の書面も存在しないのですから，臓器の摘出は臓器移植法の定める手続に則っておらず，死体損壊行為の違法性を阻却しうるものではありません。

死体損壊罪の保護法益という見地から，より実質的にこれを見ると，遺族の間で意見の対立があるのに，死体にメスを入れることは，死体をそれ自体として尊重することなく，一定の目的のための手段として扱うものであり，一般通常人の死者に対する敬虔感情と死者の安息を願う気持ちを害するものでしょう[31]。

なお，脳死の状態にあったAを心停止に至らせた医師甲の罪責ですが，人の死期に関する脳死説によれば，殺人罪は問題となりません。これに対し，三徴候説によるとき，甲の行為は殺人罪にあたりうることになります[32]。ただし，人工呼吸器の取り外しは，それまで継続している治療を中止するものにすぎないことから，甲の行為は不作為と評価されるとする見解もありえます。これによれば，脳死の段階に至ればそれ以上治療を継続する刑法上の義務はなくなり，甲には不真正不作為犯における保証的地位を肯定することができず，殺人罪の構成要件にあたらないことになるのです[33]。

墳墓発掘死体損壊等罪（191条）は，墳墓を発掘し，さらに死体，遺骨，遺髪または棺内蔵置物を損壊，遺棄，領得する犯罪です。墳墓発掘罪と死体損壊等罪の**結合犯**（→111頁）ということになります。

礼拝所および墳墓に対する罪の中で特殊な位置を占めるのが**変死者密葬罪**（192条）です。これは，検視を経ないで変死者を葬ることにより成立する犯罪です[34]。不自然な死をとげ，死因が不明であるものについては，なぜ，どの

---

30) 「臓器の移植に関する法律」の運用に関する指針（ガイドライン）第3を参照。

31) **死者の自己決定権**を死体損壊罪の保護法益として理解しようとする見解もありますが，個人に，自分の死後の身体の処理に関する決定権ないし処分権があるとはいえないでしょう。ただ，一般通常人がもつ合理的意思に反する死体の取り扱い（いいかえれば，ふつうの人が見て，自分は死後にあのように取り扱われたくないと考えるような死体の取り扱い）は，死体損壊・遺棄罪を成立させるとはいえるでしょう。その限りで，弱い意味において自己決定権があるといえないわけではありません。

32) 人の死期に関する三徴候説と脳死説については，15頁以下を参照。

33) この点について，井田・総論139頁以下，335頁以下を参照。

34) 関連する犯罪として，軽犯罪法1条19号の罪があります。

ように死んだのかをはっきりさせることが必要となるのですが、そのための検視（司法検視および行政検視）を妨害する行為を処罰するものです[35]。それは行政犯的性格の犯罪であり、宗教的感情ないし死者の安息を願う気持ちなどの保護とは無関係であって、死体損壊罪等とは立法理由が異なります。死体に関係するため、便宜上ここに置かれたといわれることもあります。

V 終了のチャイムが鳴る前に

最後に、補足として、**性表現の規制**に関し、刑法典の規定ばかりでなく、特別法によるそれも大きな意味をもつことを指摘しておきたいと思います。

まず、「児童買春、児童ポルノに係る行為等の規制及び処罰並びに児童の保護等に関する法律」（児童買春・児童ポルノ処罰法〔→ 53 頁〕）による**児童ポルノの規制**が重要です[36]。この法律は、国際社会からのプレッシャーも受けて、1999（平成 11）年に制定・施行されたものですが、児童ポルノ（2 条 3 項）の提供や、提供目的の製造、運搬、所持等の行為をきわめて広範囲に処罰の対象としています（7 条を参照）。2014〔平成 26〕年における同法の一部改正により、自己の性的好奇心を満たす目的での児童ポルノの所持・保管も処罰されることになりました（7 条 1 項を参照）。ここにいう児童ポルノは、刑法 175 条とは異なり、製造過程における児童（18 歳未満の者）への性的虐待とそれが記録として残ることによるダメージを防止するという観点からその内容が定められるものであり、刑法のわいせつ物よりもずっと広い概念です（もちろん、一部において重なる部分があり、児童ポルノであり、同時に刑法 175 条のわいせつ物であるものは存在します[37]）。

次に、都道府県の条例による規制があります。これは、**青少年保護**の見地から**有害図書を指定**し、18 歳未満の者への販売等を禁止するものです。18 歳以上の者への提供等は規制されません。刑法 175 条による禁止から漏れるものを

---

35) なお、学説の中には、本罪が保護する検視は、司法検視（刑訴法 229 条の検視）のみに限られるとするものもあります。西田・各論 409 頁以下などを参照。
36) 詳しくは、園田寿『情報社会と刑法』（成文堂、2011 年）136 頁以下、167 頁以下を参照。
37) 最決平成 18・5・16 刑集 60 巻 5 号 413 頁、最決平成 21・7・7 刑集 63 巻 6 号 507 頁を参照。

対象とするものということになります[38]。

　第 11 講は，刑法各論に関する講義の締めくくりとして，国家的法益に対する罪を概観することにしたいと思います。それぞれの犯罪類型について詳しく説明することはできませんが，全体像を把握できるような講義にしたいと思っています。

---

38)　この点についても，園田・前掲注 36) 122 頁以下を参照。

第**11**講

Introductory Lectures
in Criminal Law
Specific Offences

国家的法益の保護

I はじめに

「国家」とは何でしょうか。代表的な憲法の教科書を見ますと，国家について次のように書かれています。国家は「『固有の領域を基礎に組織され，その構成員（国民）に対し支配権をもつところの集団である』と定義され，領土，国民，統治権（主権）が国家を構成する三要素であるといわれ」る，と[1]。刑法がこうした国家をその保護の対象とするとき，守られるべき国家の利益には，大きく**国家の存立**そのものと**国家の作用**とがあり，そこから，国家的法益に対する犯罪は，「国家の存立に向けられた罪」と，「国家の作用に向けられた罪」とに分類されることになります。本講では，国家的法益に対する罪の数々をながめることとしますが，これにより，この刑法入門講義の各論編も，個人的法益に対する罪，社会的法益に対する罪に続いて，最後の第3の犯罪グループにまでたどり着いたことになります（ちなみに，最近では，「第4の保護法益」に関する議論がはじまっています。とりわけ国際刑事裁判所〔International Criminal Court〕に関するローマ規程の制定とこれに基づく同裁判所の設置にともない，**国際社会にとっての法益**の刑法的保護が問題とされるに至っているのです[2]）。

---

1) 野中俊彦ほか『憲法 I〔第5版〕』（有斐閣，2012年）4頁。

211

国家の存立に向けられた罪は，刑法典各則の冒頭（第2編第2章・77条以下）に置かれています。このような規定の置き方は，個人の保護をさておいて，国の保護を最優先にしようとする「国家優位の考え方」の表れとして批判を受けているところでもあります（個人主義を基調とする日本国憲法の下では，個人的法益に対する罪を刑法各則のはじめに規定すべきだとするのです）[3]。国家の存立に対する罪には，**内乱に関する罪**（第2編第2章・77条〜80条）と**外患に関する罪**（第3章・81条〜88条）とがあります[4]。前者は，いわば国の内部から国家を攻撃し，暴力により基本的な統治組織・体制を破壊しようとするものであり，後者は外部から日本国に対し武力攻撃させ，その存立を危うくするものです。これらの行為が「成功」するに至れば，それは革命やクーデター，外国による占領・国家併合として正当化されることとなり，もはやその実行者が罪に問われることはない（むしろ，それらの者たちはヒーローとなること）でしょう。そこには，これらの犯罪の政治的性格（すなわち，政治体制のあり方・その変化によりその法的評価が大きく異なってくるという性格）が明確に表れています[5]。

　読者の皆さんが刑法各論を学ぶ上でより重要なのは，国家の作用に対する罪です。今日の講義では，**国家の作用に対する罪のうちの重要な犯罪類型**を取り上げ，その特色について解説したいと思います。国家の作用に対する罪は，国家組織の外部からその作用を妨害する犯罪と，国家作用を担う公務員自身がその適正を内部から侵害する犯罪とに二分することができます。前者には，「公務の執行を妨害する罪」（95条以下），「逃走の罪」（97条以下），「犯人蔵匿及び

　2）　詳しくは，フィリップ・オステン「国際刑法における『中核犯罪』の保護法益の意義——ICC規程批准のための日本の法整備と刑事実体法規定の欠如がもたらすものを素材として」慶應義塾大学法学部編『慶應の法律学・刑事法』（慶應義塾大学法学部，2008年）229頁以下を参照。なお，国際刑事裁判所について知るための包括的な参考文献としては，村瀬信也＝洪恵子『国際刑事裁判所〔第2版〕』（東信堂，2014年）をお薦めします。

　3）　代表的なものとして，平野龍一『刑法の基礎』（東京大学出版会，1966年）98頁以下を参照。

　4）　**国交に関する罪**（第4章・92条〜94条）については，その保護法益とその位置づけをめぐり争いがあります。これを，国際主義の見地から外国の法益を保護しようとするものとして理解すれば，それは，（日本国の国益としての）国家の存立に対する罪とも，国家の作用に対する罪とも区別された，独自の犯罪類型ということになるでしょう。これに対し，外国との関係を悪化させないことにより日本国の国益を守るための処罰規定（したがって，規定の位置もそうであるように，外患に関する罪の延長線上にある犯罪）として理解すれば，国家の存立に対する罪のグループに属する犯罪ということになります。

　5）　以上の点につき，団藤・各論12頁以下を参照。

証拠隠滅の罪」（103条以下），「偽証の罪」（169条以下），「虚偽告訴の罪」（172条以下）があります。後者は，公務員がその職を汚す「汚職（瀆職）の罪」であり，その中には，「職権濫用の罪」（193条以下）と，「賄賂の罪」（197条以下）とがあります。

　以下では，これらの犯罪を，①公務の執行を妨害する罪，②司法作用に対する罪，③汚職の罪の3つのグループに分けて見ていきたいと思います。

Ⅱ　公務の執行を妨害する罪

1　各犯罪類型の概観

　現行刑法は，公務の執行を妨害する罪（第2編第5章・95条〜96条の6）として，公務執行妨害罪（95条1項），職務強要罪（95条2項），封印等破棄罪（96条），強制執行妨害目的財産損壊等罪（96条の2），強制執行行為妨害等罪（96条の3），強制執行関係売却妨害罪（96条の4），加重封印等破棄等罪（96条の5），公契約関係競売等妨害罪・談合罪（96条の6）を規定しています。このうちで，公務執行妨害罪と職務強要罪（95条）とは，**一般的に（すなわち，人的に・内容的に限定されない形で）国および地方公共団体の作用を保護**するための犯罪類型ですが，それ以外のもの（96条以下）は，強制執行および公の競売や入札という特殊な場面の公務の執行を保護の対象とするものです。2011（平成23）年の刑法一部改正により，これら強制執行および公の競売・入札関係の処罰規定は，大幅に拡充・整備・強化されました。バブル経済の崩壊後，債権回収のための強制執行が盛んに行われるようになると，強制執行妨害事案も増加し，それにともない，刑法典の処罰規定の不十分さが指摘されていたのです[6]。

　以下では，95条1項の公務執行妨害罪のみについて見ることにいたします。

　6）　2011年の法改正は，①構成要件の拡充による処罰範囲の拡大をはかり（96条・96条の2・96条の3・96条の4・96条の6），②法定刑を引き上げ，懲役と罰金の併科を可能とし，③加重処罰規定を設けた（96条の5，組織犯罪3条1項1号〜4号）ものです。

2 公務執行妨害罪

公務執行妨害罪は，職務執行中の警察官に暴行を加えるケースが典型的なものですが，ニュースなどでもおなじみの犯罪でしょう。それは，現行刑法の公務保護のための犯罪類型のうち，保護の範囲が人的に・内容的に限定されず，最も一般的に適用されるものです[7]。**保護法益**は，公務員たる個人の身体や意思決定の自由（という個人的法益）なのではなく，公務，すなわち国または公共団体の事務（立法，行政，司法の統治作用を中心としますが，必ずしもそれに限られません）の円滑・公正な遂行です。ただし，本罪は**抽象的危険犯**であり，条文の書き方からもうかがわれるように，現実に妨害の結果が生じたことは犯罪成立の要件にはなりません[8]。たとえば，警察官に対しただ1回の投石行為が行われ，職務執行には何らの実害が生じなかったとしても，それでも本罪は成立しうるのです（→ Column「**刑法における『公務員』の意義**」215頁）。

判例によれば，公務執行妨害罪にいう「職務」（95条1項）には，「単純な機械的・肉体的労務に従事する者」が行うものは除かれるものの，広く公務員が取り扱う事務のすべてが含まれ，権力的であろうと，非権力的であろうとを問わず，**公務のいっさいが本罪により保護**されます[9]（ただし，これに対しては，民間の業務と実質的に異ならないものは保護の対象から除くべきである〔233条以下の業務妨害罪で保護すれば足りる〕として，反対する学説も存在します）。条文には明記されていないのですが，**保護されるべき職務執行は適法なものに限られる**とされます[10]。本罪は，国・地方公共団体の適正な作用を妨害から保護するためのものであり，公務員の行う違法な行為についてまで，刑法的保護を与える理由はないからです。そこで，公務員の違法な職務行為に対し，実力をもって対抗したとしても，公務執行妨害罪の構成要件には該当しません[11]。その行為は，暴行罪（208条）や傷害罪（204条）の構成要件には該当するかもしれ

---

7) なお，95条2項に規定された**職務強要罪**は，公務員をしてある処分をさせ，もしくはさせないために，またはその職を辞させるために，暴行または脅迫を加える犯罪です。公務執行妨害罪と異なり，公務員の将来の職務行為に向けられた犯罪（したがって，目的犯）であり，公務執行妨害罪を補充し，同罪の成立範囲の周辺領域（前段階）をカバーする意味をもっています。

8) 抽象的危険犯について詳しくは，130頁以下を参照して下さい。

9) 最判昭和53・6・29刑集32巻4号816頁，最決昭和59・5・8刑集38巻7号2621頁を参照。

10) 本罪における「職務執行の適法性」の要件のように，条文に明記されていない構成要件要素のことを「**記述されない構成要件要素**」とか「**書かれざる構成要件要素**」と呼びます（→ 104頁）。

第 11 講　国家的法益の保護

刑法における「公務員」の意義

Column

　公務員の意義は，公務執行妨害罪との関係だけでなく，公務員が何らかの形で登場するすべての犯罪において問題となるので重要です（155 条以下・193 条以下・197 条以下・230 条の 2 などを参照）。

　刑法典の総則規定である **7 条 1 項**は，公務員を定義し，「国又は地方公共団体の職員その他法令により公務に従事する議員，委員その他の職員」をいうとしています（なお，1995〔平成 7〕年に平易化される前の 7 条 1 項は，国について「官吏」，地方公共団体について「公吏」という戦前の旧憲法下の用語を用いていました）。「議員」とは，衆参両議院の議員，地方公共団体の議会の議員などのことをいい，「委員」とは，法令に基づき一定の公務を委任された非常勤の者をいい，「職員」とは法令上の根拠に基づき国または地方公共団体の機関として公務に従事する者をいいます。

　読者の皆さんにとり理解しやすいと思われる例でいえば，司法試験考査委員は，法律に基づき法務大臣から任命される非常勤の公務員であり（司試 15 条を参照），7 条 1 項にいう「委員」にあたります。そこで，司法試験考査委員が，その職務との関連で金銭を受け取るなどすれば，収賄罪（197 条・197 条の 3 などを参照）が成立するのです。

　ちなみに，公務員でなくても，刑法等の罰則の適用との関係では公務員として扱われるものがあります。これを**「みなし公務員」**と呼びます。たとえば，弁護士会の懲戒委員会の委員のように，非公務員である者を，刑法等の罰則の適用については，公務に従事する職員として扱うものです（弁護 66 条の 2 第 4 項を参照）。これらの者には，職権濫用の罪や賄賂の罪のような，公務員を主体とする犯罪が成立しうることになり，また同時に，その業務は，公務執行妨害罪のような，公務保護のための処罰規定により保護されることになります。さらに，その者が作成する文書は公文書（155 条以下を参照）とされることになります。

ませんが，正当防衛（36 条）の要件を充足すれば，その違法性も阻却されます。

　公務執行妨害罪は，公務員が職務を執行するに当たり，これに対し暴行・脅

　11）　公務員の職務の執行が適法とされる（公務としての要保護性が認められる）ための要件は，①その行為が当該公務員の一般的（抽象的）職務権限に属すること，②公務員がその職務行為を行う具体的職務権限を有すること，③その行為が職務行為の有効要件である法律上の重要な条件・方式を履践していることであるとされます。なお，職務の適法性の判断方法，判断の基準時点，行為者において職務の適法性に関して錯誤があった場合の取扱いをめぐっては，種々の議論があります。

215

迫を加えることにより成立します。「**職務を執行するに当たり**」とは，「職務を執行するに際して」という意味であり，判例により，その場合の職務の執行は，抽象的・包括的に捉えられるべきでなく，**具体的・個別的に特定された職務の執行**として理解されるべきだとされています[12]。たとえば，休憩中・待機中の公務員，職務を行う場所に赴く途中の公務員に暴行・脅迫を加えることは，本罪にあたらないとされるのです。そこで，①特定の職務の執行を開始してからこれを終了するまで，そして，②特定の職務の執行を開始しようとしている場合のように，職務執行と時間的に接着しこれと切り離しえない一体的関係にあると見ることができる範囲内の行為に限って，本罪による保護の対象となります。

〈ケース1〉

　甲は，数日前，都営地下鉄内で痴漢の疑いをかけられ，A駅助役のBに執拗に追及されたことでBを深くうらんでおり，Bを痛い目に遭わせようと考えるに至った。B助役は，駅長の職務を補佐・代理することを任務としていた。その朝，Bは，出勤直後，会議室において駅員を集めて呼名点呼，注意事項の伝達等を行い，各自の時計の確認をした後，解散を宣言した。Bが，当直助役Cと事務引継ぎをするため，20メートルほど離れた助役室に行こうとして会議室を出て歩き始めたところ，待ちかまえていた甲が立ちふさがり，Bに殴りかかり，Bは頭部に全治2週間の傷害を負った。

〈ケース1〉の事案では，傷害罪（204条）が成立することは明らかです。そればかりでなく，威力業務妨害罪（234条）の成否が問題となり，さらに，都営地下鉄の職員は地方公務員ですから，公務執行妨害罪の成否も問題となるのです。威力業務妨害罪は，暴行・脅迫には至らない程度の「威力」（人の意思を制圧するに足りる勢力）を手段とする妨害から業務を保護するための犯罪類型ですが，暴行・脅迫が加えられたときには（軽微なものである場合をのぞいて）当然に威力も行使されたことになります。そこで，公務執行妨害罪が成立するときには必ず威力業務妨害罪も成立しますので，判例のように，公務のす

---

12)　この趣旨を明らかにしたのは，最判昭和45・12・22刑集24巻13号1812頁でした。その後の判例として特に，最決平成元・3・10刑集43巻3号188頁を参照。

216　Introductory Lectures in Criminal Law : Specific Offences

べてが公務執行妨害罪によって保護されるとすると，公務については民間の業務と異なり，両罪成立による二重の**保護**を受けることになるのです。たとえば，都営地下鉄等の公営地下鉄の業務は，民間の地下鉄会社の業務と異なり，それだけ手厚く保護されることになるわけです。公務における，そのような**適用範囲の重複を**（部分的または全面的に）**回避**するためにさまざまな学説が主張され，かなり錯綜した様相を呈しています[13]。ただ，公務執行妨害罪と威力業務妨害罪の法定刑はほとんど変わらず，両罪が重複的に適用されるとしても，科すことのできる刑の上限が上がるわけではありません[14]。

〈ケース1〉について公務執行妨害罪の成否を検討するとき，「職務を執行するに当たり」暴行を加えたといえるのかどうかが問題となります。前述のように，最高裁判例により，およそ職場にいる公務員に対し暴行を加えたらただちに本罪が成立するというように，職務の執行は抽象的・包括的に捉えられてはならず，個別的・具体的に捉えられなければならないとされています。最高裁判例は，〈ケース1〉に類似した事案について，その趣旨を明らかにした上で，「職務を執行するに当たり」の要件の充足を否定しました[15]。B助役は，すでに「点呼」の執行を終えており，次の「事務引継ぎ」の行われる場所に行こうとすること自体は「事務引継ぎ」の予備的段階であり，「事務引継ぎ」そのものではないと考えられるとしたのです。これに対して，それは公務員の職務の一連の流れないし一体性を無視した見方であり，しかも，20メートル先の助役室でただちに事務引継ぎが行われることからしても，なおこの要件を肯定できる，とする見解も成り立ちうるでしょう[16]。

もし公務執行妨害罪の成立が否定されるとすると，威力業務妨害罪はどうな

---

13) たとえば，井田・各論177頁以下，534頁以下，西田・各論126頁以下，422頁，山口・各論158頁以下，542頁を参照。

14) 両罪の罪数関係については，法条競合説（公務執行妨害罪のみで処罰されるとする）と，観念的競合説とがあります。〈ケース1〉については，次に述べるように，公務執行妨害罪と威力業務妨害罪が成立するかどうかが問題となりますが，もし成立するとすれば，法条競合説によるとき，傷害罪と公務執行妨害罪の観念的競合として，観念的競合説によるとき，3つの罪の観念的競合として処断されることになります。

15) 前掲注12）最判昭和45・12・22を参照。

16) この前掲注12）最判昭和45・12・22にも，「職務の執行に当たり」の要件を肯定しうるとする，松本正雄裁判官の反対意見が付せられています。

るでしょうか。業務妨害罪の規定には，「業務を行うに当たり」といった要件はなく，学説上，保護されるべき業務の内容的・時間的限界に関する議論もありません。しかし，業務妨害罪についても，抽象的・包括的に，業務時間内の行為はすべて保護の対象となると解すべきではないでしょう。この点では，公務執行妨害罪とパラレルに理解して，個別的・具体的に保護されるべき業務を論じるべきものと考えられます。〈ケース1〉の解決としても，もし公務執行妨害罪を否定するのであれば，威力業務妨害罪も否定されるべきであり，公務執行妨害罪を肯定するのであれば，威力業務妨害罪も肯定するというように，「一蓮托生の関係」があると解されるのです。

　公務執行妨害罪をめぐる解釈論上の問題点としては，ほかに，**手段としての暴行と脅迫の意義**が重要です。刑法における「暴行」と「脅迫」の意義については，すでにこの各論講義の中でも説明しましたが[17]，公務執行妨害罪の手段としての暴行と脅迫は，それぞれ暴行罪（208条）と脅迫罪（222条）におけるそれよりも，より広い概念であることに注意することが必要です（それぞれ「**広義の暴行**」，「**広義の脅迫**」といいます）。ここでは，特に取り上げられることの多い暴行について見ることといたしましょう。

　本罪の要件としての暴行は，公務員の身体に対し加えられる必要はなく（この点で，208条に規定された暴行罪の暴行と異なります），**公務員に向けられた有形力の行使**であれば足り，直接には一定の物に対して加えられた場合もこれに含まれます[18]。物に対して加えられても，それが公務員に向けられた暴行と認められうる限りは，本罪の暴行に含まれるのですが，これを**間接暴行**と呼びます。すなわち，間接暴行が認められるだけ，暴行が肯定される範囲が広がっているのです[19]。このように，**間接暴行にまで暴行概念を拡張**することは，

17）　暴行の意義については，32頁以下，**脅迫の意義**については，64頁以下を参照。
18）　すでに，初期の最高裁判例である最判昭和26・3・20刑集5巻5号794頁が，「公務員の職務の執行に当りその執行を妨害するに足る暴行を加えるものである以上，それが直接公務員の身体に対するものであると否とは問うところではない。本件において……被告人はA事務官等が適法な令状により押収した煙草を，街路上に投げ捨ててその公務の執行を不能ならしめたというのであるから，その暴行は間接には同事務官等に対するもの」といいうる，としました。
19）　本罪の暴行に間接暴行が含められることから，直接に当該公務員の身体に対して加えなくても，当該公務員の指揮にしたがい，その手足となり，その職務の執行に密接不可分の関係において関与する**補助者**に対して加えられた場合でも，本罪の要件を充足することになります。

218　Introductory Lectures in Criminal Law : Specific Offences

公務の執行が現実に妨害されているのに本罪が成立しない事態が生じることを
できるだけ避けることにより，公務を広く保護するための**目的論的解釈**[20]に
ほかならないといえましょう。

　しかし，他方で，95条1項が公務の執行を妨害した場合のすべてを処罰し
ているのではなく（たとえば，偽計や威力を手段とする場合には，本罪は成立しな
いのです），**公務員に対して暴行または脅迫が加えられた場合のみ**に処罰範囲
を限定していることも考慮しなければいけないでしょう。このような処罰の限
定を無意味なものとしないためには，条文の文言から離れないように注意する
必要があります。1つの歯止めとなるのは，間接暴行とはいえ，公務員自身に
対し何らかの物理的なインパクトを与える暴行であることを要求することです。
学説では，この趣旨で，少なくとも公務員の身体に「物理的に感応する態様の
もの」ないし「何らかの物理的影響力をもつもの」でなければならないとし，
ここから，その行為が**公務員の面前で行われること**を要求する見解が有力に主
張されています。ただし，判例がこのような限定を認めているかどうかは明ら
かではありません。

Ⅲ　司法作用に対する罪

1　各犯罪類型の概観

　次に，国の司法作用の保護，いいかえれば，**司法手続の適正な実現**の保護を
目的とする処罰規定に移りたいと思います。刑法典の罪としては，逃走の罪
（第2編第6章・97条以下），犯人蔵匿および証拠隠滅の罪（第7章・103条以下），
偽証の罪（第20章・169条以下），虚偽告訴の罪（誣告の罪。第21章・172条以
下）という4つの犯罪グループがあります。ただ，これ以外にも，司法作用の
保護のために（も）役立ちうる一連の処罰規定が存在します。とりわけ，文書
を保護する犯罪としての文書偽造の罪（第17章・154条〜161条の2）および文
書等毀棄罪（258条・259条），財産犯として位置づけられている事後強盗罪
（238条）および盗品等に関する罪（256条・257条），刑法典の外にある特別法

---

20)　刑法における目的論的解釈については，総論62頁以下を参照して下さい。

219

上の規定ですが，組織的な犯罪の処罰及び犯罪収益の規制等に関する法律（組織的犯罪処罰法）に規定された犯人蔵匿および証拠隠滅の罪の加重類型（同法7条）や，犯罪収益等隠匿・収受罪（マネーロンダリング罪。同法10条・11条），2017（平成29）年に新設された証人等買収罪（同法7条の2）などです（これらの犯罪の中には，司法作用に対する直接的な攻撃というより，**犯人庇護**の側面を強くもつものが含まれますが，司法作用の侵害と犯人庇護とはコインの両面ともいうべき関係にあるのです）。

以下では，特に，犯人蔵匿および証拠隠滅の罪と，偽証の罪とを取り上げ，これらの犯罪の基本的な構造を簡単に説明したいと思います（→ Column「**刑法による司法の保護の重要性**」221頁）。

2 犯人蔵匿および証拠隠滅の罪

犯人蔵匿等罪（103条）は，犯人または逃走者をかくまう罪であり，証拠隠滅等罪（104条）は，他人の刑事事件の証拠の完全な利用を妨げる罪です。**保護法益**は，国の刑事司法作用の適正な実現です[21]。犯罪者を適正に処罰することを目的とする刑事司法作用の実現のためには，犯人を発見し，その身柄を確保し，証拠を収集・保全することが必要です。これを妨害する行為は，刑事司法作用の適正な実現を妨げる一般的・類型的危険性をもちます。ここに両罪の処罰の根拠があります（これらの犯罪もやはり抽象的危険犯です）。人的庇護罪と呼ばれることもありますが，犯人の利益になる場合のみならず，特に証拠隠滅等罪は，無実の人を陥れようとする行為についても成立します（105条を読むと，そういう場合も予定されていることが明らかです）。

まず，**犯人蔵匿等罪**について見ますと，その客体は，「罰金以上の刑に当たる罪を犯した者」および「拘禁中に逃走した者」です。罰金以上の刑にあたる

21）　そのほか，105条の2として，**証人等威迫罪**の処罰規定があります。これは，自己もしくは他人の刑事事件の捜査もしくは審判に必要な知識を有すると認められる者またはその親族に対し，当該事件に関して，正当な理由がないのに面会を強請し，または強談威迫の行為をする犯罪です。暴力団の「お礼参り」行為（暴力団員らが逮捕・勾留され，さらに身柄の拘束を解かれた後などに，被害者や自己に不利な事実を捜査機関に対し述べた者，密告者などを脅したり，危害を加えたりする行為）を抑止する意図で，1958（昭和33）年の刑法一部改正の際に（凶器準備集合罪の処罰規定とともに）新設されました。**保護法益**としては，国家の刑事司法作用の安全とともに，関係者の私生活の平穏もそこに含まれていると解されます。

第 11 講　国家的法益の保護

刑法による司法の保護の重要性

Column

　現代社会においては，国の機能としての刑事司法作用の迅速・適正な行使を保障し，これを確保することが，とりわけ重要な刑事政策的課題の1つとなっています。そのことは，薬物犯罪を含む組織犯罪への対応にあたり，そのための実体法上・手続法上の諸規定・諸制度がきちんと整備されたとしても，もし組織的犯罪集団により犯人庇護行為が行われ，また犯罪の立件と犯人の訴追・処罰に向けられた司法作用が妨害されて機能不全に陥るならば，それらは無意味なものとなってしまうことを考えても明らかなことでしょう。司法作用に対する罪とその解釈論がいま重要視されていることの背景にはそのような事情が存在するのです（→ 219 頁）。

罪とは，その法定刑が罰金以上の刑を含む罪のことです。**罪を犯した者**の意義をめぐっては見解の対立がありますが，判例は，真犯人に限らず犯罪の嫌疑によって捜査・訴追中の者をも含むとします[22]。これに対し，学説においては，条文に「罪を犯した者」と明記されていることから，真犯人に限ると考えなければならないとする見解が多数説でしょう。「罪を犯した者」の中に，「罪を犯してはいないがそう疑われる者」を含めて解釈することはできない，というのです。**拘禁中逃走した者**とは，法令による拘禁を破って逃走した者をいいます（99 条～ 101 条も参照）。

　蔵匿とは，場所を提供してかくまうことです。**隠避**とは，蔵匿以外の方法で，官憲による発見・逮捕を免れさせるいっさいの行為をいい，有形的方法による隠避（たとえば，変装用の道具を貸すとか，逃走資金を提供するとかの行為）と無形的方法による隠避（たとえば，犯人に捜査に関する情報を与えるとか，目撃者を説得して捜査機関への申し出をやめさせるとかの行為）とがあります。**身代わり**となって警察に出頭し，犯人の発見・逮捕を妨害することも隠避にあたります（したがって，ある人を身代わり犯人として出頭させれば，犯人隠避罪の教唆となるのです）。判例は，進んで，すでに逮捕・勾留されている者を釈放させるため

---

22)　ちなみに，本罪が，捜査段階に限られず，起訴後，公判審理中であっても，また確定判決後であっても成立しうることに注意する必要があります。

221

身代わり犯人となって出頭することや，すでに逮捕・勾留されている犯人が起こしたひき逃げ事件について，参考人として取り調べを受けたときに，犯人との口裏合わせに基づき犯人はその者ではなく別の人であるとする虚偽の説明をすることも，犯人隠避罪にあたるとしています。犯人の発見・逮捕を妨害する行為のみならず，現になされている身柄の拘束を免れさせるような性質の行為もまた，隠避にあたるというのです[23]。

〈ケース 2〉
　甲は，恐喝の被疑者として逮捕状を発付され逃走中の乙が逮捕されないようにするため，自宅に宿泊させてかくまった。甲は，普段から乙をよく知っており，乙が恐喝などするわけはないと固く信じていた。その後，乙は逮捕され，恐喝罪で起訴されたが，やはり無罪の判決を受けた。

〈ケース 3〉
　甲は，乙が恐喝事件の犯人であると固く信じ，まだ捜査が開始する以前に資金を提供して逃走することを可能にした。その後，乙について恐喝犯人であるとの嫌疑が生じて，乙は逮捕され恐喝罪で起訴されたが，乙は無罪の判決を受けた。

〈ケース 2〉では，甲は，場所を提供して乙をかくまっているので，犯人蔵匿罪の成否が問題となります。判例は，「罪を犯した者」の意義に関し，真犯人に限らず犯罪の嫌疑によって捜査・訴追中の者をも含むと解するので，乙もこれにあたり，本罪が成立することになります。甲は，たとえ無実を確信していたとしても，乙が被疑者として追われていたことを知っていた以上，故意も阻却されません。これに対し，「罪を犯した者」は真犯人に限定されるとする学説によれば，乙はこれにあたらず，本罪は成立しないことになるでしょう[24]。

---

23)　最決平成元・5・1刑集43巻5号405頁，最決平成29・3・27刑集71巻3号183頁。
24)　判例の見解の基礎にあるのは，次のような考え方であろうと推測されます。すなわち，後になって真犯人と確定されない限り本罪による処罰もできない，とするのは不都合である。むしろ，犯人かどうかを確かめるために刑事手続があり，その適正な遂行を保護すべきなのである（いいかえれば，嫌疑のある人の身柄をひとまず確保する必要があり，それを妨害させない必要がある）。また，蔵匿・隠避に完全に成功すれば本罪で処罰できないことになってしまうのも不合理である。さらに，真犯人に限るとすれば，故意の立証も困難となり，錯誤による故意阻却を広く認めなければならないことになる。

〈ケース3〉は，犯人隠避の事例ですが，甲は，まだ捜査が開始していない段階で，真犯人と確信する乙の逃走を助ける行為をしたのでした。真犯人であることを要求する学説によれば，乙は真犯人でなかったことから，犯人隠避罪にあたりませんが，判例によれば，どのような解決になるでしょうか。判例は，「罪を犯した者」の意義に関し，それが真犯人でない場合も含むとするのですが，そのように解釈するとしても，蔵匿・隠避行為の時点で少なくとも捜査が開始され，その者に対し嫌疑が生じていて，被疑者となっていなければならないでしょう。〈ケース3〉の事案では，判例の理解によっても，犯人隠避罪の成立は否定されることになります。

次に，**証拠隠滅等罪**に移りましょう。客体たる**証拠**は，物理的存在としての証拠（証拠方法）に限定されます（したがって，虚偽の供述を行うことそれじたいは証拠偽造にあたりません）が，それには，物証，書証，人証のすべてが含まれます。したがって，目撃者等（証人や参考人となるべき人）をわざと外国に行かせたり，さらには殺害することも本罪にあたるのです。**他人の刑事事件に関する証拠**でなければなりませんから，民事事件の証拠を含まず，また，刑事事件の犯人じしんが自ら証拠隠滅にあたる行為を行っても構成要件に該当しません。犯人じしんが証拠を隠滅等しても，同じように刑事裁判における適正な証拠の利用は妨げられるのですが，犯人にそうしないことを期待できない（類型的に期待可能性がなく，したがって一般的に責任を問いえない）ことを考慮して，犯罪の主体から除かれていると解されています。本罪における「他人の刑事事件」は，現に裁判所に係属している事件のほか，将来において刑事事件となりうるものも含むという点について異論はありません。すなわち，被疑事件や，いまだ被疑事件に至っていないものもこれにあたります（ここでは，嫌疑をかけられた人が真犯人であるかどうかは重要ではないのです）。

証拠隠滅等罪の**構成要件該当行為**は，証拠を隠滅すること，偽造もしくは変造すること，偽造変造の証拠を使用することです。隠滅は，全部または一部を使えなくすることを広く含み，また，偽造・変造は，真実に合致しないものとする場合を広く含むとされています（155条や159条などに「偽造」「変造」とある場合より広く，作成権限をもつ者の虚偽文書の作成もこれに含まれます）[25]。

〈ケース4〉
　甲は，業務上保管する多額の金銭をほしいままに費消したとして業務上横領罪で裁判所に起訴された。甲は，公判手続開始後，自己に有利な判決を得る目的で，友人乙に依頼して，事件の証拠書類となるべき内容虚偽の文書を作成させた。

　〈ケース4〉における乙の行為は，証拠偽造罪の構成要件にあたる行為であり，かつ違法です。そこで，それを依頼した甲が証拠偽造罪の教唆犯となりうるかどうかが問題となります。前述のように，犯人じしんが自己の刑事事件に関し証拠隠滅等の行為を行っても構成要件に該当しません。犯人は，最初から犯罪の主体から除かれているのです。しかし，〈ケース4〉のように，犯人が第三者を教唆して自己の事件の証拠を隠滅等させた場合には，判例は，古くから一貫して**教唆犯としての可罰性を肯定**しています（なお，そのことは，犯人が第三者を教唆して自己のための犯人蔵匿・隠避行為〔103条〕を行わせた場合についても同じです）。その基本には，次のような考え方があるといえましょう。すなわち，自分ひとりで行う場合については，犯人にそうしないことを期待できないことから，犯罪の主体から除かれているのですが，その場合と異なり，**他人を罪に陥れてまで処罰を免れようとするとき**は，もはや期待可能性がないとまではいえない（もはや人情に対して譲歩できる限界を超える）というのです[26]。

　これに対し，学説においては，証拠隠滅等罪の教唆犯の成立を否定する消極説も有力です。他人に行わせること（共犯）は，自ら行うこと（正犯）より軽い違法行為なのであるから[27]，より重い違法行為（直接的な法益侵害行為）について期待可能性がないとされる以上，より軽い違法行為（間接的な法益侵害

---

　25)　ちなみに，犯人蔵匿等罪および証拠隠滅等罪については，**親族による犯罪に関する特例**が設けられています。親族の利益のためにこれらの罪が行われたとき，その刑を免除することができるのです（105条）。たとえ罪を犯した者であっても親族を助けようと思うことは人情からしてやむをえないということから，期待可能性が少ないことを理由として，寛大な扱いを規定したものと理解することができます。
　26)　団藤・各論90頁を参照。
　27)　この点については，総論214頁以下を参照。

行為）についてはますます期待可能性がない（ますます責任を問いえない）はず
だとするのです。

　ところで，2017〔平成29〕年の組織的犯罪処罰法の一部改正により，証人等
買収罪（同法7条の2）の処罰規定が新設されました（→220頁）。これにより，
一定の重い犯罪が問題となる場合に限られてはいますが，「自己又は他人の刑
事事件に関し，証言をしないこと，若しくは虚偽の証言をすること，又は証拠
を隠滅し，偽造し，若しくは変造すること，若しくは偽造若しくは変造の証拠
を使用することの報酬として，金銭その他の利益を供与し，又はその申込み若
しくは約束」をする行為が処罰されることになったのです（刑は，2年以下の懲
役又は30万円以下の罰金）。それは，自己の刑事事件に関する証拠隠滅等の教
唆（未遂）にあたる行為の一部を可罰的とするものです（相手方が証拠隠滅等の
行為に出ることも要件とされていないのです）。こうした規定の新設により，現行
法の解釈論として消極説を主張することはますます困難になったといえましょ
う。

3　偽証の罪

　偽証の罪には，法律により宣誓した証人が虚偽の陳述をすることにより成立
する**偽証罪**（狭義。169条）と，法律により宣誓した鑑定人，通訳人，翻訳人
が虚偽の鑑定，通訳，翻訳をすることにより成立する**虚偽鑑定等罪**（171条）
とがあります。偽証の罪が問題となるのは，刑事裁判の場面に限られず，民事
事件等を含みます。その**保護法益**は，広く国家の審判作用の安全です。偽証の
罪については，誤った審判を未然に防止するため，既遂に至った後の自白につ
いての特例が認められています（170条・171条）。

　偽証罪（狭義）について見ますと，それは「法律により宣誓した証人」のみ
がその主体となりうる**真正身分犯**です[28]。現行の刑事訴訟法は，被告人じし
んが証人になることを認めていないため（被告人には黙秘権があるためです），

　28）　身分犯については，総論106頁を参照。また，間接正犯（→総論223頁以下）の態様では犯
しえない犯罪であることから**自手犯**の代表例であるともいわれています。たとえ証人になることが予
定されている他人を巧妙にだまして法廷で虚偽の証言をさせることに成功したとしても，その背後者
を本罪の間接正犯として処罰することはできないのです。

自己の事件について被告人じしんが偽証罪の正犯となることはありません（ただし，**被告人じしんが証人に偽証を教唆**した場合については，判例は，犯人じしんによる犯人蔵匿等罪の教唆・証拠隠滅等罪の教唆の場合と同様に，その可罰性を肯定しています）。

　構成要件該当行為である**虚偽の陳述**の意義について見解が分かれます。判例の立場である**主観説**は，虚偽の陳述とは，証人の主観的記憶に反する陳述のことをいうとし，これに対し，客観説は，陳述の内容をなす事実が客観的真実に反することをいうとします。主観説は，主観的記憶に反する陳述は審判を誤らせる抽象的危険があるとするのに対し，客観説は，客観的真実に合致する限り，審判作用を害する危険性は存在しないとするのです（この対立は，行為の義務違反の面に注目する行為無価値論と，結果の側面に力点を置く結果無価値論とが対立する一場面です）（→ Column「『**虚偽の陳述**』の意義に関する**主観説と客観説**」227 頁）。

Ⅳ　汚職の罪

　国家の作用を担う公務員自身が公務の適正を内部から害する犯罪として，職権濫用の罪（193 条以下）と賄賂の罪（197 条以下）とがあり，現行刑法は，これらを「汚職の罪」（かつては瀆職の罪といいました）として 1 章にまとめています（第 2 編第 25 章）。ここでは，賄賂の罪の概略だけを見ておきたいと思います。

　賄賂の罪（贈収賄の罪）は，**収賄罪**（197 条〜 197 条の 4）と**贈賄罪**（198 条）とからなります。このうち収賄罪は，公務員に主体が限定された**真正身分犯**です（公務員でなくても，法令により，刑法その他の罰則の適用については公務員とみなされる者〔みなし公務員〕が存在することはすでに述べました〔→ 215 頁〕）。ただし，公務員でない者も，共犯としては処罰されます（65 条 1 項を参照）。贈賄者は，贈賄罪の規定によってのみ処罰され，収賄罪の教唆犯や幇助犯にはなりません[29]。

　賄賂の罪の**保護法益**をめぐっては，学説において見解の対立があります。第

　29）　贈賄罪は，197 条から 197 条の 4 までに規定する賄賂を供与し，またはその申込みもしくは約束をすることによって成立します。当然のことながら，主体は制限されておらず，それは公務員に限られません。

第 11 講　国家的法益の保護

「虚偽の陳述」の意義に関する主観説と客観説
Column

　簡単な事例で考えてみたいと思います。証人甲は，犯行当時，たまたまその現場に居合わせたのですが，実は A の顔を見ていないのに，A の犯行を目撃したと述べたとしましょう。**主観説**によれば，証人甲は自己の記憶に反することを述べているところから，虚偽の陳述を行ったことになります。かりに，本当に A が犯人であることが確認されたとしても，甲は偽証罪により処罰されなければならないのです。これに対し，**客観説**によるとき，現場において犯行を行ったのが A である限り，甲の供述内容は客観的真実に合致するものであったことになります。そこで，証人甲に偽証罪の刑事責任は生じないことになるのです（なお，最近では，客観説の立場から，この種のケースでも，証人が A の犯行を目撃してはいない以上，A の犯行を目撃したという証人の供述は客観的に虚偽であるとする主張も展開されています。しかし，そのように解するならば，証人が記憶に反することを述べる限り，その証言内容に整合する客観的事実が存在したとしても，客観的に虚偽とされることになり，客観説と主観説の対立自体が解消されてしまうことになりましょう）。

　以上のように見てくると，判例のとる主観説の方が妥当であるように思われます。証人は，客観的真実を述べなさい，と求められるのではなく，記憶に従ってそのまま述べることを義務づけられるのです。客観説によると，証人は客観的事実を述べる義務を負わされることになりますが，それは人間の能力を超えることでしょう（しかも，記憶に反してなされた証言は，たまたま客観的事実に合致しているとしても，裁判所はこれを有罪認定の基礎とすることはできないのです）。さらに，客観説によると，①同じように義務に反して記憶に反する陳述をしても，たまたま客観的真実に合致していたときは偽証罪にならず，②証人が自己の記憶に反する事実を，むしろ真実に合致すると思って述べたときにはつねに故意が阻却されて不可罰となり，逆に，③証人が本当は真実に合致しないと思いつつも，記憶どおりに正直に述べたが，やはりそれが真実に合致しなかったというときには偽証罪となりますが，これらの結論はいずれも不当でしょう。

1 説は，**職務の不可買収性**が保護法益であるとし，公務員の職務と何らかの利益（賄賂）とが対価関係に立つこと自体が禁止されるべきだとします。なぜなら，そのこと自体が職務の公正さに疑いを生じさせ，一般市民の信頼を失わせるものだからです。第 2 説は，**職務の公正ないし純粋性**が保護法益であるとし，公務員の職務が賄賂の影響を受けて不正なものとなること（またはその危険が

227

生じること）を防止するところに処罰の理由があるとします（純粋性説）。

　果たして現行刑法がどのような立場をとっているかが問題となります。ここで197条以下の刑法の規定を見ますと，現行刑法の収賄罪の規定は，これまで何回もの改正を経ており，複雑な様相を呈していることがわかると思います。まず最初に読むべき規定は，**単純収賄罪**（197条1項前段），**受託収賄罪**（197条1項後段），**加重収賄罪**（197条の3，特に1項）という3つです。この3つの犯罪類型を理解することが，**賄賂の罪を理解するための基本**です。

　まず，単純収賄罪は，公務員が，その職務に関し，賄賂を収受し，またはその要求もしくは約束をすることによって成立します。ここで注意すべきことは，単純収賄罪は，**賄賂が職務行為の内容に何ら影響を与えなくても**（したがって，まったく正当な職務行為に対しても）**成立する**ということです（たとえば，公立高校の受験に合格した受験生の父親が，校長に対し合格後に謝礼としての現金を贈り，校長がこれを受け取ったとき，その受験生が文句なく合格点を取っていたとしても単純収賄罪が成立します）。受託収賄罪は，請託を受けたことに基づく単純収賄罪の加重類型です。請託とは，将来一定の（ある程度特定した）職務行為を行うように公務員に対して依頼することであり，その依頼を承諾することが「請託を受けた」ということです。加重収賄罪（または枉法収賄罪。197条の3第1項・第2項）は，公務員が，197条および197条の2の罪を犯し，よって不正な行為をし，または相当の行為をしなかったとき（1項），あるいは不正な行為をし，または相当の行為をしなかったことに関して，賄賂を収受，要求もしくは約束し，または第三者にこれを供与させ，その供与の要求もしくは約束をしたとき（2項）に成立します（1項は，収賄行為が先行する場合であり，2項は，最初に不正行為が行われ，後に収賄行為が行われる場合です）。

　単純化していえば，刑法は，①単に賄賂を受け取ると単純収賄罪，②それに加えて具体的職務行為の依頼（請託）があると受託収賄罪，さらに，③それに基づいて不正な職務行為が行われると加重収賄罪というように，順次に（3段階に分けて）刑を重くしているのです。このうちの①と②は，**職務の不可買収性**（前記の第1説）を保護法益とするものとして説明が可能であり，また③は，**職務の公正ないし純粋性**（前記の第2説）を害したことを考慮して刑を加重していると理解することができます。ここで，収賄罪規定の全体に目を向けると，刑法は，賄賂の授受があった場合には，職務行為の正・不正にかかわらず処罰

228　Introductory Lectures in Criminal Law : Specific Offences

することを原則とし（197条および197条の2を参照），それに加えて，不正な
職務行為が行われた場合に刑を加重している（197条の3を参照）のです。

　ここから，判例・通説は，現行法の解釈として，賄賂の罪の保護法益は，職
務の不可買収性と職務の公正（純粋性）の両方であるとし，これをまとめて，
職務の公正とそれに対する社会一般の信頼と解しています。「それ（職務の公
正）に対する社会一般の信頼の保護」という表現で，職務の不可買収性の保護
を基本的な処罰目的にすることを明らかにしているのです。この見解を**信頼保
護説**と呼びます。

　賄賂の罪の解釈論において重要なのは，まず「賄賂」の意義であり，そして
「職務に関し」の意義です。**賄賂**とは，公務員の職務に関する不正な報酬とし
ての利益のことをいいます。有形のものであると無形のものであるとを問わず，
財産的と非財産的とを問わず，人の需要または欲望をみたすに足りるいっさい
の利益を含むとされます。**賄賂としての一定の利益と公務員の職務との間に対
価関係**が認められることを要し，これが賄賂の罪にとり何より本質的なことで
す。ただし，対価関係に立つ職務行為は，作為でも不作為でもよく，また，違
法行為でも適法行為でもかまいません。すなわち，適法な職務行為に対して対
価として利益が提供されるときであっても，それは賄賂となるのです（なぜな
ら，信頼保護説の立場からは，その場合にも職務の公正さに対する一般市民の信頼
は害されると考えられるからです）。

〈ケース5〉

　甲は，警視庁警部補として警視庁調布警察署地域課に勤務し，犯罪の捜査等
の職務に従事していたものであるが，ある刑事事件につき警視庁多摩中央警察
署長に対し告発状を提出していた乙から，同事件について，告発の検討，助
言，捜査情報の提供，捜査関係者への働きかけなどの有利かつ便宜な取り計ら
いを受けたいとの趣旨の下に供与されるものであることを知りつつ，現金の供
与を受けた。

　職務に関し（職務関連性）の意義として問題とされるのは，賄賂としての一
定の利益と公務員の職務行為とが対価関係に立つことです。もし**公務員が具体
的に担当する職務行為**に対して報酬が提供されれば，そのような対価関係は明
白です。また，ここで，異論の余地がないのは，具体的に担当する職務内で**違**

法な行為が職務行為として行われたとしても職務関連性は肯定される，ということです（そのことは，加重収賄罪の規定の存在そのものが示しているといえましょう）。「公務員に違法な行為を行う職務権限はない」から職務関連性は否定される，などと考えてはなりません。

ここからが難しくなるのですが，判例・通説によると，賄賂との間に対価関係があることが要求される職務行為は，必ずしも，その公務員が具体的に担当するものであることを要せず，その公務員の**一般的（抽象的）職務権限**に含まれることを要するが，それで足りるとされることです（およそできないようなこと，すなわち無権限ないし権限逸脱の事項に対する報酬としての利益の授受が行われても贈収賄になりません）。

〈ケース5〉は最高裁判例の事案ですが，最高裁は，警察法64条等の関係法令によれば，警視庁警察官の犯罪捜査に関する職務権限は，同庁の管轄区域である東京都の全域に及ぶと解されることを根拠として，具体的職務権限がなかったとしても，甲はその職務に関し賄賂を収受したものであるというべきである，としました[30]。警視庁警察官の犯罪捜査に関する一般的職務権限は，警視庁の管轄区域である東京都の全域に及ぶことを理由として，職務関連性を肯定したのです。

それでは，なぜ一般的職務権限があれば足りるとされるのでしょうか。一般的職務権限があれば，その公務員が当該の具体的職務行為（賄賂の提供により影響を与えることが期待された具体的職務行為）に現実に影響を与えたり，それを左右する可能性があるからだという理由づけも不可能ではないでしょう。しかし，そのような可能性が低くても，**職務の公正に対する社会一般の信頼を害する**という理由に基づき（現実に職務を左右できるかどうかはともかく，「外部からは職務を左右するように見える」ことから）収賄罪の成立を肯定することも可能であり，判例はそのような基本的考え方に立つものと見られます。

さらに，判例により，たとえ一般的職務権限が認められない場合でも，**職務と密接な関係を有する行為（職務密接関連行為）**に対し報酬としての利益が与えられれば，贈収賄罪が成立するとされています（〈ケース5〉で甲に期待され

---

30) 最決平成17・3・11刑集59巻2号1頁。

ていた捜査関係者への働きかけは，職務密接関連行為であるといえましょう）。この
ような拡張の根拠となっているのも，保護法益に関する信頼保護説であり，職
務の公正に対する社会一般の信頼が害されるからという理由づけなのです。

Ⅴ 終了のチャイムが鳴る前に

　本日の講義では，各論編の最終回として，国家的法益に対する罪のグループ
に属する主要な犯罪類型を取り上げ，その基本的な内容について解説してきま
した。それぞれの犯罪をめぐる解釈論上の論点の詳細，今日は触れられなかっ
た犯罪類型については，刑法各論の本格的な教科書・体系書を読んで学んでい
ただきたいと思います。

　最後に1つだけ，いわゆる**民営化**（Privatization）にともなう，国家の作用
に対する罪の変化について触れておきます。現代社会においては，それまで国
または地方公共団体が行っていた事務や仕事を一般民間企業が担うようになる
傾向が見られます。それとともに，従来，国家の作用に対する罪として処罰の
対象とされていた行為がそこから外され，より軽い罪となったり，さらにはお
よそ不可罰となるという現象も生じているのです。たとえば，相手が公務員で
あれば，その職務の対価となる物や利益が提供されると贈収賄の罪を構成しま
すが，その者が公務員でなくなれば，贈収賄の罪にはなりません。また，公務
員の職務執行にあたり暴行・脅迫をもってこれを妨害すれば，公務執行妨害罪
が成立しますが，それが公務員でなければ，暴行罪・脅迫罪のほか，威力業務
妨害罪（234条）が成立するにとどまります。刑法は，**公務ないし公務員の行
う職務を特別扱い**し，それを民間の事務や仕事と比較して**より手厚く保護**して
いるのですが，公務ないし公務員の行う職務の中にも民間の行っていることと
同質のものがある（逆に，民間の仕事の中にも公共性の高いものがある）という
ことなのです。現在なお進行中の民営化の傾向は，刑法が公務員の行う職務を
一律の形で特別扱いしていることの適切さを疑わせる結果ともなっています。

　さて，第12講は，いよいよこの入門刑法学の最終回です。これまでの総論
編・各論編の講義の全体を踏まえて，「事例の解決の方法論を学ぶ」と題し，
具体的な事例の妥当な解決とはどのような解決のことか，事例の解決にあたっ
てはどのようにアプローチしていけばよいか，その際，特に注意すべきことは

何かについてまとめて論じたいと思っています。

第**12**講

Introductory Lectures
in Criminal Law
Specific Offences

事例の解決の方法論を学ぶ

I　はじめに

　刑法学のかなり奥深いところまで読者を誘い込むことを目ざした，この刑法入門講義も，ついに最終回となりました。本講では，これまで述べてきたことのすべてを踏まえて，**事例の解決方法**をテーマとして取り上げたいと思います。

　読者の皆さんが，教科書や判例を読んで，たくさんの情報を頭に詰め込んだとしましょう。それでも，何らかの具体的な設例（ケース）の解決を求められるとまったくのお手上げだとしたら，それらは「使えない」知識にすぎず，刑法学をきちんと学んだということにはなりません。刑法学の最終目標は，現実社会に生起するさまざまな事件の適切な解決であり，基本原則や理論をめぐる，抽象度の高い議論も，結局のところ，個別事例の解決をより妥当なものとするためにこそ存在しています。抽象的な理屈（屁理屈？）をこねることができても，それに基づいて妥当な事例解決を導くことができないとすれば，それは文字通り本末転倒なのです[1]。

　したがって，刑法学を学ぶときには，具体的事例の解決方法もマスターしなければならず，刑法学を理解したかどうかは，事例を適切に解決できるかどう

---

　1)　総論講義では，およそ法は**問題解決**のためにあり，法律学はそれに役立つために存在する，と述べました。（→総論 6 頁）。

233

か（いいかえれば，その知識が「使える知識」になっているかどうか）により試されるといえましょう。講義にともなう期末試験等で（学部レベルでもそうですが，法科大学院ならなおさら），「一行問題」ではなく「事例問題」が出されることが多いのも，受講者の学力を確認するのにそれが最も適していると考えられるからなのです。

　ここで**事例**と呼ぶのは，刑法ないし刑罰法規[2]の適用の可否が問われる事実関係を記述した設例のことです。そこでは，たとえば，殺人罪や窃盗罪といった犯罪が成立するかどうか，それぞれの刑罰法規（199条や235条）が適用可能であるかどうかが問われます。現実社会に発生する，生の「事件」であれば，裁判所により，一定の刑罰法規を適用できることが確認されたとき，**量刑**（すなわち，法の許容する範囲内で犯人に言い渡すべき刑を確定すること）の判断も必要となります[3]。そればかりでなく，言い渡された刑が執行され，その刑が所期の効果を実現しなければ，本来「事件の解決」を語りえないでしょう[4]。これに対し，学生の皆さんが「事例の解決」を求められるときには，**裁判所による判決が事例解決のモデル**として想定されており，しかも，そのとき，量刑判断を行うことまでは要求されません。期末試験等で，事例問題の解決にあたり，行為者に言い渡されるべき刑の重さにまで言及する学生がいますが，それは積極的な減点の対象になるといえましょう。単に余計なことを書いたというばかりでなく，問題文にあらわれた簡単な事実からは犯人に科されるべき特定の刑を導くことなど到底できないにもかかわらずそうしたという点に，刑法についての基本的理解の欠如が示されているからです[5]。

　2）　「刑法」および「刑罰法規」の意義については，総論5頁以下，55頁以下を参照。

　3）　「量刑」については，総論238頁以下，250頁以下を参照。

　4）　ドイツで出版された刑法の入門書である Winfried Hassemer, Einführung in die Grundlagen des Strafrechts, 2. Aufl. 1990 は，事件＝事例（Fall）を基軸として刑事法の全体を体系的に解説しています（初版の紹介として，井田良・法学研究〔慶應義塾大学法学部〕56巻1号〔1983年〕114頁以下があります）。

　5）　ちなみに，裁判所が行わなければならない重要な仕事の1つに**事実認定**があります（この点について，裁判員6条を参照）。しかし，読者のみなさんが刑法の事例問題を解こうとするとき，事実認定が求められることは原則としてありません。もちろん，設問の事実関係を間違えて理解したり，そこに余計な事実を読み込んだ上で刑法の適用の可否を判断するならば，マイナスの評価を受けることになるでしょう。

本講では，事例の解決を目ざそうとする読者の皆さんにぜひとも理解しておいていただきたいことをまとめて論じます。まず，妥当な事例解決とはどのような解決のことをいうのかを検討した上で，それを実現するためには無視してはならない，いくつかの基本的な「ルール」について説明したいと思います。ただ，この点をめぐり，従来の刑法学の内部に，確固とした共通の理解が存在するとはいえないのです。別の先生が同じテーマで講義をすれば，かなり違った内容になるかもしれません（→ Column「**比較法の方法としての事例解決の比較**」237 頁）。

Ⅱ 事例へのアプローチ

1 事例解決の妥当性

妥当な事例解決とは，どのような解決のことをいうのでしょうか。ほとんど「同語反復」にすぎないのですが，処罰されるべき行為に対し，適切な刑罰法規が適用されて犯罪成立の結論が導かれており，処罰されるべきでない行為について不可罰の結論が導かれているとき，これを妥当な事例解決と呼ぶことができるでしょう。このように，事例解決の妥当性とは，刑罰法規の適用の妥当性のことなのです。ただ，**刑法を適用**するためには，その前提として**刑法を解釈**しなければなりません。したがって，刑罰法規の適用の前提として**刑罰法規の解釈が妥当**なものであることが，事例解決の妥当性の必要条件ということになります（ただ，以下に述べるところから明らかになるように，それは十分条件ではありません）。

刑罰法規の解釈については，すでに総論講義の第 4 講「刑罰法規の解釈と適用」において取り上げたところです（→総論 59 頁以下）。そこでの説明の要点は，次の 4 つにまとめることができるでしょう。

①刑法の解釈にあたっては，**目的論的解釈**（すなわち，**法益保護を根拠とする実質的解釈**）が重要な意味をもつこと
②ただ，目的論的解釈は，客観性を保ち難く，解釈する人ごとにまちまちなものとなりがちというデメリットをもつので，まずは規定の文理を尊重すべきであり，とりわけ目的論的見地からその刑罰法規を**拡張解釈**しようと

するときは，それ相応の根拠が必要になること（あまり強い実質的理由がないときには，文理に忠実な解釈をとるように心がけるべきこと）
③いくら目的論的解釈が重要であるといっても，**罪刑法定主義**が刑法の基本原則であるところから，せいぜい拡張解釈は認められても，**類推解釈**は禁止されること（解釈の形式的限界1）
④さらに，刑罰法規の解釈は，その場限りの場当たり的なものであってはならず，**一般化可能**でなければならないこと（解釈の形式的限界2）

ここでは，かりにこれを「刑法解釈の4原則」と呼ぶことにいたしましょう。この4原則はきわめて重要なのですが，しかしながら，これだけをきちんと理解したとしても，具体的設例にアプローチできるものではないのです。試みに，次の〈ケース1〉について考えてみて下さい。

〈ケース1〉
　大学生のAは，新幹線のぞみ号で名古屋から東京に向かっていた。Aは窓際の席に座っていたが，隣にはビジネスマン風の若い男Bが座り，高級パソコンを開いて盛んにキーボードをたたいていた。しばらくすると疲れたのか，Bは立ち上がり，パソコンを閉じて座席に置くと，車両の前方に向けて歩いて行った。ほどなく見知らぬ甲が現れ，そのパソコンを持っていこうとするので，Aは，「あれ，そのパソコンは今までここにいた人のものですよ」と言うと，甲は，少し焦った様子で，「た，田中は，私の上司なんです。向こうで車内会議をするんですが，パソコンを持ってきてくれ，と指示されたので……」と言いながら，パソコンを持ち去った。Aは内心ではおかしいなと思いながら，あえて制止をしなかった。その直後，Bがトイレからもどり，甲はまったくの他人で，勝手にパソコンを持ち去ったものであることが判明した。

この入門講義をここまでフォローしてきた人は，〈ケース1〉においては，窃盗罪（235条）の成否が問題となっていること（同時に，詐欺罪〔246条1項〕との限界づけが問われていること）を見抜くかもしれません。でも，それは「刑法解釈の4原則」をきちんとマスターしているからわかったというのではありません。〈ケース1〉のような事例にアプローチするためには，当然のことではありますが，4原則だけが頭に入っていてもまったく十分ではないのです。

第12講　事例の解決の方法論を学ぶ

比較法の方法としての事例解決の比較
　　　　　　　　　　　　　　　　　　　　　　　　　　　Column

　比較法（学） という学問分野があります。それは，「種々の法域における法秩序全体，またはそれを構成する法制度や法規範の比較を目的とする法学の一分野」です＊。そこでは，たとえば，ヨーロッパの刑法（典）と，それを基本的に継受した日本の刑法（典）の比較が行われます（それは，**比較刑法学**のテーマです）。しかし，それは相当に困難な仕事です。相互に条文を比較すると，①文言が類似していてルーツも共通の規定，②一見すると類似しているが由来が異なる規定，③文言は異なるが根本にある考え方は共通している規定等々に出会うことになります。ここに生じる「無数の謎」を解明していくことには推理小説のような面白さがありそうですが，それぞれの国の刑法の中味とその制定経緯を知ることが前提となるのです。1つの国の刑法の現状とその成り立ちを知ることだけでも大変なのに，2つ（ましてやそれ以上）の刑法について同様な作業をすることは，1人の研究者には無理でしょうから，複数の研究者による，気長で地道な共同研究が必要となるでしょう。

　より手っ取り早くて，しかもおそらくより生産的な法の比較は，典型的に生じてくる**事例の共通性**から出発し，その**解決方法を相互に比較**することでしょう（マックス・ラインシュタイン）＊＊。ただ，そのときも，ただちに優劣を判定しようとするのではなく，解決方法の相違の原因・由来を慎重に探究していくことが要請されます。それは簡単なことではなく，法解釈学とは異なった学識と方法論を必要とします。

　＊　五十嵐清『比較法ハンドブック』（勁草書房，2010年）1頁。
　＊＊　Max Rheinstein, Einführung in die Rechtsvergleichung, bearbeitet, herausgegeben und eingeleitet von Reimer von Borries, 2. Aufl. 1987, S. 12 f., 25 ff., 32 f., 192.

それでは何が必要なのでしょうか。

2　事例へのアプローチのために必要なもの

　〈**ケース1**〉の解決に必要なのは，まず第1に，**刑法総論**の基礎知識，とりわけ，「犯罪論の基本的な考え方」を身に付けていることです[6]。刑法各論に関する事例だからといって，刑法総論がわかっていなくてもよいということに

6）　総論75頁以下を参照。

237

はならないのです。そして，第2に，**刑法各論**の基礎知識，とりわけ財産犯の代表としての窃盗罪の構造（および詐欺罪との相違）を理解していることが前提となります（→ 107頁以下，118頁以下）。どちらが欠けても事例にアプローチすることはできません。

　事例解決にあたっての出発点は，犯罪として評価されるべき行為（作為・不作為）の候補を選び出すことです。犯罪とは処罰されるべき行為であり，刑法が処罰の対象としている行為のことです。**処罰の対象たる行為とは構成要件該当行為**のことにほかなりません[7]。そこで，事例解決にあたっては，まず何よりも，事実関係の中から構成要件該当行為（の候補）を選び出す（抽出する）ことがその第一歩となります。ここで注意すべきことは，構成要件該当行為は，時間的継続性をもつものですから，**どこからどこまでが構成要件該当行為であるのか**を正しく切り分けることが要請されることです。私はこれを「**処罰対象のつかみ出し**」と呼びたいと思います。

　それでは，一連の事実関係の中からどうやって「処罰対象をつかみ出」せばよいのでしょうか。ここでも，基本に立ち戻ることが必要です。総論講義の第2講「刑法は何のためにあるのか」において述べたように，刑法が行われることを阻止したいと考えるところのものは，法益を侵害し，または脅かす行為です[8]。刑法は**法益侵害行為・法益危険行為**をやめさせたいのであり，したがってそれらを処罰の対象としているのです。構成要件該当行為とは，法益侵害行為または法益危険行為にほかなりません[9]。ですから，処罰対象を発見し，これをつかみ出すためには，**どこに刑法上の法益の侵害（または法益の危険）があるか**を探せばよいのです。

　そして，ここからは，刑法各論に関する知識もあわせて動員しなければなりません。〈ケース1〉の事案では，法益侵害は，Bの所有物であるパソコンが奪われたところに認められることは明白でしょう。甲の行った，パソコンという有体物，したがって**財物**（→ 88頁以下）**の所有権を侵害する行為**が処罰の対象となる法益侵害行為ということになります。ただ，刑法は**占有**も保護法益に

7）　総論82頁，86頁を参照。
8）　総論26頁以下を参照。
9）　総論84頁，102頁を参照。

含めています（→ 95頁以下）。後に述べますように，パソコンはなお B の占有
（事実的支配）下にあると解されますので，〈ケース 1〉の事実関係においては，
パソコンに対する占有の侵害も肯定されます。そこで，甲がパソコンという**財
物の所有権および占有を侵害する行為**こそが処罰の対象として抽出されるべき
行為だということになります。法的にそれを構成すれば，「不法領得の意思を
もって財物の占有を奪取する行為」ということになり（→ 103頁以下，107頁以
下），**甲がパソコンに手をかけてこれを持ち去る行為**こそが処罰対象たる構成
要件該当行為ということになるのです（それは，235条の窃盗罪の構成要件にも，
また，246条1項の詐欺罪の構成要件にも該当しうる行為なのです）。

このように，事例解決にあたっての出発点は，事例にアプローチし，処罰対
象としての法益侵害行為・法益危険行為（構成要件該当行為）の候補を抽出す
ることです。こうした「処罰対象のつかみ出し」に成功するためには，犯罪論
と構成要件該当行為の本質に関する総論的知識と，刑法典においていかなる法
益がどのように保護されているかについての各論的知識の両方が必要であり，
そのどちらをも欠くことができないのです。

3　解釈上の論点の把握

「処罰対象のつかみ出し」にあたっては，同時並行的に，**解釈上の論点の把
握**が行われなければなりません。〈ケース 1〉については，甲が B のパソコン
を自分のものにしようとして（すなわち，不法領得の意思をもって）その占有を
自分のところに移転させた行為が構成要件該当行為として候補に挙がるのです
が，甲がパソコンに手をのばしたときに**パソコンの占有は B にあったといえ
るのかどうか**が，甲の行為を窃盗罪の構成要件該当行為として評価するにあ
たっての解釈上の論点となります。事例にアプローチし，処罰対象をつかみ出
すにあたり，それと同時に，解釈上の論点を把握することが事例の解決にあ
たっては必須のことなのです。

占有とは，物に対する事実上の支配ないし管理のことです。新幹線の乗客が
トイレに立ったときに座席に残した物は，占有離脱物（254条を参照）になっ
てしまうのではなく，なおその乗客の継続的な支配下・管理下にある（社会通
念上，そのような支配関係・管理関係が肯定され，かつ尊重されている）と考えら
れます。そこで，〈ケース 1〉における甲は，B の占有を害して，そのパソコ

ンを自己の占有下に移転したと評価することができるのです。

　このような判断を前提として，**もう１つの解釈上の論点**が生じてきます。それは，甲の行為が窃盗罪の構成要件に該当する行為であるのか，それとも詐欺罪（246条１項）の構成要件に該当する行為であるのかです。**窃盗罪と詐欺罪の区別**は，被害者（財物の占有者である人）の意思に反して財物の占有を得たのか，それとも「欺く行為」により被害者の意思に基づいて占有を移転させたのかというところにあります（→ 119頁以下）。〈**ケース１**〉では，パソコンの所有者であり，かつ占有者であるＢの意思に反してそれを奪っていますので，詐欺罪ではなく窃盗罪が成立するということになります。

　これに対し，このケースにおいて，甲はＡを騙してパソコンの占有を得ているではないか（だから詐欺なのではないか）という疑念が生じるかもしれません。たしかに，詐欺罪においては，財物の所有者・占有者でない人に対し「欺く行為」を行い，これを錯誤に陥らせて，財物を交付させることも可能です。財物の所有者・占有者と欺かれる人（被欺罔者）とは同一でなくてもよいのです。ただ，そのときには，錯誤に陥って交付行為（処分行為）を行う人が，目的となった財産について（法律上または事実上）処分しうる権能または地位をもつことが必要です（いわゆる三角詐欺）10)。そうであってはじめて，財物の交付が，被害者の意思に反するものではなく，その意思に基づくものと評価できるのです。〈**ケース１**〉におけるＡは，このような地位にあるものではなく，無関係の第三者であることから，詐欺罪の可能性は排除され，窃盗罪の構成要件該当性のみが肯定されるのです11)。

　ただし，このケースで，かりにＢがＡに対して，「トイレに行くので，パソコンを見ていてくれませんか」と依頼し，Ａがこれに同意していたとしますと，Ａはパソコンの占有補助者となり，甲には詐欺罪が成立する可能性が出てきます12)。

---

　10)　三角詐欺については，たとえば，井田・各論267頁，西田・各論200頁，山口・各論262頁などを参照。三角詐欺の典型例は，被害者たる財物の所有者・占有者が法人であるときです。デパートの店員を騙してデパートの商品を交付させたとき，欺かれたのは店員ですが，被害者はデパートという法人（または自然人たる経営者）なのです。

　11)　ここでは，窃盗罪と詐欺罪とは，相互に他を排斥する関係に立ち，同時に成立することはないという理解が前提とされています。それがまた通説の立場でもあります。

　12)　以上の点につき，平野龍一『犯罪論の諸問題(下)各論』（有斐閣，1982年）342頁以下を参照。

第 12 講 事例の解決の方法論を学ぶ

4　犯罪論体系の意味

〈ケース 1〉は，構成要件該当行為の候補を切り出し，解釈上の論点を検討して，窃盗罪の構成要件該当性を確定すれば，それで窃盗罪が成立するという妥当な結論を導くことができる事案でした。これに対し，より複雑な事例ももちろん存在します。そこでは，たとえば，正当防衛などの違法性阻却事由の存否が解釈上の論点となったり，また，責任能力や違法性の意識の可能性などの責任要素の存否が論点となるのです。

〈ケース 2〉

　甲は，数日前，普段から仲の悪い，会社の同僚の乙と丙に因縁を付けられ，ケンカとなって，その際，顔面をこぶしで強く殴られた。その数日後の夜，甲は，会社の寮の2階の自室でひとり酒を飲んでいたが，乙と丙が談笑する声が寮の前の路上から聞こえてきた。甲は，笑い声を耳にして怒りがこみ上げ，玄関前の路上まで出て行った。このとき，甲は，乙・丙とケンカになるに違いないと思っていたが，酒を飲んで気が大きくなっていたこともあり，自分を抑制することができなかった。甲は，素手ではまたやられてしまうと思い，左手に木製バットを持って行った。案の定，乙は，甲を見るや，その胸ぐらをつかんできたので，甲が右手で乙の胸ぐらをつかみ返したところ，丙も「また，やられたいのか」と言いながら，横から甲の肩をつかんできた。甲は，乙・丙の腕を振り払い，右手にバットを持ちかえて，丙の肩付近を目がけて思い切り振り回した。すると，バットが丙の左腕にあたり，丙はその場にうずくまった。丙は，これにより加療2週間を要する上腕部打撲の傷害を負った。ただ，甲が乙・丙とケンカになった時点では，甲は，高度に酩酊し，かつ極度の興奮状態にあり，そのような状況下で普段から服用していた薬剤とアルコールが相まって特殊の薬理作用を生じさせたため，心神喪失の状態にあった。

〈ケース 2〉は，かなり複雑な事例であり，そこにはさまざまな事実が包含されています。しかし，通説的な **3 段階の犯罪論体系**（いわゆる三分説）[13]にあてはめて考えれば，事例に含まれる多様な事実が，全体の判断の枠組みの中のどこに・どう位置づけられるのかも明らかになるのです。〈ケース 2〉のよう

---

13)　総論 77 頁以下を参照。

241

な，一見複雑な事例についても，どういう順番に・どういう事実について・どういう内容の判断をしていけばよいのかの道筋が示されることになるわけです。

ここでもまずは，処罰対象たる構成要件該当行為を事実関係の中から抽出する必要があります。このケースにおける甲の法益侵害行為は，乙と丙の**身体**に向けられた行為です。乙に対するものとしては，その「胸ぐらをつかみ返し」，かつ「腕を振り払」った行為であり，それは暴行罪（208条）の構成要件に（1回だけ）該当する一連の行為として評価することが可能です。丙に対するものとしては，腕を振り払い，かつバットを「目の前にいた丙の肩付近を目がけて思い切り振り回」す行為により，これを丙の左腕に当てて，加療2週間を要する上腕部打撲の傷害を負わせたことであり，これは傷害罪（204条）の構成要件に該当する行為です。

次に，〈ケース2〉では，甲の行った暴行と傷害の構成要件該当行為が，正当防衛（36条1項）としてその違法性を阻却されるかどうかが問題となります（これが重要な解釈上の論点となります）。判例の立場を前提とすれば，ケンカになることがわかっていて，ただその機会に相手に危害を加えるため，あえて侵害に応接する行為については，**侵害を予期しつつ積極的加害意思で侵害に臨む行為**であることから，**正当防衛の要件としての急迫性が否定**されることになるでしょう[14]。このような理解に従うとすれば，甲の行った構成要件該当行為は正当防衛にはならず，違法と評価されることになります。

しかし，さらに有責性（責任）判断が待ちかまえています。その行為が構成要件に該当する違法行為であることが確認されたとしても，違法行為への意思決定につき責任を問えなければ，犯罪は成立しないのです[15]。〈ケース2〉では，実行行為の時点で心神喪失（39条）であったというのですから，責任無能力とされ，犯罪不成立という結論になります。

このように，3段階の犯罪論体系にあてはめて考えることにより，事例に含まれる多様な事実を整理しつつ，分析的に事例の検討を進めて，最終的に妥当な事例解決に至らせることも可能となるのです。

---

14) この点につき，井田・総論275頁以下を参照。
15) 総論193頁以下，200頁以下を参照。

第 12 講　事例の解決の方法論を学ぶ

Ⅲ　事例解決のための方法論

　これまで説明してきたことを要約したいと思うのですが，**私の提案する事例解決の方法**をまとめていいますと，次のようになります。すなわち，刑法総論と各論の知識をあわせ駆使して事例にアプローチし，処罰対象たる構成要件該当行為をつかみ出すと同時に，解釈上の論点をしっかりと把握した上で，「刑法解釈の４原則」に則って刑罰法規のもつ意味内容を明確化・具体化し，かつ，３段階の犯罪論体系の判断枠組みに従い，構成要件該当性→違法性→有責性の順序で，行為者の刑事責任を明らかにしていく，というものです。それは実は，読者の皆さんが，事例問題に取り組むときに（意識的にか無意識的にか）実践しているところと一致しているはずです。

　とはいえ，これはあくまでも，事例解決に至るまでの全体の流れを大ざっぱに示すものにすぎません。実際に事例を検討するときには，**結論を妥当なものとするためにしたがわなければならない個別的なルール**（準則）がいくつか存在しているのです。以下では，事例解決の方法論を少しでも具体化・精密化する趣旨で，そのような個別的なルールを（思いつくままに）列挙してみたいと思います。

a　行為の違法内容を汲み尽くすこと

　事例の刑法的判断にあたっては，罪責の検討が求められる行為者の行為のもつ違法内容をもれなく汲み尽くすことが必要です。より重い犯罪が成立しうるのに（すなわち，より重い刑罰法規の適用の可能性があるのに），その検討を怠ったり，A罪とB罪の両罪の成立を肯定しないと，行為の違法性を評価し尽くせないのに，片方の犯罪の成否しか検討しないとすれば，事例を適切に解決したことにはなりません。典型的には，殺人未遂罪が成立しうる事案において，傷害罪や保護責任者遺棄罪だけしか検討しないのでは不十分です。

243

> **〈ケース3〉**
>
> 乙は，起業に失敗して借金がふくらんだので，いっそ自殺しようと何度か試みたが，そのたびに失敗していた。乙は，弟の甲と仲が悪く，しばしばケンカをしてケガをすることもあったので，一計を案じ，短気な甲を怒らせて，自分に向けてナイフで攻撃するように仕向けることとした。乙の挑発を受けて激怒した甲は，乙に対して殺意を抱くに至り，乙の望み通りに乙を刺殺した。

　ストーリー展開にかなり無理のある設例なのですが，要するに，被害者の同意の存否に関し錯誤のある場合の取扱いを問題としているのです（この種のケースの解決方法については，すでに 60 頁において触れました）。甲としては，（より重い）普通殺人罪（199 条）にあたる事実を認識して行為しているのですが，被害者乙は，死ぬことについて同意しており，したがって，結果的には（より軽い）同意殺人罪（202 条）の事実が実現されているのです。ここでは，同意殺人罪における同意に関し，それが客観的には存在しているのに，行為者は同意がないと思って行為している場合の刑事責任が問われています。

　学説上は，この種のケースにおいて，同意殺人罪のみの成立を認める見解も有力です[16]。しかし，犯人の**行為のもつ違法内容を汲み尽くす**という見地からは，甲としては重い普通殺人罪の事実の実現を意図しているのですから，重い殺人未遂の不法を最初から無視することはできず，殺人未遂罪の成否を少なくとも検討する必要があります。この点をめぐっては，未遂犯（その処罰根拠）に関する基本的な見解の相違により，未遂犯の成立を認めるか（具体的危険説），それとも不能犯とするか（客観的危険説）というように結論が分かれることになります[17]。

　ここでは，かりに前説により殺人未遂罪の成立を肯定できるケースであったとしてみましょう。しかし，殺人未遂を認めるだけでは，犯人が被害者を死亡

　16）　他方，〈ケース3〉では，**被害者の同意が外部的に表示されていない**ところから，これを理由に同意の有効性が欠ける（したがって，普通殺人罪の既遂のみが成立する）とする見解もありえましょう。

　17）　この点につき，総論 133 頁以下を参照。

させた点がまったく評価されないことになりかねません。そこで，客観的に実現されている同意殺人罪（既遂犯）の成立も認めないわけにはいきません。すなわち，殺意をもって行為した点を殺人未遂罪で評価し，被害者を死亡させた点を同意殺人罪（既遂犯）で評価することによりはじめて（要するに，両罪の成立を認めてはじめて），甲の行為のもつ違法性がもれなく評価されるというべきなのです[18]。

　ただし，殺人未遂罪と同意殺人罪の両罪が成立しているとしても，事案に対する罰条評価の問題としては，重い殺人未遂罪の規定のみを適用すればそれで十分であり，同意殺人罪の事実はこれにより吸収的に評価される（202条の規定をあわせて適用するには及ばず，客観的に生じた同意殺人の不法は，殺人未遂罪による量刑の枠内で考慮すれば足りる）と解されます（包括一罪の一種としての吸収一罪)[19]。

b　論点の比重をわきまえること

　1つの事例について，解釈上の論点は，複数存在するのがふつうです。1人の人の単一の犯罪の成否が問題となる単純なケースでも，解釈上2つ以上の論点が生じる場合があり，また，1人の人の複数の犯罪が問題となる場合や，2人以上が登場して単一または複数の犯罪に加わる場合には，それに対応して論点も増加するでしょう。論点が複数生じる事例については，そのすべての論点を見抜くことが前提となり，その上で，**それぞれの論点につき適切な比重を与える**ことが要求されます。大事な論点については詳細に検討することが必要であり，それほどでない論点については簡単に扱うにとどめることが求められます。

　論点の重要性の程度は，法律専門家の間（学界や実務界）での議論の状況や関心の向けられ方に左右される面もありますが，事例における事実関係の下で，見解が大きく対立しそうな論点であればあるほど，重要性が高いということができます（逆に，かつては議論があったとしても，現在では見解が一致しており，議論が行われることもあまりないような点であれば，重要性は低いといえましょう）。

c　解決の論理が一般化可能であること

　事例解決の論理は，それが刑法の解釈として無理なく導き出されたものであ

---

18)　山口・各論17頁を参照。
19)　この点につき，総論245頁を参照。

るとともに，場当たり的であってはならず，一般化可能でなければなりません。これは，すでに「刑法解釈の4原則」の1つの内容となっているのですが，とても重要であり，また，しばしば事例解決の妥当性の基準として引き合いに出されるものですので，ここに挙げておきたいと思います。事例の解決にあたっては，その解決の論理が，当該のケース以外に，どのようなケースまで同じ解決を強いることになるか，そして，それは妥当であるかの検討が要求されることになるのです。

〈ケース4〉

　甲は，夜9時過ぎ，仕事がうまくいかずムシャクシャした気持ちで高級住宅地を歩いていた。甲は，2階建ての立派な家から，悲鳴のような声が聞こえてきたのをホームパーティーか何かで楽しくバカ騒ぎをしているのだろうと勘違いして思わずカッとなり，こぶし大の石をその家の2階のガラス窓に向けて投げつけたところ，それが見事に命中して窓ガラスが破壊された。たまたまその家の中では，ガス漏れのために2階にいた4人が気を失って倒れており，中毒死する直前であったが，ガラス窓が割れて新鮮な空気が入ったため，4人とも命が助かった。

　ここでは，時間の関係で，詳しい検討はできないのですが，**〈ケース4〉**においては，甲の行った器物損壊罪（261条）の構成要件該当行為につき，違法性阻却事由としての緊急避難（37条1項）の成否が問われています。解釈上の論点となるのは，このケースでは緊急避難の客観的要件はすべて実現されているものの，甲には，緊急避難の状況で法益を保全しようとする主観的認識・意図がなく，それでも緊急避難の成立を肯定してよいかどうかです。それは緊急避難の主観的要件である避難の意思の要否の問題であり，違法性阻却事由全体に通じる主観的要件（**主観的正当化要素**）の要否の問題にほかなりません[20]。そこで，**〈ケース4〉**の事例を解決しようとするときは，その解決の論理は，正当防衛の場合の防衛の意思の要否の問題等にも及ぶことを意識しつつ，主観的正当化要素の問題全体に対し，首尾一貫した，論理的整合性ある解決が与え

---

20)　この問題については，総論183頁を参照。

246　Introductory Lectures in Criminal Law : Specific Offences

られるようにすることが求められます。〈ケース4〉については，甲の行為を適法行為とする結論を妥当としながら，防衛の意思なく行為して偶然に防衛結果を実現した**偶然防衛**の事案については，違法性は阻却されないと考えることなどはできないのです。

解決の論理（解決を支える規範的判断）の一般化可能性は，**学問としての刑法学にとりまさに本質的な要請**です。比較法の研究（→ 237頁）が刑法学にとってもつ重要性も，実はそこから直接に導かれるものなのです。しばしば，事例解決の論理は，規定の文言や，従来の判例にその根拠を求められるものなのですが，外国法との比較において事例解決の論理を検討するとすれば，条文がそうなっているから，これまでの判例がそうだから，日本人の国民性がそうだから，社会通念に一致しているから，というところに根拠が求められる解決は「弱い」解決にすぎないのです。**外国においても通用するような，普遍化可能な価値判断と論理に基づく解決**はまさに「強い」解決であり，究極的にはそれが目ざされなければならないといえましょう。私たちの価値判断と論理を鍛えて，一般化・普遍化可能なものに高めるためには，比較法研究は大いに役立つものです。価値判断と論理の普遍化可能性という意味での合理性を高めることが学としての刑法学の存在理由であり，比較法の研究は，そのことと直接に結び付いたわれわれの営みとして理解することが可能なのです（→ Column「**実務家と研究者の思考方法の差異**」249頁）。

d　複数関与者の検討の順序に留意すること

1つの事例の中に，複数の行為者が登場することがしばしばあります。典型的には，役割を分担しつつ同一の犯罪の実現にそれぞれ寄与する共犯の場合です。一般的なルールとしては，まず**結果にいちばん近いところの行為者（したがって，実行行為者）**の刑事責任の検討から出発し，それを明らかにした後に，**実行の前段階における関与者（たとえば，教唆者・幇助者）**の罪責の検討に移るべきです。そのように考えるべきことの背景には，現行刑法が，「実行」の概念をキーワードとし（43条本文・60条・61条1項等を参照），実行行為者を処罰の対象の中心に据えているということがあります。より実践的には，実行者の行為がどう評価されるかということが，それ以外の関与者の刑事責任の検討の際にも前提問題となるか，あるいはそれに相当の影響を与える可能性があることから，実行行為者の罪責の検討を優先すべきなのです。

247

たとえば，教唆犯・幇助犯の刑事責任が問われる場合がその典型例です。**共犯の実行従属性の原則**があることから，教唆犯・幇助犯が成立するためには，正犯の行為が現に実行される（未遂が処罰される犯罪であれば，少なくとも正犯に実行の着手が認められる）ことが必要です[21]。たとえば，甲が乙を教唆して殺人を実行させようとしたというケースでは，甲の刑事責任の検討に先立って，乙が殺人の実行行為に出たのか，既遂に到達したのか，予備段階にとどまったのか，そこまでもいかなかったのかを確定しておく必要があります。乙の罪責を問わずに，いきなり甲の罪責の検討を開始することはできないのです[22]。

　ただ，以上のことはあくまでも原則としてそうであるというにとどまります。どういう順序で検討すればよいかは，事案の性質にも大きく左右されます。後に本格的に検討してはじめて結論を出せることを先取りし，その結論を前提にして論じなければならない，という事態に陥ってはなりませんが，そうでない限りは，わかりやすくて，思考経済に反しない（すなわち，余計な重複の生じない）検討の順序こそが望ましいのです[23]。

IV　終了のチャイムが鳴る前に

　いよいよこの刑法入門講義を終えるときが来ました。最後まで教室に残って下さった皆さんには，心からお礼を申し上げます。最初の頃にはまったくの初学者であったＡ君やＢ子さんが，今では中級者・上級者へと成長しているとすれば，頑張って話し続けてきた私にとり，これ以上の喜びはありません。講義は，教壇からの一方的な演説のように見えて，実は，話す者と聴く者ひとりひとりとの対話であり，共同作業なのです。この講義がひとまず終着点に到達することができたのも，読者の皆さんがここまでお付き合い下さったからこそです。

---

21)　この点につき，総論 226 頁以下を参照。

22)　また，通説的見解によりますと，直接行為者に故意があれば，これを介して犯罪実現に関与しようとする背後者は教唆犯・幇助犯（場合により共謀共同正犯）ですが，もし直接行為者が過失行為者にすぎないのであれば，これを利用する背後者は間接正犯になります（総論 225 頁，227 頁を参照）。そこで，ここでも，直接行為者の刑事責任の確定が，背後者の刑事責任の検討の前提となるのです。

23)　以上の点につき，島田聡一郎「〔問題 3〕子連れ同棲の哀しい結末」井田良ほか編著『事例研究刑事法Ⅰ刑法』（日本評論社，2010 年）47 頁以下を参照。

第 12 講　事例の解決の方法論を学ぶ

実務家と研究者の思考方法の差異
Column

　実務家と研究者（学者）の間には，問題意識と思考方法に差異があり，その
ことが実務と学説の間に見解の対立が生じる 1 つの理由となっています。実
務家，特に裁判官にとり，何よりも個別の事案の適正な解決が重要な関心事で
す。もちろん，この事案でこのような解決をしたとき，事実関係が少し異なる
が，しかし類似する事案の解決にどういう影響を及ぼすかということも考慮さ
れますが，事実関係が異なれば話は別である，とする考え方も強いのです。
　これに対し，学説は，およそ考えうる限りの関連する事例を想定した上で，
それぞれの事例の解決の整合性を検討し，またそれらが法の規定，承認された
法原則や基礎理論と矛盾しないかどうかを考え抜こうとします。実務家と研究
者では，事例解決を支える論理をどこまで一般化・抽象化して検討するかとい
う点において異なるといえましょう。

　法律学の講義も教科書も，受講者・読者を法律家に育てるための**手段**，それ
以外のものではありません。コンテクストをまったく無視して哲学者ウィトゲ
ンシュタインの比喩を借用すれば，それらは，「のぼりきった後には投げ棄て
てよいハシゴ」のような存在です[24]。入門講義であれば，ますますそうであ
りましょう。でも，私としては，この講義の至るところに，中級者・上級者に
も示唆を与えるはずの，一歩踏み込んだ説明を差しはさんでおいたつもりです。
大学で授業をしていると，ずいぶん前の卒業生が予告なしにひょっこり教室に
顔を見せることがあります。大学の教師にとりとてもうれしい瞬間です。この
教室を巣立った皆さんが，ときにはこの講義のことを思い出して，教室に立ち
寄って下さることを楽しみにしております。そのときまでにジョークの質も高
めておきますよ。

---

24)　ウィトゲンシュタイン（野矢茂樹訳）『論理哲学論考』（岩波書店，2003 年）149 頁。

249

事項索引

Introductory Lectures in Criminal Law : Specific Offences

＊　太字…入門刑法学・各論（本書）より　　細字…入門刑法学・総論（姉妹編）より

あ

悪徳の栄え事件	**193, 195**
欺く行為	**116, 240**
あてはめの錯誤	147, 205, **194**
あへん煙に関する罪	**164**
安全	**069**
安楽死	**018, 049**
積極的――	**049**

い

委員	**215**
イェーリング	006～
威嚇	043
遺棄罪	**142**
意識障害	201
意思決定機能	058
意思決定規範	172
意思決定の自由	**064, 066**
意思実現の自由	**066**
意思侵害説	**078～**
遺失物等横領罪	162, **122**
意思の自由	197
遺族	**206**
委託信任関係	**122**
委託物横領罪	**094, 122, 123**
一故意犯説	159
一罪	241
科刑上――	242, 246
吸収――	245, **060, 245**
狭義の包括――	243～
構成要件上――	240, 242
単純――	240, 242
包括――	240, 242, **060, 245**
本来的――	240～

一時の娯楽に供する物	**201**
一事不再理効	248～
一事不再理の効力	241
一部行為（ないし一部実行）の全部責任	229
一部露出説	011, **010～**
一厘事件	030
一項恐喝罪	**115**
一項詐欺罪	**115**
一身専属性	**085**
一般化可能性	**236, 245**
一般情状	253～
一般的違法性	176～, 206, **202**
一般法	**066, 124**
一般予防	018, 020, 025, 042～, 053, 091, 093, 124, 135, 144, 252～
田舎芝居事例	210
囲繞地	**077**
違法・有責類型説	103
違法行為	082～, 089～, 144, 196, 255
違法状態	175
違法性	082～, 102, 105, 137, 145, 169～, 196, 254～
一般的――	176～, 206, **202**
可罰的――	091, 155, 174～, 175, 206, **202**
形式的――	170, 173
刑法的――	174～, 206
実質的――	170, 173
違法性推定機能	084, 101
違法性阻却事由	084～, 101, 102, 105, 154～, 169～, 174～, 194, 209, 254, **067, 206**
――に関する事実の錯誤	155～

251

——の錯誤 ……………………………… 209
違法性の意識 …………………… 198, 202～
　　——の可能性 …………………… 202～, 211
　　——不要説 …………………………… 203
違法性の質 ……………………………… 176
違法性の阻却 …………………………… **242**
違法相対性論 …………………………… 178
違法二元論 ………………………… 091, 137
違法要素 ……… 117, 145, 155, 196, 198
違法類型 ………………… 084, 102, 105, 166
違法論 ……………………………… 093, 235
意味の認識 ……… 147, 149, 160～, 166, **194**
威力 ……………………………………… **216**
威力業務妨害罪 ……………………… **216～**
因果関係 ………………… 105, 120～, 146
　　——の錯誤 ……………………… 157, 160
　　——の証明 …………………………… 125
　　——の断絶 …………………………… 124
　　法的—— ………………… 122, 124～, 160
因果的違法論 …………………… 094, 172
因果的行為論 ……………………………… 179
淫行 ……………………… 050, 206, **052**
淫行勧誘罪 ……………………………… **193**
印章 ………………………………… **169, 177**
隠匿 ………………………… **097, 110, 113**
隠避 …………………………………… **221～**
陰謀 ……………………………………… 132
隠滅 …………………………………… **223**
飲料水に関する罪 ……………………… 164

う・え・お
ウィトゲンシュタイン ………………… **249**
疑わしきは被告人の利益に …………… 125
英米法系 ………………………………… 061
越境犯罪 ………………………………… 069
応報 ………………… 018～, 022～, 092
応報刑 ……………………… 083, 085, 194
応報刑論 ……… 022～, 025, 052, 087, 089,
　　　　　092～, 134, 195, 252, **133**
　　絶対的—— …………………………… 024

相対的—— ………………………… 024～, 252
往来危険罪 …………………………… **139, 162**
往来の危険 …………………………… **139, 143**
往来妨害罪 …………………………… **040**
往来を妨害する罪 …………………… **164**
横領罪 ………… **094, 096, 097, 103, 121～**
大阪南港事件 …………………………… 127
汚職の罪 ……………………………… **226～**
お礼参り ……………………………… **220**

か
概括的故意 …………………………… 148～
外患に関する罪 ……………………… **212**
解釈 ……… 010, 037, 059～, 099, **003, 235**
　　拡張—— ………………… 060, 063～, **235**
　　刑罰法規の—— ………… 059～, **003, 235**
　　刑法の—— …………………………… **235**
　　合憲限定—— ………………………… 050
　　縮小—— ……………………………… 060
　　反対—— ……………………………… 060
　　文理—— ………………………… 060, 062
　　目的論的—— ……………… 062～, **219, 235**
　　類推—— ………………… 047, 060, 063～
　　歴史的—— …………………………… 062
　　論理的・体系的—— ………………… 062
解釈の一般化可能性 …………………… 064
解釈論 …………………………………… 059
拐取罪 ………………………………… **069**
蓋然性説 …………………………… 151, 153
改善治療処分 …………………………… 195
概念の相対性 ………………………… **070**
解剖 …………………………………… **206**
解放減軽 ……………………………… **069**
加害目的 ……………………………… **124**
学者 …………………………………… **249**
学説 …………………………………… **249**
各則 ……………………………………… 075
拡張解釈 ………………… 060, 063～, **235**
拡張の共犯論 …………………………… 231
確定的故意 ………………………… 148, 153

252

学派の争い	025, 087～
科刑上一罪	242, 246
瑕疵ある意思	**095, 097, 115**
過失	107, 109, 116, 145, 200, 203
認識ある――	150～
認識なき――	150～
過失運転致死傷罪	**023, 036～, 039**
過失往来危険罪	**140**
過失行為	179
過失傷害罪	**022**
過失致死罪	040～, **006～, 022**
過失致死傷罪	**036～**
過失犯	116, 143, 149～
加重収賄罪	**228**
加重単一刑主義	247
過剰避難	175, 207
過剰防衛	175, 207
喝取	**120**
仮定的消去法の公式	123
可能的な自由	**068～**
可罰的な違法行為	082～, 090, 108, 144～, 170
可罰的な違法性	091, 155, 174～, 175, 206, **202**
可罰的刑法違反の認識	206
可罰的行為	027～
可罰的責任	177, 196
空ピストル事件	134
監禁	**066**
監禁罪	**046, 066～**
監禁致傷罪	**028**
監護権	**069**
監護者性交等罪	**073**
監護者わいせつ罪	**073**
慣習刑法の排除	044
間接正犯	213, 216, 223～, 227, 231, **028, 248**
間接正犯否認論	227, 231
間接暴行	**218**
間接領得罪	**097, 126**
姦通罪	**193**

姦通事例	**076, 081**
観念的競合	246～, **217**
官報	068
管理可能性説	**089, 091**

き

議員	**215**
毀棄	**097, 113**
毀棄罪	**088, 093～, 110**
危険運転致死傷罪	**023, 038～**
危険概念	**143～**
危険結果	120, 134, **144**
危険故意	**140, 142**
危険性	139, 223
危険犯	110, 127, **130～**
偽証罪	**225**
偽証の罪	**225～**
既遂	087, 119, 183, **153**
既遂犯	115, 120, 183
擬制	**099**
帰責可能な不法	255
キセル乗車	**118**
偽造	**173, 178～, 182, 223**
偽造罪	**168**
偽造私文書行使罪	**131**
偽装心中	**056～**
起訴猶予	177
期待可能性	**224～**
適法行為の――	199, 207, 211
機能的一体性	**154**
規範	004, 056～
――の名宛人	058, 090, 091
行為――	058～, 061, 090～, 124, 135, 149, 155, 160, 170, 173, 196, **132～**
裁判――	057～, 061, 149, 160
規範意識	040, 083, 086, 174, 193, 196～, 205, 207
規範的構成要件要素	108～, 147, **194**
規範的責任論	199, 200

253

器物損壊罪 …… 163, 240, 244, **044**, **092**, **109**〜, **113**, **148**, **161**, **204**, **246**	脅迫による傷害 ……………………… **031**
義務の衝突 …………………………… 186	共罰的事後行為 ………………… 113, **108**
記名 ………………………………… **177**	共犯 …………… 100, 115, 213〜, 226
欺罔行為 …………………………… **116**	——の従属性 …………………… **008**
客体の錯誤 ………………… 156, 159, 160	任意的—— ………………… 115, 216
客観主義 ……………… 087〜, 133, **133**	必要的—— ………………… 115, 213
客観説 ……………………………… 138	身分犯の—— …………………… **123**
客観的違法性論 ……………… 171〜, 199	共犯従属性説 ……………………… 226
新しい—— ……………………… 172〜	共犯独立性説 …………………… 226, 228
客観的危険説 …………… 135, 137, **244**	共犯の実行従属性 ………………… **248**
客観的処罰条件 ……… 079, 100, 143, **161**	共謀 ………………… 221, 230, 233
客観的未遂論 ………………………… 134	共謀共同正犯 … 218〜, 221, 233, **164**, **246**
旧刑法 ……………………………… 089	業務 ………………… **038**, **083**, **123**
吸収一罪 …………………… 245, **060**, **245**	業務上横領罪 ……………………… **123**
吸収関係 …………………………… 245	業務上過失致死傷罪 …………… **022**, **036**〜
旧派 ………………………………… 025	業務上堕胎罪 ……………………… **015**
急迫性 ……………………………… **242**	業務妨害罪 ………………………… **133**〜
凶悪犯 ………………………… **095**, **111**	供用 ……………………… **171**, **188**
恐喝罪 ……… **065**〜, **072**, **095**, **115**〜, **120**	供用罪 ……………………………… **185**
恐喝利得罪 ………………………… **115**	強要罪 ……………………………… **066**
凶器準備結集罪 …………………… **023**	虚偽鑑定等罪 ……………………… **225**
凶器準備集合罪 …………………… **023**	虚偽公文書作成等罪 ……………… **184**
教唆 ………………………… **008**, **221**	——の間接正犯 ………………… **184**
教唆者 ……………………………… **247**〜	虚偽診断書等作成罪 ……………… **185**
教唆犯 …… 214〜, 223, 227, 231, **224**〜, **248**	虚偽の陳述 …………………… **226**, **227**
行政刑法 …………………………… 143	虚偽文書の作成 …… **173**, **178**, **182**, **185**
強制執行 …………………………… 213	極端従属性説 ……………………… 228〜
強制性交等罪 ………………… **070**, **117**	挙証責任 …………………………… 125
強制性交等致死傷罪 ……………… **074**	——の転換 …………………… **037**
強制に基づく同意 ………………… **054**	挙動犯 …………… 091, 105, 110, 119, 121
強制わいせつ罪 …………… **046**, **070**〜, **075**	緊急行為 …………………… 178, 182, 185〜
強制わいせつ致死傷罪 …………… **074**	緊急避難 ……… 178, 182, 186〜, **051**, **246**
共同正犯 …………… 125, 214〜, 229〜, **037**	禁止 ………………… 056, 114, 171
共謀—— ……… 218〜, 221, 233, **164**, **248**	禁止の錯誤 ………………………… 202
片面的—— ……………………… 234	近代学派 …………………………… 025
脅迫 …… **034**〜, **064**〜, **072**, **111**, **120**, **218**〜	
狭義の—— ……………………… **064**	**く**
最狭義の—— …………………… **112**	偶然防衛 …………………… 183, **247**
脅迫罪 ………………………… **034**〜, **064**〜	具体的危険説 ………… 135, 137, **144**, **244**
	具体的危険犯 ………… 111, **139**〜, **144**, **161**

具体的事実の錯誤 …………………… 156〜
具体的符合説 ………………………… 158〜
具体的法定符合説 …………………… 158
クレジットカード …………………… **135**
クロロホルム事件 …………………… 142

け

刑
　——の加重 …………………………… 248〜
　——の加重事由 …………………… 247, 249
　——の軽重 …………………………… 068
　——の減軽 ……………………… 089, 248
　——の減軽事由 …………………… 249
　——の減軽の方法 ………………… 250
　——の任意的減軽事由 …………… 089
　——の廃止 …………………………… 069
　——の必要的減軽事由 ……… 089, 215
　——の必要的減免事由 …………… 251
　——の変更 …………………………… 068
　——の免除 …………………… 249, 251, **224**
　——の量定 …………………………… 238
経過規定 ………………………………… 069
傾向犯 …………………………………… 117
経済的用法 …………………………… **105**
形式主義 ……………… **172〜, 179, 187**
形式的意義の法律 …………………… 042
形式的違法性 …………………… 170, 173
形式的客観説 …………………… 135, 138〜
形式的個別財産説 …………………… **121**
形式的真正 ……… **172〜, 176, 178〜, 185**
刑事国際法 …………………………… 070
刑事司法機関 …………………… 037, 057〜
刑事司法作用 ………………………… **220**
刑事制裁 ………………………………… 022
刑事責任 ………………………………… 050
刑事訴訟法 …………………… 071〜, **005, 067**
刑事未成年 …………………………… 200〜
刑事立法 ………………………………… 037
継続犯 …………………………………… 112
刑罰 ……………………… 018〜, 022〜, **004**

刑罰拡張事由 …………………… 115〜, 215
刑罰権 ……… 037, 072, 078〜, 097, 099, 237
刑罰法規 …… 005, 056〜, 061, 075, 091, 099〜,
　　　　　　　109, 149, 160, 162, 241
　——の時間的適用範囲 …………… 066
　——の適用 ………………… 066, **234〜**
　——の内容の適正の原則 ………… 049〜
　——の場所的適用範囲 …………… 069
　——の明確性 ……………………… **193**
　——の明確性の原則 ……… 045, 048〜, 206
　白地—— ……………………………… 046
刑罰法規不遡及の原則 ………… 047, 066
刑罰論 …………………………… 093, 237
軽犯罪法 ………………………………… 216
軽微犯罪 …………………… 177, **203**
刑法 ……………………… 055, 059, 078
　——の解釈 ………………… 059〜, **235**
　——の基本原則 …………………… 037
　——の謙抑性 ……………… 029, 038, **065**
　——の断片性 ………………………… 032
　——の適用 ……………………… **235〜**
　——の補充性 ………………… 030〜, 032
　形式的意義における—— ………… 056
　実質的意義における—— ………… 056
刑法解釈の 4 原則 …………………… **236**
刑法学 ……………………… 016, 075〜, 078
刑法各論 ………………… 076, **001, 238**
刑法総論 …………………… 076, **237**
刑法的違法性 ………………… 174〜, 206
刑法典 ……… 055, 075, 088, 089, 106, **001**
刑法犯 ………………………………… **087**
結果 ……………………………………… 120
結果的加重犯 …… 053, 116, 143, **006〜, 022〜,**
　　　　　　 024〜, 031, 034〜, 040〜,
　　　　　　 068, 074, 117
　二重の—— ………………………… **036**
結果犯 … 090, 105, 110, 119, 135, **139, 144, 158**
結果不法 ………………………………… 092
結果無価値 …… 090, 092〜, 106, 137, **011, 132**
結果無価値論 …… 088〜, 094, 117, 129, 134〜,

255

137, 145, 172, 175, 179, 180,
183〜, 189, 199, **226**
結合犯 ································· **095, 111, 207**
原因において自由な行為 ············· 203
厳格故意説 ···································· 205
厳格な構成要件的符合説 ············· 161〜
研究者 ·· **249**
健康 ·· **021**
現在建造物 ····································· **155**
検視 ·· **207〜**
限時法 ··· 069
現住建造物 ·················· **137, 153〜, 155〜**
現住建造物等放火罪 ····· 240, **059, 136〜**, 148,
150, 155〜, 160
現住建造物放火罪 ············· 111, 227, 231
現住性 ··· **155**
建造物 ································· **077, 150〜**
──の一体性 ···························· **153〜**
建造物侵入罪 ······························· **074〜**
建造物損壊罪 ···················· **051, 137**, 148
建造物等以外放火罪 ····················· **161〜**
建造物等損壊罪 ······························ **111**
限定責任能力 ································ 200
限定説 ··· **162**
憲法 ·· 044
謙抑主義 ···························· 029, 038, **065**
権利, 義務に関する文書・図画 ········· **172**
権利者排除意思 ···························· **103〜**
権利窃盗 ······································· **091**
牽連犯 ··························· 247〜, **078, 180, 205**

こ
故意 ················ 075, 107, 109, 116, 143〜, 145,
149〜, 152〜, 198, 199, 200,
203, 205, **140, 163, 194, 222**
概括的── ································· 148〜
確定的── ····························· 148, 153
択一的── ································· 148〜
不確定的── ·························· 148, 150
未必の── ····························· 148〜, 156

故意規制機能 ························· 101, 144
故意行為 ·· 179
故意説 ·································· 205, 209
故意犯 ··· 116
故意犯処罰の原則 ························· 143
行為 ············ 038〜, 077, 094, 104, 189, 196
──の客体 ································· 107
──の主体 ································· 106
──の状況 ································· 107
──の属性 ······························· **202**
行為規範 ······ 058〜, 061, 090〜, 124, 135, 149,
155, 160, 170, 173, 196, **132〜**
行為共同説 ···································· 232
行為刑法 ···························· 038〜, **133**
行為支配 ·· 217
行為支配説 ·································· 222〜
行為時法 ·· 068
行為者 ··· 106
行為者主義 ····································· 025
行為者の計画 ································ 142
行為者の属性 ································ **202**
行為者標準説 ································ 208
行為主義 ·· 025
行為責任論 ···································· 195
行為能力 ·· 196
行為不法 ·· 092
行為無価値 ··· 090〜, 093〜, 106, 137, **011, 132**
行為無価値一元論 ························· 092
行為無価値論 ············ 088〜, 117, 129, 134〜,
137, 173〜, 179, 180,
183〜, 189, 235, **226**
行為論 ··· 179
公営ギャンブル ······························ **191**
公益 ·· **004**
強姦 ·· **071**
強姦罪 ··· 140
公共危険罪 ······························ **145, 147**
公共危険犯 ······················ **145, 147, 164**
公共の危険 ············ 111, **149, 158, 160, 161〜**
公共の信用 ·································· **131〜**

拘禁中逃走した者	**221**
合憲限定解釈	050
行使	**180～**
——の目的	108, 116, 225, **184**
行使罪	**185**
公正証書原本等不実記載罪	**184**
公正証書の原本	**184**
構成要件	083～, 097～, 119～, 158, 166, 216, 235, 241, 243
——の実質的な重なり合い	164～
——の保障的機能	100
基本的——	115
修正された——	100, 115～, 120, 132, 141, 215
構成要件該当行為	222, **238**
構成要件該当事実	100
構成要件該当性	170
構成要件上一罪	240, 242
構成要件的錯誤	155～
構成要件標準説	239
構成要件要素	103～, 114, 122, 145, 146, 225, 235
書かれざる——	100, **104**, **214**
記述されない——	100, **104**, **214**
記述的——	108～
規範的——	108～, 147, **194**
客観的——	107
主観的——	107, 116
公然（と）	**070**, **195**, **204**
公然陳列	**196**, **197**
公然わいせつ罪	**059**, **192**, **194～**, **199**
交通業過	**039**
公電磁的記録	**184**, **188**
強盗・強制性交等罪	**117**
強盗・強制性交等致死罪	**117**
強盗罪	122, **072**, **095**, **111～**
強盗殺人	**117**
強盗殺人罪	**029**
行動準則	004, 056～, 090, 124, 135, 170, **132～**

強盗傷人	**117**
強盗致死罪	**117**
強盗致死傷罪	**117**
強盗致傷罪	**031**, **032**, **117**
強盗的恐喝	**093**
強盗の機会	**117**
行動の自由	**066～**
強盗利得罪	**114**
公図画	**184**
公布	068
交付	**118～**
交付行為	**240**
交付罪	**095**
公文書	**131**, **170**, **173**, **183**, **184**, **215**
公文書偽造罪	161, **184**
合法則的条件公式	123
公務	**214**
公務員	**215**, **226**
公務執行妨害罪	**136**, **213～**
公務所の記号（公記号）	**169**
公務所の署名（公署名）	**169**
公務の執行を妨害する罪	**213**
効用侵害説	**113**
公用文書毀棄罪	**181**
公用文書等毀棄罪	**111**
国外犯	070
国際刑事裁判所	070, **211**
国際刑法	069
告訴	079
個人的法益	028, 188, **004**, **009**, **017**, **044**, **059**, **061**, **075**, **085**, **127**, **148**, **151**, **204**
誤想避難	209
誤想防衛	209
国家	**211**
——の作用	**211～**
——の存立	**211～**
国家的法益	029, 188, **004**, **009**, **129**, **211**
国家標準説	208
国交に関する罪	**212**

古典学派 ……………………………… 025
コピーの偽造 …………………………… **183**
個別行為責任 …………………………… 255
個別行為責任論 ………………………… 195
個別財産に対する罪 ………………… **097**, **121**
混合的方法 ……………………………… 200
昏酔強盗罪 ………………………… **030**, **117**
コンピュータウイルス ………… **135**, **172**
コンピュータ犯罪 ……………………… **118**

さ

罪刑均衡 ………………………………… 026
罪刑専断主義 …………………………… 042
罪刑法定主義 …………… 041～, 052, 063, 083,
　　　　　　　　　　　　093, 100, 109, 114,
　　　　　　　　　　　　139, 144, 206, 231,
　　　　　　　　　　　　254, **101**, **193**, **236**
罪刑法定主義的機能 …………………… 100
財産 ………………………………… **044**, **085**～
財産刑 …………………………………… **004**
財産上の利益 …… **030**, **087**, **088**～, **114**～, **201**
財産的処分行為 ………………… **118**～, **120**
財産的損害 ………………………… **121**, **125**
財産犯 …………………………………… **085**～
　──の保護法益 …………………… **095**
罪質符合説 ……………………………… 168
罪数 ……………………………… 239, **062**, **180**
裁判員裁判 ……………………………… 253
裁判規範 ………………… 057～, 061, 149, 160
裁判時法 ………………………………… 068
裁判上の減軽事由 ……………………… 249
再犯の危険性 …………………………… 254
財物 ……………… **087**, **088**～, **114**, **201**, **238**
　他人の── ……………………… **096**, **101**
財物罪 …………………………………… **097**
債務不履行 ……………………………… **092**
罪名従属性 ………………… **229**, **231**, **235**
詐欺罪 ……………… **095**, **115**～, **121**, **201**, **240**
詐欺利得罪 ……………………………… **115**
作為 ……………………………… 104, 113

作為犯 …………………………………… 113
錯誤 ………………………… 143～, 152～, **060**
　あてはめの── ……… 147, 205, **194**
　違法性阻却事由の── ……………… 209
　違法性の── …… 147, 154～, 202～, 209
　因果関係の── ……………… 157, 160
　客体の── ………………… 156, 159, 160
　具体的事実の── …………………… 156～
　構成要件的── ……………………… 155～
　異なった構成要件にまたがる── … 156
　事実の── ……… 154～, 202, 209
　打撃の── …………………………… 156
　抽象的事実の── …………… 156, 160～
　同一構成要件内の── ……………… 156～
　動機の── …………………………… **056**～
　法益関係的── ……………………… **056**～
　包摂の── …………………………… 147
　方法の── …………………… 156, 159, 160
　法律の── ……… 147, 154～, 202
錯誤に基づく同意 ……………………… **055**
錯誤論 …………………………………… 152
作成者 …………………………… **175**, **179**, **186**
作成名義人 …… **168**, **170**～, **175**～, **183**, **186**
作成名義の冒用 …………………… **175**, **178**
酒酔い運転の罪 ………………………… **038**
殺人罪 …………… 009, 019, 057～, 119, 141, 240,
　　　　　　　　　006, **030**, **054**～, **244**～
殺人予備 ………………………………… 136
殺人予備罪 ……………………………… **007**
猿払事件 ………………………………… 046
三角詐欺 ………………………………… **240**
三徴候説 ………………………………… **015**

し

自救行為 ………………………… 186～, **101**
施行 ……………………………………… 068
自己決定 ………………………………… **043**～
自己決定権 …… 182, 188～, **011**, **017**, **049**, **207**
事後強盗 ………………………………… **032**
事後強盗罪 ……………………………… **117**

258

事後従犯 ……………………… **127**
自己所有非現住建造物等放火罪 … **157, 161〜**
自己の犯罪 …………………… 233
自己予備行為 ………………… 133
自殺 ……………… 190, 220, **007, 011, 044**
自殺関与罪 ……… 190, **007〜, 011, 044, 047**
自殺教唆 ……………………… **008**
自殺教唆罪 …………………… **222**
自殺幇助 ……………………… **008**
事実共同説 …………………… 232
事実証明に関する文書 ………… **181**
事実証明に関する文書・図画 …… **174**
事実認定 ………………… 072, **234**
事実の錯誤 …………… 154〜, 202, 209
自手犯 ………………………… **225**
自然人 ………………………… 106
自損行為 ……………………… **043〜**
死体遺棄 ……………………… **205**
死体損壊 ……………………… **205**
死体損壊罪 …………………… 184
死体損壊等罪 ………………… **205**
失火罪 ………………………… **161**
実現意思説 …………………… 153
実行行為 ………… 104, 216, 218, 222, 231
実行行為者 …………………… 247〜
実行行為性 …………………… 203
実行従属性 ……………… 226, 231
実行の着手 ……… 132, 135, 136〜, **008,**
073, 112, 116, 158
実行未遂 ……………………… 133
実質主義 ……………………… **172〜**
実質的違法性 …………… 170, 173
実質的客観説 …………… 135, 138〜
実体的デュー・プロセスの理論 … 049〜
実体法 ………………… 044〜, 072, **203**
実務家 ………………………… **249**
私電磁的記録 ………………… **188**
児童買春罪 …………………… **073**
児童買春・児童ポルノ処罰法 … **052, 208**
自動車運転過失致死傷罪 ……… 008, 011, 254

自動車の運転により人を死傷させる行為
　等の処罰に関する法律 ………… **041**
児童福祉法 …………………… **052, 073**
児童ポルノ …………………… **208**
　——の所持・保管 …………… **208**
支配型の共謀共同正犯 ………… 233
支払用カード ………………… **171**
私文書 ………… **131, 170, 173, 183**
私文書偽造罪 ……… 108, 147, 161, **131,**
176, 181〜, 185
死亡 …………………………… **015**
司法国家 ……………………… 049
司法作用に対する罪 …………… **219〜**
社会規範 ……………… 004〜, 022, 029
社会的活動の主体 …………… **063, 083**
社会的行為論 ………………… 179
社会の責任論 ………………… 195
社会的相当性説 ……………… 181
社会的存在 …………………… **063, 083**
社会的法益 ……… 029, 188, **004, 009, 059,**
074, 127, 129, 149,
151, 168, 200, 204
社会倫理説 …………………… 181
酌量減軽 ……………… 249, **032, 160**
自由 …………………………… **044, 061〜**
自由意思 ……………………… 197
重過失致死傷罪 ……………… **022, 036〜**
住居 …………………………… **077**
住居権 ………………………… **081**
住居権説 ……………………… **076, 077〜**
住居侵入罪 ……… **044, 054, 057, 074〜, 156**
自由刑 ………………………… **004**
集合犯 ………………… 115, 213
重婚罪 ………………………… **193**
自由主義 ……………………… 042
従属性 ………………………… 226
自由に対する罪 ……………… **062〜**
従犯 …………………………… 214
終了未遂 ……………………… 133
収賄罪 ………………………… **226〜**

259

主観主義 ················ 087〜, 133, 138, 228
主観説 ································· 136
主観的違法性論 ························ 171
主観的違法要素 ·················· 136, **103**
主観的正当化要素 ·············· 183, **246**
主観的未遂論 ·························· 133
縮小解釈 ····························· 060
主刑 ······························· 238
受託収賄罪 ························ **228〜**
出産開始説 ·························· **012**
出水の罪 ······················ **147, 164**
出生 ·························· 011, **009**
守秘義務 ····························· 064
準強制性交等罪 ······················ **073**
準強制わいせつ罪 ···················· **073**
準強盗罪 ··························· **117**
純粋性 ···························· **227**
純粋性説 ························· **228〜**
傷害 ·························· **024〜, 113**
　　軽微な—— ······················ **031**
傷害現場助勢罪 ······················ **023**
傷害罪 ······ 090, 119〜, 216, 222, **021〜, 024〜,**
　　　　 033〜, 047〜, 053, 214, 242
傷害致死罪 ·············· 053, **006〜, 022, 035〜**
障害未遂 ····························· 251
焼燬 ······························ **159**
情況証拠 ····························· 152
消極的構成要件要素の理論 ················ 105
条件関係 ···················· 122, 125, 126
条件説 ····························· 126
証拠 ······················ 039, **167, 223**
証拠隠滅等罪 ················ 104, 207, **220〜**
証拠裁判主義 ························· 072
証拠方法 ··························· **223**
常習者 ···························· **202**
常習賭博罪 ························· **202**
詔書偽造罪 ························· **182**
使用窃盗 ··························· **104**
焼損 ······················ **150, 158, 159〜**
状態犯 ····························· 112

承諾殺人 ··························· **008**
証人等威迫罪 ······················· **220**
証人等買収罪 ······················· **225**
少年法 ······························ 048
私用文書等毀棄罪 ····················· 111
証明手段 ························· **167〜**
省略文書 ··························· **169**
条例 ······························· 046
職員 ···························· **215**
嘱託殺人 ··························· **008**
植物状態 ··························· **016**
職務 ···························· **214**
　　——の公正 ····················· **227〜**
　　——の純粋性 ···················· **227**
　　——の不可買収性 ················· **227〜**
職務関連性（職務に関し）··············· **229**
職務強要罪 ························· **214**
職務権限 ························· **230〜**
　　一般的（抽象的）—— ············· **230〜**
職務行為 ··························· **229**
職務執行の適法性 ···················· **214**
職務密接関連行為 ···················· **230**
職務を執行するに当たり ··············· **216〜**
所在国外移送目的略取誘拐罪 ············· **070**
所持 ···························· **088**
所持説 ··························· **099〜**
処断刑 ···················· 238, 246〜, 248
処罰条件 ····························· 112
処罰阻却事由 ················ 079, 112, 143
処罰の早期化 ················ **133, 135, 165**
処罰の対象 ················· 086, 098, **238**
処分意思必要説 ······················ 119
処分行為 ······················ **118〜, 240**
署名 ························· **169, 177**
所有権 ······ **096〜, 107, 122, 123, 151, 238**
白地刑罰法規 ························· 046
自力救済 ··························· **101**
事例 ···························· **234**
侵害結果 ························ 120, 134
侵害故意 ··························· **142**

侵害の予期	**242**	正義	015
侵害犯	**127, 130, 144**	正義の女神	015, 034
人格形成責任論	255	制御能力	200, 211
人格の同一性のそご	**175, 178, 182, 186**	制限故意説	205
人工呼吸器	**207**	制限従属性説	228
親告罪	079, **070**, 110	性交等	**071**
信書開封罪	**079**	制裁	021～, 029
心神耗弱	200～	政策説	251
心神喪失	200～, **242**	青少年保護育成条例	**053, 073**
人身売買罪	**069**	精神障害	**026**～
真正不作為犯	114	精神の変性	201
真正身分犯	**123, 184, 225**	精神病	201
親族による犯罪に関する特例	**224**	請託	**228**～
身体	**021**～, **045**	性的意図	**075**
陣痛開始説	**012**	性的自己決定	**192**
心的外傷後ストレス障害	**027**	性的自己決定権	**070**, 191
人的不法	092	性的自由	**070, 075, 190, 192**
侵入	**077**～	正当化事由	084, 102, 194
新派	025	正当業務行為	182, 184
審判作用	**225**	正当行為	178～, 181～
信用	**083**	正当防衛	084, 176～, 178, 182,
信用毀損罪	**133**～		186～, 209, **215, 242**
信頼保護説	**229, 231**	正犯	115, 213～
心理学的方法	201	——の概念	203, 220～
心理学的要素	200	間接——	**028, 248**
心理強制説	021～, **043**	直接——	216
心理的（無形的）幇助	214, **008**	正犯行為	222
心理的責任論	198～	性犯罪	**070**
		正犯性	203
す		性表現の規制	**208**
推定的同意	**051**～, **055**	生物学的方法	201
数故意犯説	159	生物学的要素	200
数人一罪	232	成文法	044
数人数罪	232	成文法主義	061
ストリップショー	**191, 199**	生命	**006**～, **044**
		生命刑	**004**
せ		生命保続可能性	**013**
生育可能性	**013**	生理的機能障害説	**024**
性格責任論	195, 255	政令	045
性格の危険性	195	世界主義	070

責任 ················ 023, 040, 051〜, 083, 086, 145,
　　　　　　 174, 193〜, 252, 254〜, **242**
　——の種類 ··························· 198
　——の前提 ······················ 198, 200
　可罰的—— ······················· 177, 196
責任主義 ·············· 026, 051〜, 143, 155,
　　　　　　 194, 202, 252, 254
責任説 ·············· 198, 203, 204, 206, 209
責任阻却事由 ······················· 194, 254
責任能力 ·············· 040, 200〜, 204, 211
　——の存在時期 ······················· 203
責任無能力 ······························· 200
責任要素 ········ 117, 145, 198〜, 203, 211
説教等妨害罪 ························ **204〜**
積極的加害意思 ························· **242**
窃取 ································ **107**
接続犯 ································· 243
絶対的応報刑論 ························· 024
絶対的軽微性 ························ 175〜
絶対的不確定刑の禁止 ··················· 047
絶対不確定法定刑の禁止 ················· 047
窃盗罪 ············ 112〜, 162〜, 244, **003, 087,**
　　　　　 092, 095, 096〜, 107〜,
　　　　　 109〜, 236, 240
宣告刑 ······················ 048, 238, 248
全体財産に対する罪 ·········· **097, 121, 125**
全部露出説 ·························· **010〜**
占有 ············ **088, 094, 096〜, 107, 109,**
　　　　　 118, 123, 125, 238〜
占有侵害 ····························· **094**
占有説 ····························· **099〜**
占有補助者 ··························· **240**
占有離脱物 ··························· **239**
占有離脱物横領罪 ·············· 162, **122**

そ

臓器移植法 ····················· 184, **019, 206〜**
総則 ································· 075
相対的応報刑論 ···················· 024〜, 252
相対的軽微性 ························ 175〜

相対的非決定論 ························· 197
相対的不確定刑 ························· 047
相対的不定期刑 ························· 048
相対的わいせつ文書 ···················· **195**
相当因果関係 ···················· 122, 126〜
相当因果関係説 ························· 131
相当性 ······························· 127
蔵匿 ································· **221**
臓物罪 ······························· **126**
騒乱の罪 ····························· **164**
贈賄罪 ······························· **226〜**
遡及処罰の禁止 ···················· 047, 066
即時犯 ······························· 112
属人主義 ····························· 070
即成犯 ······························· 112
属地主義 ····························· **198**
組織的犯罪処罰法（組織的な犯罪の処罰
　　及び犯罪収益の規制等に関する法律）
　　　　　　　　　 062, 135, 220
組織犯罪 ····························· **221**
訴訟法 ······························· 072
ソフィスト ··························· 018
損壊 ································· **113**
尊厳死 ······························· **049**

た

タートベシュタント ···················· 099
体系 ······························ 080〜
対向犯 ······························· 213
第五柏島丸事件 ························· 208
胎児 ······························ **012〜**
大脳 ································· **016**
代表名義 ····························· **176**
対物防衛 ····························· 175
逮捕 ································· **066**
逮捕・勾留 ··························· **067**
逮捕監禁致死傷罪 ······················ **068**
逮捕罪 ······························ **066〜**
大陸法系 ····························· 061
代理名義 ····························· **176**

宝くじ	**203**
瀧川幸辰	**124**
択一関係	245
択一的競合	125
択一的故意	148〜
多衆犯	115, 213
堕胎	**012**
堕胎罪	**010, 013**
奪取罪	**094〜, 097, 103, 107, 115, 122**
他人所有建造物等以外放火罪	**161, 163**
他人予備行為	133
短期	027
単純遺棄罪	**142**
単純一罪	240, 242
単純横領罪	**122〜, 123**
単純行為犯	091, 110
単純収賄罪	**228〜**
単純数罪	246
単純賭博罪	**202**
団藤重光	004, 035, 197
単独正犯	115, 213, 216
単独犯	213

ち

痴漢行為	**071**
着手未遂	133
チャタレイ事件	147, **193, 195**
中止犯	251
中止未遂	**160**
抽象的危険犯	110, 173, **130〜, 139〜,** **142, 149, 158, 214, 220**
抽象的事実の錯誤	156, 160〜
抽象的符合説	163〜
抽象的法定符合説	158
長期	027, 068
超法規的違法性阻却事由	185
狭義の――	185〜
直接正犯	216
直接領得罪	**097**
治療行為	**055**

治療行為傷害説	**025**
治療行為非傷害説	**025**
賃借権	**099**
陳列	**196**

つ・て

追求権説	**126**
追及効	069
通貨及証券模造取締法	204
罪を犯した者	**221〜**
邸宅	**077**
手書きの写し	**183**
適正手続	045
手続法	045, **203**
デュー・プロセス	045
テロ等準備罪	**135**
電気	**089, 091**
電気窃盗事件	067, 091
電気通信事業法	**079**
電子計算機使用詐欺	**092**
電子計算機使用詐欺罪	**118**
電磁的記録	**171, 185, 188, 196, 199**
電磁的記録毀棄罪	**188**
電磁的記録に係る記録媒体	**196〜**
電磁的公正証書原本	**185**
点の理論	255
添付ファイル	**196, 199**

と

ドイツ刑法	**047, 093**
同意殺人罪	190, **007〜, 044, 047, 053, 244〜**
同意傷害	190, **045, 048〜**
同意傷害不可罰説	**053**
同一構成要件内の錯誤	156〜
同意能力	188, **052〜, 073**
同意の存否に関する錯誤	**060**
同意の認識	183
動機説	153
道義的責任論	195
同時傷害の特例	**037**

263

同時犯	230, **037**
盗取罪	**095, 111**
道徳	005, 031, 090, 206, **050**
道徳的秩序	**070**
当罰的行為	027～
盗犯等ノ防止及処分ニ関スル法律	207
盗品等に関する罪	**097, 126**～
盗品有償譲受け罪	**126**
動物傷害罪	**113**
道路交通法（道交法）	**038**～
図画	**171**
徳島市公安条例事件	050
特殊開錠用具の所持の禁止等に関する法律	**135**
特定委任	045
特別関係	245, 021, **021**
特別刑法	055, 075, 106, 143, 216, **002, 021, 062, 065, 135, 147**
特別背任罪	**124**
特別法	**066, 124**
特別予防	018, 020, 025, 048, 195, 252～, 254
独立教唆罪	226
独立燃焼説	**160**～
賭博	**200**
賭博・富くじに関する罪	**191**
賭博罪	**200**～
賭博場開張図利罪	**202**
富くじ	**192, 202**
富くじ罪	**200**～
富くじ授受罪	**203**
富くじ取次ぎ罪	**203**
富くじ発売罪	**203**
トラフィッキング	**069**
図利目的	**124**

な・に・の

内乱に関する罪	**212**
成り済まし	**179, 186**
二項恐喝罪	**115**
二項強盗罪	**029, 093, 114**

二項詐欺罪	**115, 118**～
二項犯罪	**090, 115**
日本国内	070
任意的共犯	115, 216
任意的減軽事由	249
認識ある過失	150～
認識説	150
認識なき過失	150～
認識必要説	**163**～
認識不要説	**163**～
認証文言	**183**
認知件数	**087**
認容説	150～, 153
脳幹	**016**
脳死	**019, 207**
脳死説	**016, 019, 207**
脳死選択説	**019**

は

背任	**121**
背任罪	**097, 124**～
博徒結合図利罪	**202**
爆発物取締罰則	**165**
場所的移動の自由	**066**～
パターナリズム	**050**
罰金	**126**
罰条	241, 243
幅の理論	255
犯罪	026～, 077
——の競合	239, **180**
——の個数	239
——の成立	079, **005, 203**
——の本質	085～, 133, 137
犯罪共同説	232
犯罪個別化機能	109
犯罪収益等隠匿・収受罪	**220**
犯罪地	**198**
犯罪徴表説	087
犯罪人引渡し	071～
犯罪白書	**087**

犯罪論 ······················· 076〜, 237
　——の体系 ····················· 081, **241**
犯情 ····································· 253〜
反対解釈 ······························ 060
犯人隠避罪 ····························· **222**
犯人蔵匿等罪 ················ 207, **220〜**
犯人庇護 ······························· **220**
犯人庇護罪 ····························· **127**
頒布 ································ **196, 199**
判例 ········· 047, 065〜, 128, 203, 219, 233
判例法 ································· 219
判例法主義 ···························· 061

ひ

PTSD ································ **027〜**
被害者の承諾 ····················· 188, **046**
被害者の同意 ···· 184, 188〜, **025, 043〜,**
　　　　　　　　　　　　　　073, 151, 244
被害者のない犯罪 ······················ **191**
比較法 ································· **237**
非現住建物 ··························· **153〜**
非現住建造物等放火罪 **060, 137, 150, 156〜**
非現住建造物放火罪 ·············· 227, 231
非限定説 ······························ **162**
微罪処分 ······························ 177
非親告罪 ··························· **070, 110**
ひったくり ···························· **113**
必要的共犯 ························ 115, 213
必要的減軽事由 ······················· 249
必要的併科 ····························· **126**
人 ······························ 011, **009**
　——の始期 ··························· **009**
　——の終期 ··························· **015**
人質強要罪 ····························· **065**
人質による強要行為等の処罰に関する法律
　···································· 033, **065**
人の看守する ························· **077**
非難 ····························· 022〜, 193
避難の意思 ····················· 183, **246**
非犯罪化 ······························ **191**

秘密漏示罪 ····························· **079**
百円札模造事件 ······················· 204
びょう打ち銃事件 ····················· 157
評価規範 ························· 058, 172
評価的機能 ···························· 058
表現の自由 ····························· **195**
表現犯 ································· 116
平野龍一 ············· 030, 031, 035, 042, 197

ふ

ファックス書面 ······················· **183**
ファックス送信 ·················· **196, 199**
風俗 ······························ **070, 189**
風俗犯 ································ **189〜**
フォイエルバッハ ··············· 021, 042〜
不確定的故意 ····················· 148, 150
付加刑 ································· 238
不可罰的事後行為 ····· 113, 244, **015, 108**
福岡県青少年保護育成条例事件 ··········· 050
不作為 ············· 041, 104, 113, 158, **206〜**
不作為による放火 ····················· **159**
不作為犯 ···················· 041, 113〜, **074**
不真正不作為犯 ·············· 114, **206〜**
不真正身分犯 ····················· 106, **123**
不正アクセス禁止法 ····················· **079**
不正競争防止法 ······················· **092**
不正作出 ························· **171, 188**
不退去罪 ························· **074, 080**
物の違法論 ···························· 172
物的不法 ······························ 092
物理的（有形的）幇助 ············ 214, **008**
物理的一体性 ·························· **153**
物理力 ································· **026**
不定期刑 ······························ 048
不動産 ································· **090**
不燃性・難燃性建造物 ·········· **155, 160**
不能犯 ······················· 104, 135, 137
部分的犯罪共同説 ···················· 234〜
不文法 ································· 044
不法領得の意思 ············· **098, 103〜, 108**

265

プライバシー	**079**
不倫事例	**076, 081**
プロタゴラス	017〜, 022
文書	**131, 167〜, 168〜**
文書偽造罪	**059, 131, 167〜**
分担型の共謀共同正犯	233
墳墓発掘罪	**205**
墳墓発掘死体損壊等罪	**207**
文理解釈	060, 062

へ

平安神宮	**154**
平穏侵害説	**078〜**
平穏説	**076, 078〜**
併科主義	247
平均人標準説	208
併合罪	246, **205**
米兵ひき逃げ事件	128
ベーリング	099
ベッカリーア	049
遍在説	071, **198**
弁識能力	200, 204, 211
変死者密葬罪	**207**
騙取	**116**
変造	**173, 178〜, 182, 223**
片面的共同正犯	234
片面的従犯	235
片面的対向犯	213

ほ

保安処分	195
法	004〜, 044
——の理念	015
防衛の意思	183
法益	027〜, 063, 082〜, 107,
	112, 166〜, 170, **002〜**
法益概念	031
法益関係的錯誤	**056〜**
——の理論	**079**
法益危険行為	102, **238**

法益均衡	187
法益衡量説	181
法益侵害行為	**238**
法益保護の原則	031〜, 038
法解釈学	010, 076
放火行為	**158**
放火罪	**059, 147〜**
包括一罪	240, 242, **060, 245**
狭義の——	243〜
法系	061
法圏	061
法源	044, 066
暴行	025〜, 032〜, 072〜, 111, 120, 218〜
狭義の——	**026, 033**
広義の——	**218**
最狭義の——	**112**
暴行罪	119, 121, **022, 026〜,**
	032〜, 203, 214, 242
幇助	**008**
心理的（無形的）——	214
物理的（有形的）——	214
法条競合	242, 245, **021, 066, 124, 148, 217**
幇助者	247〜
幇助犯	214〜, 231, **248**
法人	106, **063**
包摂の錯誤	147
法定刑	047, 214, 238, 248, **068**
法定的符合説	157〜, 164〜
法定手続の保障	045
法的因果関係	122, 124〜, 160
法的支配	**125**
法的制裁	022, 029
法的責任論	196
法的非難	196
法の解釈	010, 060〜
方法の錯誤	156, 159, 160
法律	042
法律学	009〜
法律効果	005, 056, 099
法律主義	044

法律上の減軽事由	249
法律説	251
法律なければ刑罰なし	041〜
法律の委任	045
法律の錯誤	147, 154〜, 202
法律要件	005, 056, 099
法令行為	182, 184, **204**, **206**
法令審査権	049
保護監督権	**069**
保護主義	070
保護責任者遺棄罪	**142**
保護責任者遺棄致死罪	**015**
保護の客体	107, **002**
補充関係	245
補充性	187
保証者説	114
保証者的地位	114
母体保護法	**014**
没収	238
本権	**099**
本権説	**099**〜
本犯者	**126**
本来的一罪	240〜

ま・み

マネーロンダリング罪	**220**
身代わり	**221**
未遂	183, **007**, **008**, **073**, **110**, **111**, **125**, **149**, **153**, **158**, **180**, **185**
実行——	133
終了——	133
障害——	251
着手——	133
中止——	**160**
未遂犯	087, 089, 100, 115, 117, 120〜, 130〜, 183, 226, **244**, **143**〜
未成年者略取誘拐罪	**070**
みなし規定	**099**, **101**
みなし公務員	**215**, **226**〜
身の代金目的略取誘拐罪	**069**

未必の故意	148〜, 156
身分のない故意ある道具	226
身分犯	106, 225
加減的——	106
構成的——	106
民営化	**231**
民事責任	050
民主主義	042, 046, 048, 064

む・め・も

無形偽造	**178**, **182**, **185**, **186**, **188**
無形的幇助	214, **008**
無印	**185**
無印公文書偽造罪	**184**
無印文書	**169**, **177**
無体物	**196**, **199**
名義人の承諾	**186**〜
名義人の同意	**059**
名誉	**079**, **083**
名誉毀損罪	**079**, **133**
命令	056, 114, 171
命令説	171
迷惑行為防止条例	**071**
目的刑論	025, 087, 195, 252
目的説	180
目的的行為論	179
目的のない故意ある道具	226
目的犯	108, 116, 133, 136, 225, **173**, **184**, **214**
目的論的解釈	062〜, **219**, **235**
黙秘権	**225**
物	**088**〜
モンテスキュー	049

や・ゆ・よ

薬物犯罪	**221**
やわらかな（ソフトな）決定論	197
やわらかな違法一元論	178
有印	**181**, **183**, **185**
有印公文書偽造罪	**184**

267

有印文書 ·················· **169, 177**
優越的利益説 ················ 181, 189
誘拐 ···························· **069**
有害図書 ······················ **208**
有形偽造 ········ **178, 182, 185, 186**
有形的幇助 ·················· 214, **008**
有形変造 ······················ **185**
有形力 ···················· **026, 029〜**
有責行為 ······················ 083
有責性 ······ 083〜, 103, 174, 193〜, 196〜, **242**
有体性説 ···················· **089, 091**
有体物 ······················ **196, 199**
要素従属性 ·················· 228, 231
四畳半襖の下張事件 ········ **194, 195**
予備 ······ 132, 136, **023, 069, 112, 133, 149, 158**
予備罪 ·············· 132〜, 136, 173, **133**

り・る・れ・ろ

リーガル・マインド ············ 013
利益強盗 ······················ **114**
利益衡量説 ·················· 181, **195**
利益罪 ···················· **090, 114**
利益窃盗 ·············· **091, 114, 117**
離隔犯 ························ 140
立法 ···················· 037, 042〜
立法論 ························ 059
利得罪 ················ **090, 097, 114**
略取 ·························· **069**
略取誘拐罪 ···················· **069**
量刑 ·············· 238, 250〜, **234**
量刑事情 ···················· 253〜
量刑相場 ······················ 253
利用処分意思 ················ **103〜**
領得罪 ·············· **087, 093〜, 097, 103, 107, 110, 115, 122〜**
両罰規定 ······················ 106
倫理 ·············· 031, 090, 206, **050**
類推解釈 ·············· 047, 060, 063〜
——の禁止 ·············· 047, 063, **236**
類推適用 ·················· 047, 063

礼拝所および墳墓に関する罪 ······· **190, 204〜**
礼拝所不敬罪 ················ **204〜**
歴史的解釈 ···················· 062
ロクシン ·················· 217, **201**
論理的・体系的解釈 ············ 062

わ

わいせつ ·················· **070, 192**
わいせつ図画 ·················· **196**
わいせつな記録媒体 ············ **196**
わいせつな行為 ················ **070**
わいせつの罪 ·············· **190〜, 192**
わいせつ物 ·················· **196, 208**
わいせつ物頒布等罪 ······ **192, 195, 199**
わいせつ文書 ·················· **196**
賄賂 ························ **229**
賄賂の罪 ·············· **215, 226〜**

Introductory Lectures in Criminal Law : Specific Offences

判例索引

＊ 太字…入門刑法学・各論（本書）より　　細字…入門刑法学・総論（姉妹編）より

○ 大審院

大判明治 36・5・21 刑録 9 輯 874 頁（電気窃盗事件）················· 067, **091**

大判明治 43・10・11 刑録 16 輯 1620 頁（一厘事件）················· 030

大判明治 44・2・27 刑録 17 輯 197 頁······························ 067

大判明治 45・6・20 刑録 18 輯 896 頁······························ **026**

大判大正 4・5・21 刑録 21 輯 670 頁······························ **142**

大判大正 7・12・18 刑録 24 輯 1558 頁····························· **159**

大判大正 15・6・19 刑集 5 巻 267 頁······························ 067

大決昭和 3・12・21 刑集 7 巻 772 頁······························ **121**

大判昭和 7・6・8 刑集 11 巻 773 頁······························· **180**

大判昭和 8・11・21 刑集 12 巻 2072 頁（第五柏島丸事件）·············· 208

大判昭和 13・3・11 刑集 17 巻 237 頁······························ **159**

大判昭和 15・8・22 刑集 19 巻 540 頁······························ 067

○ 最高裁判所

最判昭和 23・3・16 刑集 2 巻 3 号 227 頁··························· 151

最判昭和 23・5・20 刑集 2 巻 5 号 489 頁··························· **057**

最大判昭和 24・7・22 刑集 3 巻 8 号 1363 頁························· **057**

最判昭和 24・7・23 刑集 3 巻 8 号 1373 頁·························· 243

最判昭和 25・3・31 刑集 4 巻 3 号 469 頁··························· 053

最判昭和 26・3・20 刑集 5 巻 5 号 794 頁··························· **218**

最判昭和 26・5・10 刑集 5 巻 6 号 1026 頁·························· **193**

最判昭和 27・6・6 刑集 6 巻 6 号 795 頁···························· **030**

最判昭和 29・8・20 刑集 8 巻 8 号 1277 頁·························· **028**

最決昭和 30・7・7 刑集 9 巻 9 号 1856 頁··························· **120**

最判昭和 31・12・11 刑集 10 巻 12 号 1605 頁························ 208

最大判昭和 32・3・13 刑集 11 巻 3 号 997 頁（チャタレイ事件）········· 147, **193**

最判昭和 32・3・28 刑集 11 巻 3 号 1275 頁（旅館たばこ買い置き事件）····· 030

最決昭和 32・4・23 刑集 11 巻 4 号 1393 頁························· 091, **024**

最判昭和 32・10・4 刑集 11 巻 10 号 2464 頁························· **184**

最判昭和 32・11・8 刑集 11 巻 12 号 3061 頁························· **122**

最決昭和 33・3・19 刑集 12 巻 4 号 636 頁·························· **068**

最判昭和 33・9・9 刑集 12 巻 13 号 2882 頁·························· **159**

最大判昭和 33・10・15 刑集 12 巻 14 号 3313 頁······················ 068

最判昭和 33・11・21 刑集 12 巻 15 号 3519 頁 ………………………………… **056**

最大判昭和 35・1・27 刑集 14 巻 1 号 33 頁 …………………………………… 051

最大判昭和 37・5・30 刑集 16 巻 5 号 577 頁 ………………………………… 047

最決昭和 40・3・9 刑集 19 巻 2 号 69 頁 ……………………………………… 138

最判昭和 41・9・14 集刑 160 号 733 頁 ……………………………………… **032**

最決昭和 42・3・30 刑集 21 巻 2 号 447 頁 …………………………………… **180**

最決昭和 42・10・24 刑集 21 巻 8 号 1116 頁（米兵ひき逃げ事件）………… 128

最決昭和 43・6・5 刑集 22 巻 6 号 427 頁 …………………………………… **205**

最大判昭和 44・6・18 刑集 23 巻 7 号 950 頁 ………………………………… **180**

最大判昭和 44・10・15 刑集 23 巻 10 号 1239 頁 …………………………… **194**

最判昭和 45・1・29 刑集 24 巻 1 号 1 頁 …………………………… 117, **075**

最決昭和 45・7・28 刑集 24 巻 7 号 585 頁 …………………………………… 140

最決昭和 45・9・4 刑集 24 巻 10 号 1319 頁 ………………………………… **176**

最判昭和 45・12・22 刑集 24 巻 13 号 1812 頁 ……………………… **216, 217**

最決昭和 45・12・22 刑集 24 巻 13 号 1882 頁 ……………………………… 114

最大判昭和 49・11・6 刑集 28 巻 9 号 393 頁（猿払事件）………………… 046

最大判昭和 50・9・10 刑集 29 巻 8 号 489 頁（徳島市公安条例事件）…… 050

最判昭和 51・4・30 刑集 30 巻 3 号 453 頁 ………………………… 067, **183**

最判昭和 52・3・25 刑集 31 巻 2 号 96 頁 …………………………………… **101**

最判昭和 52・12・22 刑集 31 巻 7 号 1176 頁 ……………………………… **198**

最判昭和 53・6・29 刑集 32 巻 4 号 816 頁 …………………………………… **214**

最判昭和 53・7・28 刑集 32 巻 5 号 1068 頁（びょう打ち銃事件）………… 157

最決昭和 54・3・27 刑集 33 巻 2 号 140 頁 …………………………………… 164

最決昭和 54・4・13 刑集 33 巻 3 号 179 頁 …………………………………… 234

最決昭和 54・5・30 刑集 33 巻 4 号 324 頁 …………………………………… **183**

最決昭和 55・11・13 刑集 34 巻 6 号 396 頁 ………………………………… **050**

最判昭和 55・11・28 刑集 34 巻 6 号 433 頁 ………………………………… **194**

最判昭和 57・7・16 刑集 36 巻 6 号 695 頁 …………………………………… 233

最判昭和 58・4・8 刑集 37 巻 3 号 215 頁 …………………………………… **076**

最決昭和 58・9・21 刑集 37 巻 7 号 1070 頁 ………………………………… 225

最決昭和 58・11・24 刑集 37 巻 9 号 1538 頁 ……………………………… 067

最判昭和 59・2・17 刑集 38 巻 3 号 336 頁 …………………………………… **186**

最決昭和 59・3・27 刑集 38 巻 5 号 2064 頁 ………………………………… 225

最決昭和 59・5・8 刑集 38 巻 7 号 2621 頁 …………………………………… **214**

最判昭和 60・3・28 刑集 39 巻 2 号 75 頁 …………………………………… **163**

最大判昭和 60・10・23 刑集 39 巻 6 号 413 頁（福岡県青少年保護育成条例事件）…… 050

最決昭和 61・6・9 刑集 40 巻 4 号 269 頁 …………………………………… 164

最決昭和 62・7・16 刑集 41 巻 5 号 237 頁（百円札模造事件）…………… 204

最決昭和 63・1・19 刑集 42 巻 1 号 1 頁 …………………………………… **015**

最決昭和 63・2・29 刑集 42 巻 2 号 314 頁 …………………………………… 067

最決平成元・3・10 刑集 43 巻 3 号 188 頁 ································ **216**
最決平成元・5・1 刑集 43 巻 5 号 405 頁 ································ **222**
最決平成元・7・7 刑集 43 巻 7 号 607 頁 ································ **102**
最決平成元・7・7 判時 1326 号 157 頁 ···························· **152, 160**
最決平成元・7・14 刑集 43 巻 7 号 641 頁（平安神宮事件） ············· **154**
最決平成 2・11・20 刑集 44 巻 8 号 837 頁（大阪南港事件） ············ 127
最決平成 3・4・5 刑集 45 巻 4 号 171 頁 ······························· 067
最決平成 5・10・5 刑集 47 巻 8 号 7 頁 ························· **179, 186**
最決平成 6・11・29 刑集 48 巻 7 号 453 頁 ························· **181**
最判平成 8・2・8 刑集 50 巻 2 号 221 頁 ····························· 067
最判平成 8・11・18 刑集 50 巻 10 号 745 頁 ························· 047
最決平成 9・10・21 刑集 51 巻 9 号 755 頁 ························· **157**
最決平成 11・12・20 刑集 53 巻 9 号 1495 頁 ················ **179, 186**
最決平成 13・7・16 刑集 55 巻 5 号 317 頁 ················· 067, **198**
最決平成 14・7・1 刑集 56 巻 6 号 265 頁 ························· **127**
最決平成 15・4・14 刑集 57 巻 4 号 445 頁 ························· **162**
最決平成 15・6・2 刑集 57 巻 6 号 749 頁 ························· **143**
最判平成 15・7・10 刑集 57 巻 7 号 903 頁 ························· **082**
最決平成 16・1・20 刑集 58 巻 1 号 1 頁 ···················· 225, **055**
最決平成 16・3・22 刑集 58 巻 3 号 187 頁（クロロホルム事件） ········ 142
最決平成 16・8・25 刑集 58 巻 6 号 515 頁 ························· **122**
最決平成 17・3・11 刑集 59 巻 2 号 1 頁 ··························· **230**
最決平成 17・3・29 刑集 59 巻 2 号 54 頁 ························· **028**
最決平成 17・7・4 刑集 59 巻 6 号 403 頁 ························· 234
最決平成 18・5・16 刑集 60 巻 5 号 413 頁 ························· **208**
最決平成 19・3・20 刑集 61 巻 2 号 66 頁 ························· **152**
最決平成 19・7・2 刑集 61 巻 5 号 379 頁 ························· **080**
最決平成 20・1・22 刑集 62 巻 1 号 1 頁 ··························· **074**
最判平成 20・4・11 刑集 62 巻 5 号 1217 頁 ························· **077**
最決平成 21・7・7 刑集 63 巻 6 号 507 頁 ························· **208**
最判平成 21・11・30 刑集 63 巻 9 号 1765 頁 ························· **076**
最決平成 24・7・24 刑集 66 巻 8 号 709 頁 ························· **028**
最決平成 28・3・24 刑集 70 巻 3 号 1 頁 ··························· **037**
最決平成 29・3・27 刑集 71 巻 3 号 183 頁 ························· **222**
最大判平成 29・11・29 裁判所ウェブサイト ························· **075**

○ 高等裁判所
福岡高判昭和 28・11・10 高裁判特 26 号 58 頁（空ピストル事件） ········ 134
東京高判昭和 30・4・19 高刑集 8 巻 4 号 505 頁 ························· 160
東京高判昭和 31・7・31 高等裁判所刑事裁判特報 3 巻 15 号 770 頁 ········ **154**

271

東京高判昭和 32・10・1 東高刑時報 8 巻 10 号 352 頁 ……………………… **196**
名古屋高金沢支判昭和 40・10・14 高刑集 18 巻 6 号 691 頁 ………………… **031**
東京高判昭和 41・4・18 判タ 193 号 181 頁 ………………………………… 151
福岡高判昭和 45・5・16 判時 621 号 106 頁 ………………………………… 151
仙台高判昭和 46・6・21 高刑集 24 巻 2 号 418 頁 ………………………… **105**
東京高判昭和 47・12・22 判タ 298 号 442 頁 ……………………………… **037**
福岡高判昭和 49・5・20 刑月 6 巻 5 号 561 頁 …………………………… **037**
東京高判昭和 54・12・13 判タ 410 号 140 頁 ……………………………… **157**
大阪高判昭和 60・2・6 高刑集 38 巻 1 号 50 頁 …………………………… **031**
大阪高判昭和 61・12・16 高刑集 39 巻 4 号 592 頁 ……………………… **063**
札幌高判昭和 63・9・8 高等裁判所刑事裁判速報集昭和 63 年 214 頁 …… **152**
東京高判平成 13・1・12 判時 1738 号 37 頁 = 判タ 1064 号 218 頁 ……… 008
広島高判平成 17・3・17 判タ 1200 号 297 頁 ……………………………… 151
名古屋高判平成 19・2・16 判タ 1247 号 342 頁 …………………………… 251
大阪高判平成 27・8・6 裁判所ウェブサイト ……………………………… **142**

○ 地方裁判所
大阪地判昭和 37・7・24 下刑集 4 巻 7 = 8 号 696 頁 ……………………… 040
京都地判昭和 45・10・12 刑月 2 巻 10 号 1104 頁 ………………………… **067**
東京地判昭和 54・8・10 判時 943 号 122 頁 ……………………………… **026**
仙台地石巻支判昭和 62・2・18 判時 1249 号 145 頁 ……………………… **050**
東京地判昭和 62・10・6 判時 1259 号 137 頁 ……………………………… **105**
神戸地判平成 3・9・19 判タ 797 号 269 頁 ………………………… **181, 182**
名古屋地判平成 6・1・18 判タ 858 号 272 頁 …………………… **026, 028**
横浜地判平成 7・3・28 判時 1530 号 28 頁 ………………………………… 049
東京地判平成 14・2・8 判時 1821 号 160 頁 ……………………………… 169
横浜地判平成 29・3・24LEX/DB25545645 ………………………………… **059**

○ 著者紹介

井田　良（いだ・まこと）

現在　中央大学大学院法務研究科教授，慶應義塾大学名誉教授，法学博士（ケルン大学），名誉法学博士（ザールラント大学，エアランゲン大学）

　この間，日本学術会議会員，日本刑法学会理事，司法試験考査委員，宗教法人審議会会長，法制審議会委員，司法研修所参与などを務める。2006 年にシーボルト賞（フンボルト財団），2009 年にザイボルト賞（ドイツ研究振興財団），2015 年にドイツ連邦共和国功労勲章功労十字小綬章を授与される。

主な著書

『変革の時代における理論刑法学』（慶應義塾大学出版会，2007 年），『講義刑法学・総論』（有斐閣，2008 年），『刑法事例演習教材〔第2 版〕』（共著，有斐閣，2014 年），『講義刑法学・各論』（有斐閣，2016 年），『法を学ぶ人のための文章作法』（共著，有斐閣，2016 年），『基礎から学ぶ刑事法〔第 6 版〕』（有斐閣，2017 年）

入門刑法学・各論〔第 2 版〕
Introductory Lectures in Criminal Law : Specific Offences

2013 年 12 月 20 日　初　版第 1 刷発行	法学教室
2018 年 3 月 30 日　第 2 版第 1 刷発行	LIBRARY

著　者　　井　田　　　良
発行者　　江　草　貞　治
発行所　　株式会社　有　斐　閣

郵便番号 101-0051
東京都千代田区神田神保町 2-17
電話　(03)3264-1314〔編集〕
　　　(03)3265-6811〔営業〕
http://www.yuhikaku.co.jp/

印刷・株式会社暁印刷／製本・牧製本印刷株式会社
©2018, Makoto Ida. Printed in Japan
落丁・乱丁本はお取替えいたします。
★定価はカバーに表示してあります。

ISBN 978-4-641-13934-3

JCOPY　本書の無断複写(コピー)は，著作権法上での例外を除き，禁じられています。複写される場合は，そのつど事前に，(社)出版者著作権管理機構(電話03-3513-6969, FAX03-3513-6979, e-mail:info@jcopy.or.jp)の許諾を得てください。